Amazon VPC

VIRTUAL PRIVATE CLOUD

네트워킹 원리와 보안

업데이트판

AWS 토폴로지로 이해하는

Amazon
VPC

VIRTUAL PRIVATE CLOUD

네트워킹 원리와 보안

차정도 지음

에이콘

추천의 글

클라우드가 보편화되면서 관련 서적이 많이 쏟아져 나오고 있습니다. 하지만 네트워크 분야를 쉽게 설명해주는 책이 없어서 이 부분에 대한 갈증이 늘 있었습니다. 이 책은 기존 인프라나 네트워크에 대한 지식 없이 클라우드를 처음 접하시는 분들이나 클라우드를 사용하고 있더라도 좀 더 안전하고 효율적으로 사용하고자 하는 분들께 이론과 실습을 함께 익힐 수 있는 매우 유용한 학습서가 될 수 있을 것이라 생각합니다.

저자 차정도 님과는 AWS 교육을 통해 강사와 수강생으로 처음 인연을 맺었습니다. 하지만 책 리뷰를 하면서, 이제는 저를 훨씬 뛰어넘는 지식과 경험을 갖추고 계시다는 생각이 들었습니다.

이 책의 가장 뛰어난 점은 이론에 대한 설명과 실습이 잘 버무려져 있다는 것입니다. 단순히 머리로만 이해하는 것이 아니라 매 챕터마다 손을 움직여 직접 만들어보고 테스트해볼 수 있습니다. 이러한 구성은 AWS를 처음 배우는 독자뿐만 아니라 AWS에 대한 경험을 어느 정도 보유한 실무자에게도 높은 학습 효과를 줄 것입니다.

모쪼록 많은 분들이 이 책을 통해 방대한 기능을 지닌 AWS의 네트워크 서비스들을 보다 효율적이고 안전하게 사용할 수 있기를 바랍니다.

정도현
AWS 시니어 테크니컬 트레이너

온프레미스 환경과 마찬가지로 AWS 클라우드 환경에서도 네트워킹에 대한 이해는 다양한 AWS 서비스의 안정적이고 효율적인 구성과 운영 관리를 위해 반드시 필요한 지식입니다. 안전한 시스템 설계와 코딩도 중요하겠지만 서비스의 바탕이 되는 네트워크 기술은 클라우드 엔지니어가 가장 심혈을 기울여야 하는 부분이라고 생각합니다.

이 책은 온프레미스의 네트워킹에 익숙하거나 그렇지 않은 엔지니어 모두에게 AWS 클라우드 네트워킹 기술 습득에 필요한 내용과 과정을 담고 있습니다. 계정 생성 단계부터 VPC, 로드밸런서, Direct Connect, Transit Gateway 그리고 VPC Endpoint에 이르기까지 쉽고 효율적으로 설명하고 있습니다. 또한 우리가 일상생활에서 쉽게 접할 수 있는 환경을 기반으로 설명하거나 독자들이 개념을 빠르게 정립할 수 있도록 네트워킹의 각 구성요소의 상호관계를 설명하는 방식 등은 AWS 네트워킹을 처음 접하거나 어려워하는 사람들에게 너무나도 도움이 되는 내용이라고 생각합니다. 그리고 AWS에서 제공하는 보안 기능에 대해서도 해당 기능이 어떤 원리로 동작하며 어떻게 활용될 수 있는지 설명하고 있어 보안 담당자에게도 큰 도움이 될 것 같습니다.

마지막으로 앞서 설명한 중요 기술 이론을 실습 내용으로 담아, 실제 하나하나 설정하며 독자들의 이해를 돕는 부분을 통해 저자의 세심한 배려와 노력을 엿볼 수 있었습니다.

이제 클라우드는 더 이상 새로운 기술이 아닌 누구나 쉽게 접하고 사용할 수 있는 표준 기술이 됐습니다. 이 책은 이런 변화의 시기에 AWS 네트워킹 전문가를 꿈꾸는 엔지니어나 AWS 네트워킹의 기본을 튼튼히 다지려는 엔지니어 모두를 만족시킬 수 있을 것이라 믿어 의심치 않습니다.

신은수
AWS 시큐리티 스페셜리스트 솔루션즈 아키텍트

우리는 4번째 혁명 초입에 있습니다. 인간이 모여 살며 문자, 사회, 제도 등 인간다움 즉, 문명이라는 것을 시작하도록 해준 농업혁명을 거쳐, 육체의 한계를 넘어설 수$^{Beyond the Body}$있도록 해준 산업혁명이 있었습니다. 이 혁명은 증기, 자동차, 비행기 등 인간의 노동력을 대신하는 기계의 발명으로 가능했습니다. 다음은 컴퓨터, 인터넷, 스마트폰 등을 대표되는 정보화혁명으로 이것은 우리에게 시간과 공간 및 거리의 제약을 없애줬습니다.

그리고 우리는 인간의 두뇌를 넘어서는$^{Beyond the Mind}$ 혁명에 직면하고 있습니다. 인공지능, 클라우드, 메타버스, 블록체인 등으로 표현되는 4번째 혁명입니다. 이 책의 주제인 클라우드(Amazon VPC)는 4번째 혁명으로 가는 길목의 가장 핵심적인 기술 서비스입니다.

클라우드는 처음 접하는 사람에게는 한없이 복잡하고 어렵게 보입니다. 이 책은 초보자가 길을 헤매지 않도록 기초 개념, 네트워크, 컴퓨터 서비스, 연결, 연결 제어까지 클라우드를 다루는 데 필요한 모든 도구와 기능을 하나씩 설명하고 있어, 이 책 한 권만 일독해도 클라우드를 기초에서 핵심 실무까지 경험해본 효과를 볼 수 있을 것 같습니다.

처음 클라우드를 접하시는 분들이나 이미 구름^{CLOUD}속에서 일하고 있지만 클라우드를 보다 적극적으로 실무에 활용하고자 하는 분들 모두에게 일독을 권해 봅니다.

자동차 백미러에는 이러한 글귀가 있습니다. '사물이 보이는 것보다 훨씬 가까이 있음.' 아마도 앞에서 말한 혁명이 우리의 생각보다 훨씬 가까이 다가와 있다는 의미일 것입니다. 이 책으로 성큼 눈앞에 다가온 미래를 대비하시기 바랍니다.

허해녕
한국인터넷진흥원 소통협력실장
(前 인터넷서비스팀장)

지은이 소개

차정도(5tyl3mov@gmail.com)

경북대학교에서 컴퓨터공학, 전자전기공학을 복수 전공하고 삼성 네트웍스에 입사했다. 2012년 삼성물산 8세컨즈 공식몰 인프라 구축을 리딩했다.

현재 삼성SDS에서 인프라 보안 기준을 수립하고 보안 수준 평가와 클라우드 아키텍처 보안성 검토를 맡고 있다.

정보 유출과 악성코드 감염 피해 예방을 위한 방화벽 정책 분석 시스템, 클라우드 보안 취약점 분석 시스템 개발을 이끌고 관련 특허를 다수 출원했다. 번역서로는 『컴퓨터 포렌식 수사 기법』(에이콘, 2016)이 있다.

기술 감수자 소개

정도현 / AWS 시니어 테크니컬 트레이너

1995년 유니텔 사업부에서 HTML 코더로 IT 관련 일을 시작해 SI 개발자, IT 컨설턴트를 거쳐 2016년부터는 AWS에서 테크니컬 트레이너로서 AWS를 안전하고 효율적으로 사용하는 방법을 교육하고 있다. 현재는 아키텍처, 보안, 개발, 머신러닝 관련 AWS 트레이닝을 주로 진행한다.

신은수 / AWS 시큐리티 스페셜리스트 솔루션즈 아키텍트

Application Delivery Controller 전문 엔지니어로 IT 업무를 시작해 주로 네트워크와 어플리케이션 딜리버리 및 보안 솔루션 컨설팅 업무를 해왔다. 현재 AWS에서 보안 담당 솔루션즈 아키텍트로 근무하고 있으며 Startup, E-Commerce, 금융회사, Enterprise 등 다양한 AWS 고객들이 보다 안전한 AWS 운영 환경을 구성할 수 있도록 도움을 드리고 있다.

이승록 / 삼성SDS 통합보안센터

성균관대학교 컴퓨터공학과를 졸업하고 ROTC로 군에서 CERT 임무를 수행하며 보안에 입문했다. 전역 후 삼성SDS에 입사해 정보보호 업무를 담당하고 있다. 최근에는 기업의 클라우드 보안 기준 수립과 준수 여부 자동화/모니터링 방안에 대해 고민하고 있다.

신입사원 입문 교육이 끝나갈 무렵, 각자의 꿈과 10년 후의 모습을 그려보는 시간이 있었다. 나눠준 종이에 "보안 전문가가 되고 싶습니다"라고 적었다. 보안 전문가라면 진단 대상 시스템과 그 주변 환경을 포괄적으로 이해하고 취약점과 해결책을 제시하는 실력을 갖춰야 한다고 생각했기 때문이다. 이 점이 참 매력적이었고 멋져 보였다. 그리고 IDC 인프라 운영 팀에 지원해서 서버, 네트워크, 보안 등 다양한 장비를 경험했다. 데이터 센터는 IT 최전방이자 현장이며 내 꿈을 실현하기 위한 첫 단추라고 믿었다.

10년도 훌쩍 넘은 지금, 당시 기준으로 비춰볼 때 나는 '보안 전문가'가 아닌 '보안 담당자'로 일하고 있다. 이렇게나 많고 다양한 분야가 있을 줄은 몰랐으니 말이다. 비록 전문가는 아니지만 보안 업무를 하고 있다는 것으로 목표의 절반은 이룬 셈이다. 오히려 더욱 연구하고 고민하는 겸손한 자세를 갖게 돼 기쁘다. 언젠가 '전문가'가 될 수 있을 것이라는 믿음은 날 설레게 한다.

'보안'이 주는 매력은 신입 때와 변함없다. 보안 취약점과 관련한 해결책을 제시하려면 상황에 따라 변하는 시스템의 여러 모습에 정통해야 하는데, 비록 그 과정은 고되지만 다른 분야의 IT 전문가들과 소통하는 기반이 되기 때문이다. 이 과정에서 보다 현실적인 보안 대책을 고민해볼 수도 있다.

서비스 운영자는 시스템 성능과 비즈니스 연속성을 최우선으로 생각한다. 정상으로 작동하는 데 필요한 운영 방법을 잘 알면 된다. 그러나 보안은 좀 다르다. 보안성 평가 대상 서비스의 종류나 비즈니스 모델에 따라 시스템을 이용하는 형태와 패턴이 제각기 다르기 때문이다. '무엇 무엇을 하는 방법'에 초점을 둔 것이 운영이라면 보안은 '무엇을 하면 어떤 모습으로 변화하는가?'를 A부터 Z까지 관찰하고 정리해야 한다. 그리고 잘못된(해킹) 방향으로 이끄는 문제점을 찾아 조치해야 한다. 그렇다면 어떤 시스템이든 최초 설계자가 해킹

방어력이 가장 높다고 할 수 있지 않을까? 시스템의 변화 양상을 가장 잘 알고 있을테니 말이다.

그러한 관점에서 이 책은 VPC 설계자의 기조를 해부하겠다는 마음가짐으로 써내려갔다. VPC 네트워킹 구성 요소를 역할에 따라 3가지(공간, 연결(네트워크), 컴퓨팅 서비스)로 분류하고 상호 구조와 관계, 각 네트워킹 요소들이 띠는 패턴을 최대한 담으려 노력했다.

2쇄에는 AWS 서비스별 최신 콘솔 디자인을 반영했으며, 특정 서비스 기능 변화에 따라 일부 내용을 수정·보완했다.

클라우드는 쉽고 빠르며 합리적이다. 의사결정을 신속하고 유연하게 만든다. 따라서 클라우드 도입과 전환은 기업 비즈니스 성공의 핵심이자 필수가 됐다. 이는 해커의 놀이터가 온프레미스에서 클라우드로 옮겨갔다는 방증이다. 사업 추진력 앞에서 보안은 대개 등한시되며, 확장과 변경이 용이한 클라우드는 해커가 활동하기에 더할 나위 없는 환경이다.

클라우드가 급속도로 발전하고 변화를 거듭하지만 그 기본 바탕은 온프레미스다. VPC는 기업 엔터프라이즈(온프레미스) 환경과 유사한 가상 네트워크 공간이다. 그런 의미에서 VPC로 클라우드를 시작해보는 것도 좋은 방법일 것 같다.

앞으로도 VPC는 서비스 확장과 개선 등 많은 변화를 겪겠지만 Amazon의 최초 VPC 설계 기조까지는 쉽게 바꾸지 못할 것이다. 기회가 된다면 서비스 개선에 발맞춰 책 내용도 조금씩 보완해나가고 싶다. 이 책이 최적화된 클라우드 서비스 운영에 도움이 되고, 평소 잘 보이지 않던 보안 취약점을 찾아 해결책을 제시하는 계기가 됐으면 좋겠다.

감사의 글

먼저 10년 전, 제 열정을 높게 평가해 보안 영역에 몸담을 기회를 주신 김동관 부사장님께 진심으로 감사드립니다.

집필의 물꼬를 터주신 정도현 님, 기술면에서 꼼꼼하고 거침없는 조언을 주신 신은수 님, 쉬는 날에도 초고를 읽고 세심한 의견을 보내준 이승록 님께도 감사드립니다. 이 책을 빌려 제가 소중하게 생각하는 사람들과 보안센터 프로님들께도 저와 함께 해줘서 고맙다고 말하고 싶습니다.

그리고 항상 응원해주시는 부모님, 언제나 같은 자리에서 제 곁을 지키는 아내에게 사랑한다는 말을 전합니다.

마지막으로 가능성을 믿고 책 출간까지 아낌없는 격려와 지원을 보내주신 에이콘출판사 관계자분들께 깊이 감사드립니다.

CONTENTS

2부 네트워크 공간과 그 경계   65

들어가며

이 책에서 다루는 내용

- VPC 네트워킹 서비스 구조를 AWS 토폴로지와 그림으로 쉽게 설명
- 챕터별 단계적인 서비스 생성 실습 예제
- 온프레미스와 클라우드 환경 비교 설명
- AWS 서비스의 네트워킹 콘셉트와 VPC 네트워킹의 요건
- AWS 계정 생성과 보안 가이드
- VPC 네트워크와 서비스의 CIDR 전략
- VPC 주 보호 대상인 네트워크 인터페이스 유형별 특징
- 인스턴스에 연결된 네트워크 인터페이스의 변화 패턴
- 보안 그룹, 네트워크 ACL, 라우팅 테이블의 보안 최적 운영 방법
- 게이트웨이 유형별 특징과 활용 방법
- 로드밸런서 유형(ALB, NLB, CLB, GWLB)별 특징
- 피어링, VPN, Direct Connect, Transit Gateway 연결 서비스의 세부 형태
- 하이브리드 네트워킹 아키텍처
- AWS PrivateLink 기술, VPC 엔드포인트 액세스 유형과 서비스 보호

이 책의 구성

1부	AWS 네트워킹 개요	1장	AWS 네트워킹 콘셉트		
		2장	AWS 네트워킹 구성 요소의 역할 분류	공간	
				컴퓨팅	
				연결	
		3장	VPC 네트워킹 구성 요소의 포함 관계	상호 포함 관계(패런트)	

2부	네트워크 공간과 그 경계	4장	나의 AWS 전용 공간 : 계정	• 계정
		5장	AWS가 만들어 놓은 네트워크 공간	• 리전 • 가용 영역
		6장	우리가 만들어 나갈 네트워크 공간	• VPC • 서브넷

3부	컴퓨팅 서비스	7장	컴퓨팅 서비스의 네트워킹 요건	• IP 주소 • 네트워크 인터페이스 • 인스턴스
		8장	컴퓨팅 서비스 활용	

4부	연결	9장	연결 제어 I : VPC 통제 3요소	• 보안 그룹 • 네트워크 ACL • 라우팅 테이블
		10장	연결 제어 II : 분산 제어	• ALB • NLB • CLB • GWLB
		11장	연결 서비스 I : 공간과 공간 연결(양방향)	• Peering Connection • VPN • Direct Connect • Transit Gateway
		12장	연결 서비스 II : 공간과 서비스 연결(단방향)	• VPC 엔드포인트

이 책의 대상 독자

- VPC 네트워크 구조와 동작 원리를 이해하고 싶은 독자

- AWS 클라우드 입문자

- AWS 네트워크 관리자와 보안 관리자

- VPC 라우팅 이해가 필요한 독자

- AWS 아키텍처 디자이너

- AWS 서비스 운영자

- 클라우드 보안 정책 수립 담당자

- 클라우드 인프라 보안성 평가 담당자

- AWS SDK를 활용한 자동화 솔루션 개발자

정오표

정오표는 에이콘출판사의 도서정보 페이지 http://www.acornpub.co.kr/book/amazon-vpc에서 확인할 수 있다.

질문

이 책과 관련해 질문이 있다면 이 책의 지은이나 에이콘출판사 편집 팀(editor@ acornpub.co.kr)으로 문의해주길 바란다.

에이콘출판의 기틀을 마련하신 故 정완재 선생님 (1935-2004)

PART 1

AWS 네트워킹 개요

1부는 AWS가 제공하는 네트워킹 서비스와 VPC의 개념 그리고 네트워킹 구성 요소의 상호 관계를 설명한다. VPC를 구성하는 서비스 요소들을 각자 맡은 역할에 따라 3개 영역으로 분류하고 상호 포함 관계를 중점적으로 파악해본다. VPC를 거시적으로 살펴보고 개별 서비스 요소의 포지션을 파악하면 운영과 보안의 다양한 쟁점을 도출할 수 있다. 이 과정에서 언급하는 네트워킹 요소와 서비스 기능은 2부~4부에서 다시 자세히 다룰 예정이다.

본론부터 배우고 싶다면 1부는 건너뛰고 2부로 넘어가도 좋다. 2부 학습 도중, 네트워크 서비스의 세부 기능을 파악할 때 다시 1부 내용을 다루게 되는데, 그때 이해해도 늦지 않다. 반드시 한 번은 정독하길 바란다.

01

AWS 네트워킹 콘셉트

일반적으로 '네트워킹'이라는 용어를 접하면 망 구성이나 인터넷 통신을 가장 먼저 떠올릴 것이다. AWS^Amazon Web Services에서도 마찬가지 아닐까? 업무나 관심 분야에 따라 시각 차이는 있겠지만 내가 구축한 시스템에 IP를 설정하면 접속 준비를 반 이상은 마친 기분이 든다. 어떤 도구를 활용하든 원하는 IP에 접근하면 되기 때문이다.

AWS를 접하면서, 글로벌 31개 이상의 영역에 배치된 리전과 그 리전 곳곳에 데이터센터 집합체로 세워진 가용 영역, 그리고 원활한 광역 통신을 위한 엔지니어들의 노고와 구축 투자 비용을 생각하면 감탄이 절로 나왔다. 그 고단한 과정에서 AWS만의 네트워킹 콘셉트를 결정하고 일정 방향으로 설계해 나갔을 것이다.

클라우드는 온프레미스^On-premise 환경보다 우월해야 한다. 원하는 환경을 필요한 만큼 쉽고 빠르게 구축할 수 있어야 한다. 쉽고 빠름은 고객이 바라보는 클라우드가 기존 레거시나 온프레미스 환경에서 크게 벗어나지 않은 익숙함을 전제로 할 것이다. 이 전제를 바탕으로 AWS의 네트워킹 설계 과정을 상상해보자.

1장에서는 AWS가 채택한 네트워킹 방식과 VPC 개념을 설명한다.

1.1. VPC 개념을 도입하다

초기 AWS 네트워킹 계획 단계에서는 온프레미스 느낌을 최대한 살리기로 한다. 기업 비즈니스 요구에 걸맞는 대규모, 대용량 컴퓨팅을 클라우드에서 제공하려면 조직적이고 일관된 네트워크 관리가 필요하다. 그래서 거대한 프라이빗 전용 네트워크를 대체할 공간도 정의해야 하고, 용도별로 구분된 소규모 랜 공간도 정의해야 했다. 또 방화벽이나 백본 및 라우터 등의 통신 장비도 필요하다. 서비스 접근제어는 또 어떻게 구현할 것인가?

이처럼 구현할 네트워킹 요소가 증가하면서 관리 대상도 잇따라 늘어났고 '필요할 때 쉽고 빠르게'라는 클라우드의 기본 방향에서 점차 멀어지는 한계점에 다다랐다. 그렇다고 기존 온프레미스와 유사한 구축 환경을 제공하지 않을 수는 없는 노릇이다.

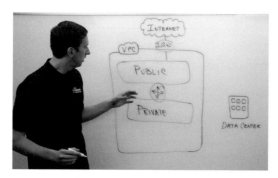

그림 1-1 AWS 클라우드 VPC 설계[1]

---

[1] 출처: YouTube / Amazon Web Services 채널 - "AWS SA Whiteboarding Amazon Virtual Private Cloud(VPC)"

이런 이유로 AWS는 고객 니즈를 만족할 만한 서비스들만 별도로 분류해 온프레미스와 최대한 유사하면서도 쉽게 관리할 수 있는 네트워크 플랫폼을 기획한다. 이 환경이 바로 그림 1-1에 표현된 VPC다. 반면 다소 가볍거나 서비스 효율 측면에서 따져봤을 때 조직적 IP 네트워킹에서 탈피할 서비스는 VPC의 지배에서 벗어나게 해준 것이 아닐까? 그러나 이들도 VPC와는 다른 독자적 보안 정책과 접근 제어로 서비스를 보호한다.

AWS의 서비스들을 VPC 위에서 작동하게 할 것인가, 말 것인가를 선택하는 과정은 꽤나 많은 시행착오와 진통이 따랐을 것이다. 한 가지 확실한 것은 2023년 현재 18년 역사를 맞이하는 AWS는 여전히 글로벌 클라우드 시장을 선도하고 있다. 이는 고객 니즈를 끊임없이 반영하고 있다는 방증이다.

기존 온프레미스 환경 변화를 최소화하면서 VPC로 마이그레이션할 수도 있고, 클라우드에 최적화된 모습으로 마이그레이션할 수도 있다. 서비스 일부만 클라우드로 옮겨 하이브리드 네트워킹을 구현하기도 한다. 이 모두가 고객의 선택이며 AWS는 이를 대부분 지원한다.

1.2. VPC 네트워킹의 개념

AWS의 전체 서비스 중 VPC 관련 서비스의 종류, 그리고 VPC 네트워킹을 가능하게 해주는 기본 요소가 무엇인지 알아본다.

1.2.1. 네트워킹 서비스의 분류

AWS의 전체 서비스를 네트워킹과 VPC 기준으로 구분해보자.

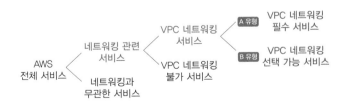

그림 1-2 VPC 네트워킹으로 분류한 AWS 서비스

그림 1-2는 AWS에서 제공하는 전체 서비스를 네트워킹 유무로 분류한 트리다. 네트워킹 관련 서비스는 VPC 사용 유무에 따라 다시 2가지로 분류하고, 이 중 VPC 네트워킹 서비스는 VPC 네트워킹 필수 서비스(A 유형)와 VPC 네트워킹 선택 가능 서비스(B 유형)로 분류할 수 있다.

1.2.2. 네트워크 인터페이스? 그럼 VPC!

우선 A 유형으로 분류한 **VPC 네트워킹 필수 서비스**란 인스턴스나 RDS 같은 가상 머신에 **네트워크 인터페이스**^{Elastic network interface, ENI}를 **연결**^{Attach}해 통신하는 서비스를 의미한다. AWS는 그림 1-3처럼 네트워크 인터페이스가 연결된 서비스만 **VPC 네트워킹 서비스**로 판단한다. 다시 말해 VPC상에 존재하는 모든 서비스는 네트워크 인터페이스가 반드시 연결돼 있다.

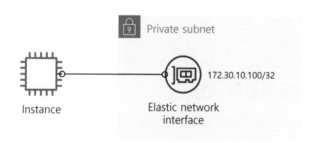

그림 1-3 VPC 네트워킹 서비스의 필수 요소(A 유형)

대개 클라우드 사용자는 인스턴스 레벨의 가상 서버에 네트워크 인터페이스가 당연히 연결돼 있다고 생각한다. 더구나 인스턴스가 서브넷 공간에 놓여있는 모습 자체가 네트워크 인터페이스의 존재를 은연중에 표현하고 있으므로, 그림 1-4처럼 서브넷 공간에 단순하게 표현한다. 네트워크 인터페이스는 서브넷 없이 존재할 수 없기 때문이다.

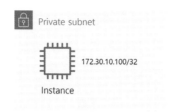

172.30.10.100/32

Instance

그림 1-4 일반적인 인스턴스 표현 방법

반면 B 유형의 서비스는 사용자의 선택에 따라 네트워크 인터페이스가 연결되거나(그림 1-5 좌측) 혹은 연결되지 않을 수도 있다(그림 1-5 우측).

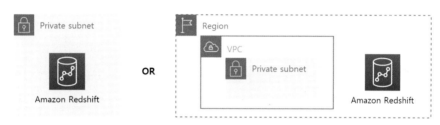

그림 1-5 VPC를 선택적으로 사용할 수 있는 서비스(B 유형)

그럼 네트워크 인터페이스를 사용하는 VPC 네트워킹 서비스는 그렇지 않은 서비스와 어떤 점에서 다를까? VPC 네트워킹 규칙을 알아보자.

VPC 네트워킹의 기본 규칙

① **보안 그룹**을 반드시 수반하는 **네트워크 인터페이스**가 있다.

　(보안 그룹 여부에 따라 컴퓨팅 ENI와 라우팅 ENI로 나눠 설명한다. → 〈7.2.2 ENI의 2가지 유형〉)

② **네트워크 인터페이스** 생성의 전제 조건은 **서브넷**이다. 즉, **서브넷**이 있어야 그 안에 **네트워크 인터페이스**를 생성할 수 있다.

③ **서브넷** 생성의 전제 조건은 **VPC**다. **VPC**가 생성돼야 그 안에 **서브넷**을 생성할 수 있다.

④ **VPC**에 생성된 **서브넷**에는 무조건 각각 1개의 **라우팅 테이블**과 **네트워크 ACL**이 연결된다. **서브넷** 최초 생성 시점엔 **기본 라우팅 테이블**과 **기본 네트워크 ACL**이 자동 연결되지만, 이후 별도 생성한 테이블과 ACL로 변경할 수 있다.

그림 1-6은 앞의 NOTE의 'VPC 네트워킹 기본 규칙'에 따른 네트워크 인터페이스의 전제 요소들을 차례대로 보여준다. NOTE의 각 번호는 그림 1-6의 번호와 일치한다.

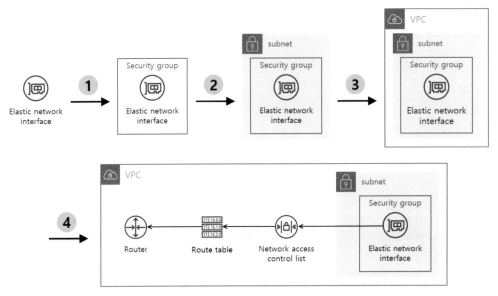

그림 1-6 VPC 네트워킹 기본 규칙

네트워크 인터페이스의 존재는 **보안 그룹**과 **서브넷**을 전제로 하고, 다시 **서브넷**은 **VPC**를 전제로 한다. 또 **서브넷**이 생성되면서 **네트워크 ACL**과 **라우팅 테이블**에 자동 연결돼 VPC 통제를 받기 시작하는 것까지 연쇄적으로 생각해볼 수 있다. 더 나아가 **VPC**의 존재는 **가용 영역**과 **리전**을 전제로 한다는 사실도 알 수 있다.

이처럼 AWS 서비스가 **네트워크 인터페이스**를 사용하면서 **보안 그룹, 네트워크 ACL, 라우팅 테이블**의 통제 영역에 있을 때 'VPC 네트워킹을 사용한다'라고 한다. 정리하면 **네트워크 인터페이스**의 존재만으로도 VPC 네트워킹 사용을 확신할 수 있다. 그러나 통제 3요소는 VPC 네트워킹을 컨트롤하는 핵심 요소이므로 재차 언급했다.

따라서 A 유형과 B 유형(VPC를 사용하는 서비스)은 **네트워크 인터페이스**를 장착하고 있으므로 'VPC 네트워킹을 사용한다'고 말할 수 있다. 또는 'VPC 위에 있다', 'VPC 라우팅을 이용한다', 'VPC 내부에 존재' 등으로 표현하기도 한다.

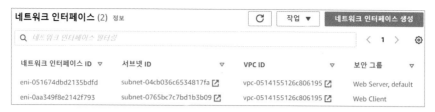

그림 1-7 리전에 생성된 모든 네트워크 인터페이스

리전에 존재하는 모든 네트워크 인터페이스는 **서비스 > EC2 > 네트워크 인터페이스**에서 확인할 수 있다(그림 1-7). 네트워크 인터페이스가 단 하나도 없다면 해당 리전은 VPC 네트워킹을 사용하지 않는 것이다.

1장 정리

1장에서는 AWS가 채택한 네트워킹 방식과 그 중심에 위치한 VPC의 개념을 소개했다.

- VPC는 AWS가 채택한 네트워킹 방식 중 하나다. Redshift처럼 VPC 사용 여부를 선택할 수 있는 서비스도 일부 존재한다.

- VPC는 네트워크 인터페이스에서 시작하며 이를 사용하는 모든 서비스는 VPC 보안 통제 대상이다. VPC의 모든 트래픽은 보안 그룹, 네트워크 ACL, 그리고 라우팅 테이블이 기본 통제한다.

VPC에 생성된 각 서비스들은 트래픽 생성의 주체다. 이 내용은 7장에서 자세히 살펴본다.

02

VPC 네트워킹 구성 요소의 역할 분류

통신은 출발지와 목적지가 반드시 존재한다. 우리가 걸어 다니고 지하철과 기차를 이용해 목적지를 향해 가는 것도 통신과 비슷하다.

2장에서 다루는 내용

2장에서는 1장에서 살펴본 VPC를 우리 생활 환경과 비교해 VPC 개념을 한층 더 다져본다. 그리고 VPC 관련 서비스들을 역할에 따라 분류해 VPC의 숲을 내려다 보자.

2.1. 우리 동네와 닮은 VPC

2.2. VPC 네트워킹의 3요소 : 공간, 연결, 컴퓨팅

2.1. 우리 동네와 닮은 VPC

VPC를 구성하는 수많은 요소들을 그 역할에 따라 3개 범주로 분류할 것이다. 그 전에 VPC를 우리 생활환경에 비유하며 개념을 형성하는 시간을 가져보자.

수십 년 전 허허벌판이었던 우리 동네는 사람들이 서서히 유입되면서 주택을 짓기 시작했다. 점차 주택이 늘어났고 주택들이 모여 일정 규모의 블록을 형성했다. 이 블록은 하나의 마을을 이뤘고 마을의 개수는 점점 늘어났다.

그림 2-1 도로를 중심으로 형성된 마을

예전에는 우리 마을에도 초등학교가 있었다. 길을 건너지 않고도 등교할 수 있었고 도착하는 데 5분도 채 걸리지 않았다. 4학년이 될 무렵 내가 다니던 초등학교는 건너편 마을로 이전했다. 마을에 거주하는 학생 규모에 비해 수업 받을 교실 크기가 작았고 개수도 부족하다는 이유 때문이었다. 그 이후로 나는 횡단보도를 건너 등교하게 됐다.

중학교 진학을 앞두고 고민에 빠졌다. 4개 마을로 형성된 우리 동에는 중학교가 없기 때문이다. 버스나 지하철을 타고 다녀야만 했다. 다행히 최근 몇 년간 도로나 철로 등이 확충됐고 집 주변의 역을 이용해 지하철을 타고 등교할 수 있었다.

우리 동네를 AWS에 비유하면 어떨까? 아래 내용을 그림 2-2와 함께 보면 쉽게 이해할 수 있다.

`우리 집`은 **인스턴스**, `마을`은 **인스턴스**가 모여 있는 **서브넷**으로 생각하자. `동`은 여러 `마을`로 구성되므로 **서브넷**의 모음인 **VPC**와 같다. 주인공인 `나`는 **인스턴스**에서 나온 **패킷(또는 트래픽)**, `초등학교`와 `중학교`는 **인스턴스**와 통신할 대상 서비스, 그리고 `등교`는 **통신**이다.

같은 마을에 위치한 초등학교에 등교할 때는 굳이 길을 건널 필요가 없듯, 서브넷 내부 서비스 간의 통신도 라우팅이 필요 없다. 4학년 이후 전학 간 학교에 갈 때 길을 건너야 했던 것은 같은 VPC(같은 동)에 생성된 다른 서브넷과의 통신으로 비유할 수 있다.

중학교는 다른 동(다른 VPC)에 위치하기 때문에 도로나 철로(VPC 피어링, 전송 게이트웨이 등)를 이용해 등교(통신) 한다.

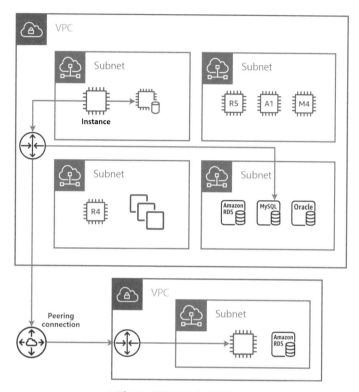

그림 2-2 우리 동네에 비유한 VPC

이 내용을 AWS에 대입하면 다음과 같이 정리할 수 있다.

VPC에 4개 서브넷을 생성하고, 각 서브넷에 일정 개수의 인스턴스를 만든다. 서브넷 내부간 인스턴스 통신은 별도 라우팅 테이블이 필요 없고 다른 서브넷의 인스턴스에 접속할 땐 라우팅이 필요하다. AWS에서는 local 라우팅으로 VPC 내부의 모든 통신을 할 수 있다. 다른 VPC로 접속하려면 VPC 피어링이나 전송 게이트웨이를 이용하면 된다. 물론 별도 서브넷 라우팅 등록이 필요하다.

2.2. VPC 네트워킹의 3요소 : 공간, 연결, 컴퓨팅

앞선 예시로써 VPC 네트워킹 구성 요소를 크게 3가지로 분류해볼 수 있다.

① 서비스를 생성할 **공간** 요소

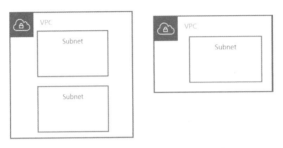

그림 2-3 VPC 첫 번째 구성 요소 – 공간

② **공간** 사이를 이어, 도로 역할을 하는 **연결** 요소

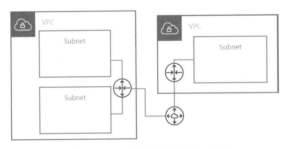

그림 2-4 VPC 두 번째 구성 요소 – 연결

③ 공간상에서 **연결** 요소를 활용해 트래픽을 전송하는 **컴퓨팅** 서비스

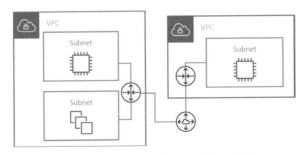

그림 2-5 VPC 세 번째 구성 요소 – 컴퓨팅 서비스

AWS 용어 중 **서비스**와 **리소스**의 의미가 혼동된다면 이렇게 생각해보자.

- **서비스**는 AWS에서 제공하는 서비스 그 자체를 뜻한다.

  (예시) VPC 피어링 서비스를 사용하면 다른 VPC와 트래픽을 주고 받을 수 있다.

- **리소스**는 **서비스** 메뉴에서 생성한 유일한 객체를 뜻한다. 또는 S3처럼 데이터를 저장하거나 인스턴스와 같이 트래픽을 주고 받는 컴퓨팅 서비스를 지칭할 때 주로 사용한다.

  (예시) Billing 메뉴에 들어가 보니 어제 만든 S3 버킷 리소스 비용이 20달러나 증가했다.

객체 지향 프로그래밍 언어를 예로 든다면 서비스는 클래스에 비유할 수 있고 리소스는 객체에 비유할 수 있다. 그러나 서비스와 리소스를 구분 없이 쓰기도 한다.

VPC 네트워킹 3요소를 결합하면 다음과 같이 한 문장으로 요약할 수 있다.

"**공간**을 만들고, 그 공간 사이에 네트워킹(**연결**)을 구축하면 **컴퓨팅** 서비스가 통신할 수 있는 기반이 마련된다."

2장 정리

2장에서는 VPC를 마을에 비유해보고 VPC 네트워킹 요소를 역할에 따라 3개로 분류했다. 이 3가지 그룹을 **2부**와 **3부**, 그리고 **4부**에 걸쳐 자세히 소개한다.

2부. 네트워크 공간과 그 경계
3부. 컴퓨팅 서비스
4부. 연결

03

VPC 네트워킹 구성 요소의 포함 관계

3.1. 수학의 집합

학창시절, 수학의 첫 단원은 단연 집합이었다. VPC 포함 관계를 학습하기 전에 수학의 집합 개념을 간단히 짚어본다.

- **집합의 포함 관계**

집합 A의 모든 원소가 **집합 B**에 속할 때, A를 B의 **부분집합**이라고 한다.

이때 **'A는 B에 포함된다'** 또는 **'B는 A를 포함한다'**고 하고

기호로 **A ⊂ B** 또는 **B ⊃ A**와 같이 나타낸다.

만약 **A**가 **B**에 포함되지 않으면 **A ⊄ B** 로 나타낸다.

- **교집합**

A와 **B** 두 집합이 공통으로 포함하는 원소로 이뤄진 집합을 **교집합**이라 하고 **A ∩ B**와 같이 나타낸다.

이 개념을 바탕으로 그림 3-1 예시를 살펴보자.

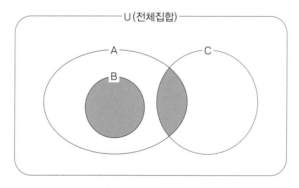

그림 3-1 집합의 포함 관계

A, B, C 모두 전체집합 U에 포함되므로 U의 부분집합이며, A는 B를 포함하므로 B는 A의

부분집합이다. 특히 A와 C 는 서로 포함 관계는 아니지만 교집합 영역이 존재한다.

A, B, C 그리고 전체집합 U는 그 안에 속한 원소를 담는 그릇이다. AWS에서는 VPC 네트워킹 3요소 중 **공간**이 집합 역할을 담당한다. 그림 3-2는 VPC 3요소를 3가지 색상으로 구분해서 표현하고 있다.

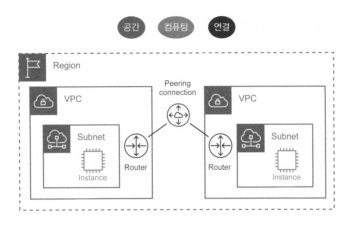

그림 3-2 VPC 3요소

VPC 네트워킹 3요소 중 리전, VPC, 서브넷 등의 **공간** 요소는 집합을, 인스턴스와 같은 **컴퓨팅** 서비스는 집합의 원소로서 **공간** 안에서 통신 주체로 활동한다. 마지막으로 **연결** 요소는 하나의 공간에 포함되는 원소 형태로 존재하지만, 그 공간의 또 다른 작은 공간들을 이어주는 역할을 한다.

3.2. 공간의 포함 관계

VPC 네트워킹의 첫 번째 요소인 **공간**은 다음 5개 요소로 분류한다.

• 계정, 리전, VPC, 가용 영역, 서브넷

원소의 존재는 집합에 근거하듯 VPC 없이는 인스턴스나 라우팅 테이블도 존재할 수 없다. 3.2절에서는 공간 요소의 포함 관계를 살펴본다.

3.2.1. 계정과 리전의 관계

AWS 관리 콘솔에 접속해서 계정만 생성해도 AWS 클라우드 서비스 구축 준비를 마친 것이다. 내가 생성한 AWS 계정은 그림 3-3의 빨강 박스에 표시된 **계정 ID**로 다른 계정과 구분할 수 있다.

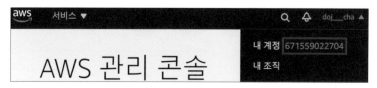

그림 3-3 관리 콘솔에서 AWS 계정 ID 확인하기

웹에서 흔히 접하는 AWS 토폴로지를 살펴보면 가장 바깥 영역에 **AWS**나 **AWS Cloud**가 표시된 것을 볼 수 있다. 이는 추상적으로 AWS 클라우드의 모호한 공간을 의미할 때도 있지만 '내 AWS 계정에 접속해서 클라우드 서비스를 구축하고 운영할 수 있는 나만의 공간'으로 해석하는 편이 맞다. **AWS**나 **AWS Cloud** 내부에 보이는 모든 AWS 서비스는 계정 하나로 생성한 것이다.

토폴로지에 상세히 표현하진 않지만, AWS의 모든 서비스는 암묵적으로 12자리 숫자로 구성된 **계정 ID(Account ID 또는 Owner ID)** 식별자를 달고 있다. 이 공간은 독립돼 있어 서로 다른 AWS 계정 사이를 침범할 수 없으며, 서로 통신을 해야 한다면 별도 설정이 필요하다. 이는 AWS가 제공하는 최소 보안 요건 중 하나다.

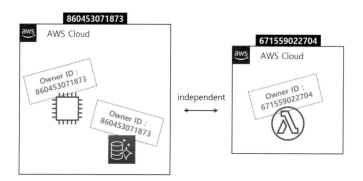

그림 3-4 AWS 계정 식별자가 부착된 서비스들

AWS Cloud는 계정 전용 공간이며, 그 공간 안에서도 지역을 선택해 원하는 서비스를 확장해 나갈 수 있다. 여기서 말하는 지역을 AWS에서는 **리전**^{Region}이라 한다. 다시 말해 **AWS Cloud**는 '다수 리전을 담고 있는 나만의 AWS 클라우드 공간'으로 정의할 수 있다.

리전은 지리적 개념으로 사용자가 선택한 리전에 따라 서비스의 물리적인 생성 위치가 달라진다. 예를 들어 런던 리전(eu-west-2)을 선택하고 인스턴스를 만들면 런던에 실존하는 데이터센터에 인스턴스가 프로비저닝된다.

이처럼 리전은 물리적으로 떨어진 독립 공간이므로 그림 3-5처럼 리전 사이에 교집합은 존재할 수 없다.

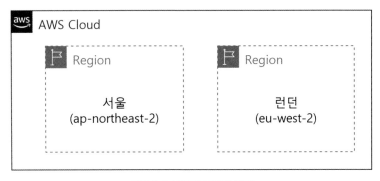

그림 3-5 계정과 리전의 관계

리전을 생략한 토폴로지

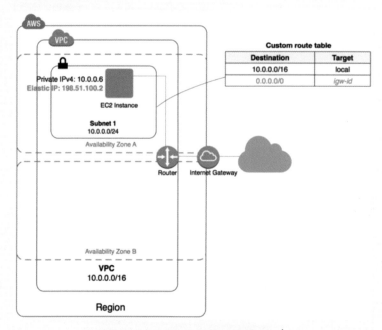

그림 3-6 리전 표시를 생략한 AWS 토폴로지 예시[1]

AWS 설명서를 보면 그림 3-6처럼 **AWS Cloud**나 **Region**을 제외하고 **AWS**만 표현하는 토폴로지를 자주 접할 수 있다. 그 이유는 대부분의 서비스는 리전을 선택해서 생성하며, 사용자에게 설명할 주제만 부각시켜 구성도를 최대한 간략히 표현하려는 의도 때문이다. 또 네트워킹의 중요도가 낮은 기타 AWS 서비스 학습에 있어, 네트워크 토폴로지에 많은 에너지를 쏟을 필요도 없었을 것이다.

이 책에서도 전체 공간의 설명이 필요할 때를 제외하고는 주요 서비스 위주로 돋보이게 표현할 것이다.

토폴로지의 아이콘 색상(과거에는 주로 주황색으로 표현)과 모양이 차츰 세련된 모습으로 변화했으나 AWS 설명서에는 최신 아이콘이 반영되지 않은 경우가 많다. 그러나 내용을 이해하는 데는 전혀 지장이 없으니 인터넷에 공개된 구성도나 AWS 설명서를 참고할 때 거부감이 없길 바란다. 단, 이 책에서는 되도록 최신 아이콘으로 표현한다.

---

1   출처 : AWS 설명서

3.2.2. 리전과 VPC의 관계

원하는 리전을 선택하고 VPC를 생성하는 것은 VPC 네트워킹의 시작이다. 그러므로 VPC 는 오직 1개 리전에만 유일하게 포함될 수 있다.

서울 리전(ap-northeast-2)에 VPC를 생성하면 서울 리전 이외의 다른 리전에서는 서울 리전 의 VPC를 확인할 수 없다(그림 3-7). 이로써 리전은 VPC를 포함하고 VPC는 리전에 포함 되는 관계가 성립한다.

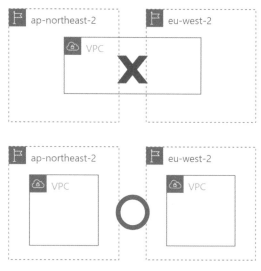

그림 3-7 여러 리전에 중복 포함될 수 없는 VPC

3.2.3. 리전과 가용 영역의 관계

가용 영역^{Availability Zone}은 **리전**을 세분화해 격리시킨, 가용성 보장을 위한 공간이다. 리전에 따라 적게는 3개부터 6개 이상의 가용 영역을 포함하고 있으며 가용 영역의 모음이 리전이 라고 봐도 무방하다.

가용 영역은 리전 이름 뒤에 a, b, c 순서로 알파벳을 붙인다. 서울 리전(ap-northeast-2)의 경우 그림 3-8처럼 총 4개의 가용 영역으로 구성된다.

그림 3-8 서울 리전과 가용 영역의 포함 관계

리전이 서로 격리된 것처럼, 리전에 포함된 가용 영역 사이에도 교차 지점이 존재하지 않는다.

3.2.4. VPC와 가용 영역의 관계

앞선 내용에서 VPC와 가용 영역은 저마다 리전에 포함된다고 했다. 그럼 VPC와 가용 영역은 서로 어떤 관계가 성립할까?

그림 3-9는 로드밸런서가 2개 가용 영역에 존재하는 각 인스턴스로 트래픽을 라우팅하는 예를 보여준다. 로드밸런서에 2개 이상의 가용 영역을 지정하면 한 가용 영역의 데이터센터에 재해나 시설 장애가 발생했을 때, 최소 중단 시간 내에 또 다른 가용 영역에서 서비스를 지속할 수 있다.

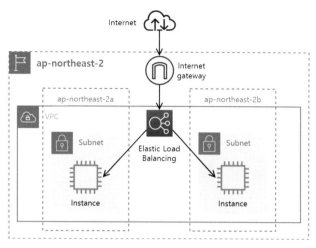

그림 3-9 로드밸런서의 라우팅 대상으로 지정하는 가용 영역

이처럼 VPC는 가용성을 확보하고자 자신이 속한 리전의 모든 가용 영역 중 일부를 선택, 지정해서 사용한다. 그림 3-9 예시의 로드밸런서는 서울 리전의 4개 가용 영역 중 2개의 가용 영역(2a, 2b)을 지정했다.

가용 영역을 구성하는 데이터센터 위치에 따라 VPC의 가상 경계 범위가 달라지겠지만, 서울 리전의 VPC 경계는 최대 서울 크기만할 수도 있다. 클라우드 개념 중에서도 한 층 더 논리적인 개념이다. 이런 이유로 **가상 프라이빗 클라우드**^{Virtual Private Cloud}라 정의하지 않았을까?

리전에 종속된 VPC와 가용 영역은 그림 3-10의 3가지 형태로 생각해볼 수 있다. 먼저 VPC가 가용 영역을 완전히 포함한다거나(A), 반대로 가용 영역이 VPC를 완전히 포함하는 형태(B)를 떠올릴 수 있다. 둘 다 리전을 벗어나지만 않는다면 가능한 시나리오 아닌가?

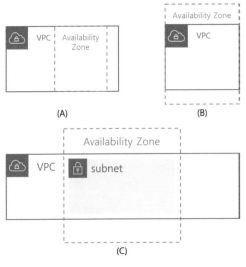

그림 3-10 VPC-가용 영역간 포함 관계

그러나 결론부터 말하면 VPC와 가용 영역은 자기만의 고유 영역이 있다. AWS 네트워크 토폴로지를 (A)와 (B)가 아닌 (C)로 표현하는 이유가 여기에 있다.

그림 3-11의 노랑 부분은 VPC만의 전용 공간, 파랑 부분은 가용 영역의 전용 공간이다. VPC만의 전용 공간에는 보안 그룹, 네트워크 ACL 등을 예로 들 수 있다. 이들은 가용 영역에 의존하지 않는 특성이 있다.

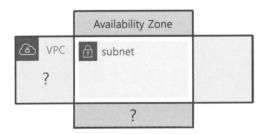

그림 3-11 VPC와 가용 영역의 전용 공간

반대의 경우도 마찬가지다. 파랑 부분은 VPC에 의존하지 않는 가용 영역 전용 공간이다. 예를 들면 S3처럼 리전에는 포함되지만 VPC와 무관한 서비스이거나 VPC와 연결 해제 상태의 서비스가 이곳으로 반환된다.

VPC에서 인터넷 게이트웨이 연결을 해제하는 예를 들어보자. 인터넷 게이트웨이는 VPC 딱지를 떼고 리전으로 복귀한다. 리전은 지리적 개념이지만 가용 영역처럼 물리적 데이터센터를 지칭하진 않는다. 다시 말해 리전으로 복귀한다는 뜻은 리전을 구성하는 가용 영역 중 일부나 전부로 돌아가는 것을 뜻한다. 그러나 잘 생각해보면 리전에 복귀한 인터넷 게이트웨이도 분명 어느 특정 가용 영역의 데이터센터 시스템에서 생성됐을 것이다. 즉, 가용 영역의 어느 데이터센터에 남은 채 논리적으로만 VPC에 연결하고 다시 해제하는 과정을 반복한다. 서비스는 가용 영역의 물리적인 공간에 그대로 남아 있고, VPC 관련 설정만 삭제해 논리적으로는 리전으로 반환하는 것처럼 보인다.

여기서 우리는 또 한 가지 사실을 알 수 있다. VPC는 가상이면서 논리적이고, 가용 영역은 실제 데이터센터가 존재하는 물리적인 개념으로서, VPC의 모든 가상 활동은 가용 영역이 존재하기에 가능하다는 것이다. 노랑 부분과 같은 VPC 전용 공간이 존재한다는 것은 어느 한 가용 영역이 아닌 여러 가용 영역들이 VPC를 서포트할 목적으로 남겨둔 공간으로 봐야 한다.

정리하면 VPC와 가용 영역은 서로 포함하거나 포함되는 관계가 아니다. 집합 관계로 표현하면 다음과 같다.

- VPC ⊂ 리전, 가용 영역 ⊂ 리전
- VPC ⊄ 가용 영역, 가용 영역 ⊄ VPC

3.2.5. 서브넷과 VPC, 서브넷과 가용 영역의 관계

VPC와 가용 영역은 서로 구속하지 않는 관계였다. 그러므로 서브넷과의 관계도 개별 파악이 필요하다.

그림 3-12 서브넷 생성 화면을 보면 VPC와 가용 영역을 모두 지정하고 있다. VPC를 선택하고 서브넷을 생성할 가용 영역을 차례로 선택하면 된다. 가용 영역은 1개만 선택할 수 있다.

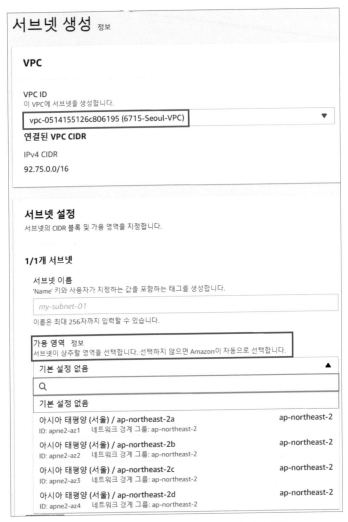

그림 3-12 서브넷 생성 시 선택하는 VPC와 가용 영역

따라서 서브넷은 VPC와 가용 영역 모두에 포함되는 관계가 성립한다. 이는 다음 집합 관계로 나타낼 수 있다.

- **서브넷 ⊂ VPC 그리고 서브넷 ⊂ 가용 영역**

정리하면 서브넷은 2개 공간 요소(VPC, 가용 영역)에 모두 포함돼야 한다. 그러므로 그림 3-13과 같이 VPC에만 포함되고 가용 영역에는 포함되지 않는 구성은 성립할 수 없다.

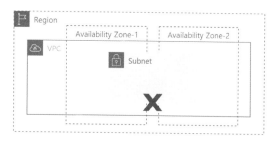

그림 3-13 서로 다른 가용 영역에 놓인 서브넷(불가)

또한 그림 3-14처럼 가용 영역에는 포함되지만 VPC를 벗어나거나 서로 다른 VPC를 공유하는 구성도 불가능하다.

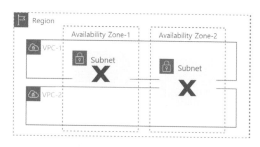

그림 3-14 VPC를 벗어난 서브넷(불가)

이처럼 서브넷 1개가 점유할 수 있는 공간은 그림 3-15와 같이 VPC와 가용 영역의 교집합 공간으로 한정된다.

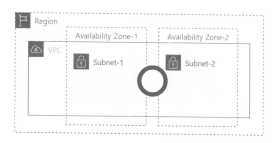

그림 3-15 서브넷이 놓일 수 있는 위치

3.2.6. 공간의 포함 관계 정리

지금까지 공간의 포함 관계를 알아봤다. 먼저 VPC를 기준으로 공간의 전후 포함 관계를 표현하면 그림 3-16과 같다.

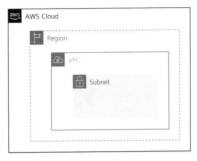

그림 3-16 리전-VPC-서브넷의 포함 관계

가용 영역의 관점에서는 그림 3-17처럼 표현할 수 있을 것이다.

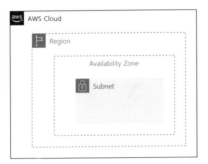

그림 3-17 리전-가용 영역-서브넷의 포함 관계

이 두 가지 관계를 종합하면 그림 3-18과 같다.

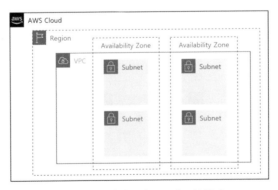

그림 3-18 5가지 공간 요소의 포함 관계

VPC의 3가지 요소 중 집합 역할을 하는 **공간**의 포함 관계를 알아두면 각 공간에 생성된 서비스들의 관계 파악에도 많은 도움이 된다. 그림 3-18의 구성은 꼭 염두에 두길 바란다.

3.3. 공간과 다른 요소(연결, 컴퓨팅) 간 포함 관계

3.2절에서 공간 상호간 포함 관계를 학습했다. VPC 네트워킹 3요소 중 공간의 포함 관계부터 알아본 이유는, 공간은 공간을 담기도 하지만 공간 외에도 다른 2가지 요소까지 담는 그릇이기 때문이다. 집합 개념으로 본다면 **공간**이 집합이고, **컴퓨팅**과 **연결**이 원소가 된다.

3.3절에서는 각 공간이 어떤 네트워킹 요소들을 담고 있는지 살펴본다.

AWS를 처음 접하는 독자라면, 네트워킹 요소간 포함 관계가 다소 복잡하고 어렵다고 느낄 수도 있다. 여기서 소개할 내용은 이 책의 마지막까지 사용되며 각 서비스 학습 도중 다시 돌아와서 참조할 예정이므로 지금 모두 이해할 필요는 없다. 다만 패런트와 연결의 의미, 그리고 표 3-1을 해석하는 방법만이라도 숙지해보자.

3.3.1. 패런트와 연결(Attach or Associate)

AWS에서 사용하는 용어는 아니지만 VPC 네트워킹 요소간 포함 관계를 나타내는 우리만의 용어를 정의하려 한다. **트리**^{Tree} 자료 구조에서, 어느 한 노드^{Node}의 루트 노드 방향에 연결된 상위 노드를 **부모 노드**^{Parent Node}라 한다. 이를 인용해 VPC 공간 요소간 집합 관계에서 자신을 포함하는 유일한 직속 상위 집합을 **패런트**^{Parent}라고 약속하자.

그림 3-18을 예로 들어본다. VPC의 패런트는 리전이다. 계정(AWS Cloud)은 리전의 패런트지만 VPC의 패런트는 아니다. 직속 상위 집합이어야 하기 때문이다. VPC와 계정 사이에는 리전이 존재한다.

또한 가용 영역의 패런트는 리전이고 서브넷의 패런트는 VPC 또는 가용 영역이다. 그리고 리전은 VPC와 가용 영역 모두의 패런트가 된다.

VPC 네트워킹 3요소를 기반으로 주요 서비스들을 색상별로 구분해 표 3-1에 정리했다. 처음 언급한 대로 표 내용 모두를 당장 이해할 필요는 없다. 표를 해석하는 방법이 중요하다.

표 3-1 네트워킹 구성 요소간 포함 관계와 연결성

학습 위치	구성 요소 / 특징	역할 (VPC 네트워킹 3요소)	패런트 (활동 반경 공간)
4장	계정	공간	-
5장(5.3.1)	리전	공간	계정
5장(5.3.2)	가용 영역(Availability Zone, AZ)	공간	리전
6장(6.1)	VPC	공간	리전
6장(6.2)	서브넷	공간	가용 영역, VPC
7장(7.3)	인스턴스	컴퓨팅(트래픽 생성)	가용 영역, VPC
9장(9.2)	NAT 게이트웨이	연결(경로 제어)	서브넷
10장	로드밸런서(ALB, CLB)	연결(분산 제어)	VPC
11장(11.4)	전송 게이트웨이 (Transit Gateway, TGW)	연결(연결 서비스)	리전
11장(11.3)	DX 연결	연결(연결 서비스)	리전
12장	엔드포인트	연결(연결 서비스)	VPC
7장(7.2)	네트워크 인터페이스 (Elastic Network Interface, ENI)	컴퓨팅(트래픽 전달)	서브넷
7장(7.1)	탄력적 IP(Elastic IP, EIP)	컴퓨팅(트래픽 전달)	리전
9장(9.1)	보안 그룹(Security Group, SG)	연결(접근 제어)	VPC
9장(9.1)	네트워크 ACL(Network ACL, NACL)	연결(접근 제어)	VPC
9장(9.2)	라우팅 테이블	연결(경로 제어)	VPC
9장(9.2.6)	인터넷 게이트웨이 (Internet Gateway, IGW)	연결(경로 제어)	리전
10장	로드밸런서(NLB, GWLB)	연결(분산 제어)	VPC
10장	대상 그룹(Target Group)	연결(분산 제어)	VPC
11장(11.3)	가상 프라이빗 게이트웨이 (Virtual Private Gateway, VGW)	연결(경로 제어)	리전
12장(12.3)	엔드포인트 서비스	연결(연결 서비스)	리전

(표 3-1에 이어지는 표다.)

연결(Attach or Associate)			
수명 주기 동안 다른 요소에 연결 가능성	연결 대상	연결 종속성(1:N) ※ X일 때 종속성 유지	다중 연결성(N:1)
X		-	
O	인스턴스 or VPC 서비스	X	O
	[기본 or 보조] 프라이빗 IP	X	X
	네트워크 인터페이스	O	O
	서브넷	O	X
	서브넷	O	X
	VPC	X	X
	엔드포인트 서비스	X	O
	로드밸런서	X	O
	VPC	X	X
	엔드포인트	O	X

패런트는 한 구성 요소의 직속 상위 집합을 의미한다. 표 3-1을 보자.

가용 영역의 패런트는 리전이고 VPC의 패런트도 리전이다. 서브넷은 가용 영역과 VPC 모두에 포함돼야 하는 성질이 있으므로 2개의 패런트를 동시에 가진다. 이처럼 패런트는 계층적인 집합 개념으로 오직 **공간** 요소만 패런트가 될 수 있으며, 한 번 생성된 네트워킹 구성 요소의 활동 반경은 수명 주기 동안 패런트 영역을 절대 벗어날 수 없다. 여기서 말하는 수명 주기란 서비스 객체가 생성돼 삭제될 때까지의 모든 과정과 그 기간을 뜻한다.

또한 **연결**^{Attach or Associate}이란 VPC 네트워킹 요소를 다른 요소에 붙여 쓰는 것을 말한다. 가령 네트워크 인터페이스를 인스턴스에 붙일 땐 **연결**^{Attach}이라 하고, 라우팅 테이블을 서브넷에 붙일 땐 **연결**^{Associate}이라 부른다. 참고로 VPC 네트워킹 3요소 중 하나인 **연결**^{Connection}과는 다른 개념이므로 혼동하지 말자.

이 연결성은 표 하단 10개 요소들만 유일하게 갖는 속성이다. 이 요소들은 수명 주기 동안 다른 대상에 연결할 수 있다. 또 하나의 요소를 여러 요소에 연결하는(1:N) 특성과 여러 요소를 한 요소에 연결하는(N:1) 특성으로 나뉜다. 예를 들어 라우팅 테이블은 여러 서브넷에 연결할 수 있으므로 연결 종속성이 없다.

3.3.2. VPC 포함 관계의 이해 : 패런트와 연결 예제

패런트와 연결성의 개념을 정리하고 예제와 함께 살펴본다.

- 패런트^{Parent}

① 개별 네트워킹 요소는 자신을 품는 **패런트**가 있다. **패런트**는 직속 상위 집합이다.

(예) 보안 그룹은 VPC 내부에 생성된다. 이것은 보안 그룹을 생성할 때 특정 VPC를 지정한다는 말과 같다. 다시 말해 VPC는 보안 그룹의 패런트다.

그림 3-19 보안 그룹의 패런트 = VPC

② 개별 네트워킹 요소는 수명 주기 동안 자신의 **패런트**에 종속돼 그 활동 반경이 **패런트**를 벗어날 수 없다.

(예-1) 서울 리전 에 생성된 VPC가 소멸되기 전까지, 시드니 리전 이나 런던 리전 으로 옮기거나 복제해서 사용할 수 없다.

(예-2) vpc-06ab10bb 에 생성된 보안 그룹을 vpc-005b489c 에서 사용할 수 없다.

- **연결**Attach or Associate

① 다른 요소에 연결해서 사용하는 네트워킹 요소들이 일부 존재한다. 그 중 보안 그룹처럼 중복 연결이 가능한 요소도 있다.

(예) **보안 그룹**은 **네트워크 인터페이스**에 연결해 트래픽을 제어한다. 특정 보안 그룹을 VPC(패런트) 공간 내부의 다른 모든 네트워크 인터페이스에도 연결해 사용할 수 있다.

위의 2가지 속성을 모두 적용한 예를 살펴보자.

그림 3-20은 인터넷 게이트웨이를 VPC에 연결하고 다시 분리하는 과정을 보여준다. 패런트 개념에 따르면 서울 리전 에 생성된 **인터넷 게이트웨이**는 소멸될 때까지 서울 리전 과 종속 관계를 유지한다.

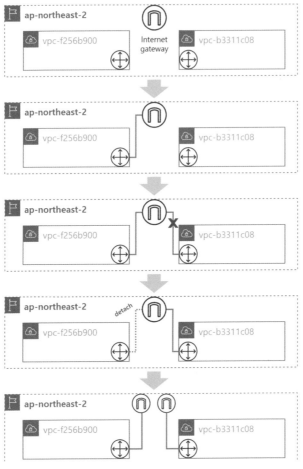

그림 3-20 VPC 단위로 연결 가능한 인터넷 게이트웨이

연결성의 개념도 적용해보자. 표 3-1을 보면 인터넷 게이트웨이는 수명 주기 동안 다른 VPC에 연결할 수 있는 성질이 있다. 단, 특정 VPC에 연결한 상태라면 다른 VPC로 추가 연결은 불가능하다. 이를 **연결 종속성**(1:N 불가)이라 한다. 다시 말해 인터넷 게이트웨이를 VPC에서 분리detach할 때까지는 vpc-f256b900 에서만 사용할 수 있다. 이 VPC와 연결을 해제해야 비로소 리전 내 다른 VPC(vpc-b3311c08)에 연결할 수 있다. 또 2개 이상의 인터넷 게이트웨이를 한 VPC에 연결할 수 없다. **다중 연결성**(N:1 관계)이 없다는 뜻이다.

이처럼 인터넷 게이트웨이와 VPC는 1:1 관계를 유지한다. VPC마다 유일한 인터넷 게이트웨이를 만들어 사용하는 이유다. 정리하면 1:N과 N:1 연결 속성이 모두 X일 때 1:1 연결 관계라 할 수 있다.

이로써 리전별 생성할 수 있는 VPC 개수 한도(할당량)와 인터넷 게이트웨이 개수 한도(할당량)가 같음을 유추할 수 있다. 실제로 리전별 VPC 할당량 개수를 늘리면 인터넷 게이트웨이 할당량도 함께 늘어난다. VPC 할당량 조정은 6.1.5를 참조한다.

다른 예를 살펴보자. **네트워크 인터페이스**는 수명 주기 동안 다른 요소에 연결 가능한 성질이 있지만, 특정 네트워크 인터페이스를 여러 인스턴스에 연결할 수는 없다. 즉, 연결 종속성으로 인해 단 하나의 인스턴스에만 연결할 수 있다. 단, 2개 이상의 서로 다른 네트워크 인터페이스는 한 인스턴스에 연결할 수 있으므로 N:1 관계는 성립한다.

반면 **보안 그룹**은 연결 종속성이 없고 다중 연결성이 있어 완전 독립적인 성향을 띤다. 그림 3-21과 같이 보안 그룹 b가 2번 네트워크 인터페이스에 연결돼 있어도, VPC(패런트)에 존재하는 또 다른 3번 네트워크 인터페이스에도 연결할 수 있다.

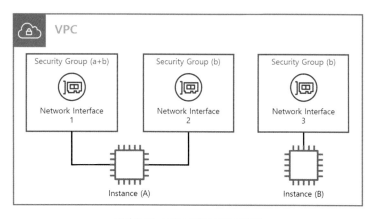

그림 3-21 보안 그룹의 중복 연결성

또 보안 그룹 a와 b 모두 1번 네트워크 인터페이스에 연결해 N:1 관계도 성립한다.

네트워크 ACL과 **라우팅 테이블**도 연결 종속성이 없어 VPC 내부 모든 서브넷에 동시 연결할 수 있다. 단, 이 둘은 다중 연결성(N:1)이 없으므로 서브넷 단위로 1개씩만 연결해야 한다.

3장에서는 VPC 네트워킹 3요소의 포함 관계를 소개했다. 주요 내용은 다음과 같다.

- **공간**은 집합 역할을 하며 **컴퓨팅** 서비스와 **연결** 요소를 원소로 가진다.

- 자신을 포함하는 직속 상위 공간을 **패런트**로 정의했다. 모든 VPC 요소는 수명 주기 동안 자신의 패런트를 벗어날 수 없다.

- 다른 요소에 연결 가능한 요소들도 있다. **인터넷 게이트웨이**처럼 다중 연결이 불가능한 요소가 있는 반면, 보안 그룹처럼 다중 연결 가능한 요소도 있다.

PART 2

네트워크 공간과 그 경계

2부에서는 네트워크 공간을 학습한다. 네트워크 공간은 1부에서 분류한 VPC의 3가지 요소 중 집합을 담당하며 나머지 2개 요소인 컴퓨팅 서비스와 연결을 담는다.

1부에서 설명한 것처럼 공간은 다음 5개 요소로 분류된다.

● 계정, 리전, 가용 영역, VPC, 서브넷

AWS의 시작은 계정 생성이다(4장). 생성된 계정에 로그인하면 AWS에서 이미 마련해 둔 나만의 전용 리전과 가용 영역에 접근할 수 있다(5장). 그리고 이 공간에 내가 원하는 형태로 VPC와 서브넷을 만들어 나갈 수 있다(6장).

4장부터 6장까지는 AWS 관리 콘솔에 직접 로그인하고, 공간 요소를 함께 만들면서 세부 내용을 학습한다. AWS에서는 공간 생성에 따른 비용을 별도로 부과하고 있지 않으므로, 마음 편히 생성하고 삭제해보길 바란다.

04

나의 AWS 전용 공간 : 계정

4.1. [실습] AWS 계정 생성하기

4장부터는 실습을 병행하므로 계정부터 생성해본다. 이미 생성했다면 4.2절로 넘어간다.

실습 시작

① http://aws.amazon.com에 접속해 우측 상단 **AWS 계정 생성** 버튼을 클릭한다.

그림 4-1 AWS 관리 콘솔 홈 화면

② [1단계] **이메일 주소, AWS 계정 이름**을 차례로 입력한다.

이메일 주소는 AWS 관리 콘솔 로그인 시 루트 사용자용 아이디로 사용한다. 보조 설명 내용처럼 AWS 계정 이름은 나중에 변경할 수 있다. 이메일 주소도 계정 생성 이후 변경할 수 있지만 이 단계에서 올바른 주소 입력을 권장한다.

이메일 주소 확인을 클릭해서 수신된 확인 코드를 입력한 뒤 승인 메시지를 확인한다. 루트 사용자용 암호를 입력하고 **계속** 버튼을 클릭한다.

그림 4-2 AWS 계정 생성 - 1단계

③ [2단계] AWS 활용 목적에 따라 **비즈니스**와 **개인** 중 하나를 선택할 수 있다. 학습 목적이므로 **개인**을 선택한다. **전체 이름**, **전화 번호**, **주소**를 입력하고 **AWS 고객 계약** 조항을 확인한 뒤 체크한다.

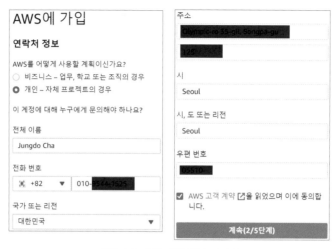

그림 4-3 AWS 계정 생성 - 2단계

④ [3단계] 카드 정보를 입력한다. 국내용 신용/체크카드도 무방하다. AWS에서 자격 증명을 목적으로, 일정기간 결제 상태를 유지한 후 취소하는 과정이 있으므로 참고하길 바란다.

그림 4-4 AWS 계정 생성 – 3단계

⑤ [4단계] 자격 증명 확인용 휴대전화 번호와 보안 검사 문자를 입력한다. 입력을 완료하면

SMS 전송(4/5단계)을 클릭한다.

그림 4-5 AWS 계정 생성 – 4단계(1/2)

⑥ [4단계 – 계속] 휴대전화에 수신된 코드 번호를 입력하고 **계속(4/5단계)**를 클릭한다.

그림 4-6 AWS 계정 생성 - 4단계(2/2)

⑦ [마지막 단계] Support 플랜을 선택한다. 학습 목적이므로 **기본 지원 – 무료**를 선택하고 **가입 완료** 버튼을 클릭한다.

그림 4-7 AWS 계정 생성 – 마지막 단계

⑧ [완료 단계] 계정 생성을 완료했다. **AWS Management Console로 이동** 버튼을 클릭해 로그인한다. http://console.aws.amazon.com으로 접속해도 된다.

그림 4-8 AWS 계정 생성 – 완료 단계

4.2. AWS 계정의 이해와 올바른 사용법

AWS 계정 생성과 로그인은 AWS 활동의 시작이다. 계정은 5개 공간 요소 중 나머지 4개 공간을 담는 공간이며, 모든 AWS 서비스가 생성, 상호 연동하며 가치를 창출하는 곳이다. 그만큼 철저한 관리가 필요하다.

4.2.1. AWS 계정 ≒ 루트 사용자

AWS 계정 로그인은 **루트 사용자**^{Root Account}를 식별하는 이메일과 그 암호로 이뤄진다. 그러므로 AWS 계정과 루트 사용자는 특별한 구분 없이 같은 의미로 사용한다. 다만 AWS를 어떤 신분으로 로그인했는가의 측면으로는 **루트 사용자**를 주로 사용하고, 다른 AWS 계정과 구분하는 공간 분리 개념으로는 **AWS 계정**을 주로 사용한다. 3장에서 공간의 한 요소인 계정을 루트 사용자로 규정하지 않은 이유도 여기에 있다.

그럼 앞서 생성한 계정에 로그인해보자.

그림 4-9는 https://console.aws.amazon.com에 접속해 AWS 계정에 로그인하는 과정을 보여준다.

그림 4-9 AWS 계정에 로그인하기

① 로그인 옵션은 2가지로, **루트 사용자**와 **IAM 사용자** 중 하나를 선택한다.

루트 사용자는 4.1절에서 고유 이메일 주소로 생성한 계정이고, IAM 사용자는 루트 사용자가 별도 권한을 부여한 하위 사용자다. IAM 사용자는 4.3절에서 자세히 설명한다.

루트 사용자를 선택하고 **이메일 주소**를 입력한 뒤 **다음**을 클릭한다.

② 루트 사용자는 IAM 사용자와 달리 **보안 검사** 과정이 별도로 필요하다. 이미지에 표시된 문자를 입력하고 **제출** 버튼을 클릭한다.

③ 마지막으로 **비밀번호**를 입력하고 **로그인**하면 AWS 관리 콘솔 화면(그림 4-10)을 확인할 수 있다.

그림 4-10 AWS 관리 콘솔 로그인 화면

4.2.2. [실습] 루트 사용자 MFA 적용하기

루트 사용자는 나의 전용 AWS 공간에 생성된 AWS 서비스와 비용, 권한 등 모든 영역을 관할, 통제하는 최상위 권한을 소유한 계정이다. 따라서 AWS 계정을 총괄하는 서비스 오너 1명만 접근하고, 암호 관리에 특히 유의해야 한다.

그러나 암호 인증 방식은 지식 기반이므로 타인에게 쉽게 공유할 수 있으며, 이 과정에서 유출될 소지가 매우 높아 추가 인증 적용을 권장한다. 이와 같이 2가지 이상 인증을 결합하는 형태를 **MFA**^{Multi Factor Authentication, 다중 인증}라 한다.

AWS도 MFA를 제공한다. AWS를 비롯한 모든 클라우드의 계정 관리가 유난히 중요한 이유 중 하나가 바로 비용이다. 루트 사용자나 서비스 생성, 변경 권한을 가진 IAM 사용자 계정이 탈취되면 해커는 수많은 고비용 서비스를 생성하고 해킹에 악용한다. 온프레미스 침

해는 사고를 대응하고 재발 방지 대책을 수립하는 데 그치지만 클라우드는 비용 문제까지 감내해야 하기에 더욱 고통스럽다.

그러므로 MFA는 선택 사항이 아니며 AWS 계정 생성 직후 바로 적용해야 한다. 계정 생성에 이어 MFA를 적용해보자.

MFA 적용 실습

① 관리 콘솔 우측 상단에서 AWS 계정 이름을 클릭하고 **보안 자격 증명 > 멀티 팩터 인증(MFA) > MFA 디바이스 할당** 메뉴를 선택한다.

그림 4-11 보안 자격 증명 - MFA 활성화

② 3가지 형태의 MFA 디바이스를 선택할 수 있다.

보안 키와 **하드웨어 TOTP 토큰**은 별도의 물리 디바이스를 구매해야 하므로, 모바일 앱을 활용하는 **인증 관리자 앱**을 선택하고 **다음** 버튼을 클릭한다.

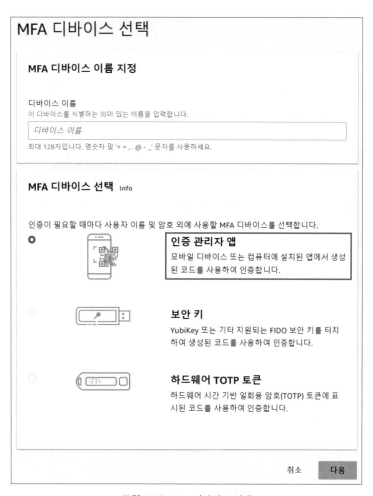

그림 4-12 MFA 디바이스 선택

③ 루트 사용자와 매칭되는 임시 QR 코드나 비밀 키를 이용해 MFA를 등록할 수 있다.

호환되는 애플리케이션 목록은 안드로이드와 아이폰이 동일하다. **QR 코드 표시** 클릭 시 나타나는 코드 촬영 방법이 가장 쉽지만 사내 정책상 휴대폰 카메라 사용이 불가하면 **보안 키 보기**를 클릭해 나타나는 키를 앱에 입력하면 된다.

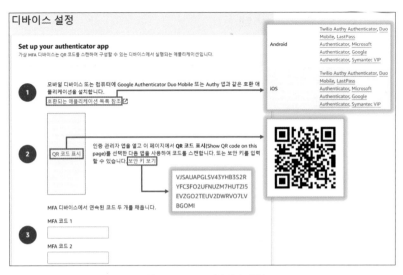

그림 4-13 MFA 디바이스 설정

④ 5가지 호환 애플리케이션 중 **Google Authenticator** 앱을 사용해본다. 앱스토어에서 'Google OTP'를 검색해 앱을 설치, 실행한다.

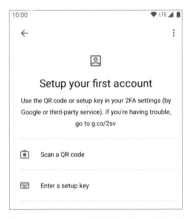

그림 4-14 Google OTP를 활용한 MFA 설정

앱을 실행한 후 첫 화면에서 **QR 코드 스캔(Scan a QR code)** 또는 **설정 키 입력(Enter a setup key)** 중 하나를 선택할 수 있다. 이미 해당 앱으로 MFA를 사용 중이라면, 우측 하단의 + 버튼을 클릭한다.

QR 코드 스캔(Scan a QR code)을 선택해 QR 코드를 촬영하면 MFA 설정이 완료된다.

⑤ 로그아웃한 후 콘솔에 다시 로그인해서 MFA 정상 적용 여부를 확인한다.

MFA를 적용하면 루트 사용자 로그인 단계(그림 4-9)에서 MFA 코드를 입력하는 단계가 추가된다(그림 4-15). 앞으로 Google OTP에 나타난 MFA 코드를 화면에 입력하면 로그인할 수 있다.

그림 4-15 MFA 코드 입력 화면

4.3. IAM

루트 사용자에 MFA를 적용해 안전한 상태가 됐다. 그럼 다음으로 할 일은 무엇인가? 루트 사용자 최소 사용을 위한 후속 작업이다. 루트 사용자는 결제 및 비용 관리, 사용자 권한 복원 등 특수 상위 권한 수행용으로만 사용하고, 기타 서비스 생성과 액세스 관리 등 우리가 생각하는 일반적인 운영은 IAM 사용자를 생성해서 사용한다.

4.3.1. IAM 작동 방식의 이해

IAM^{Identity and Access Management}은 AWS 서비스에 접근하는 보안 주체^{Identity}와 인증, 그리고

인증된 보안 주체의 서비스 접근^{Access} 권한을 관리하는 서비스다.

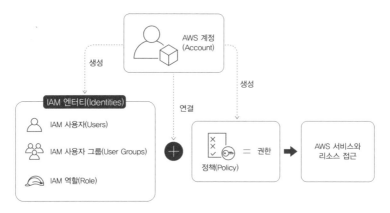

그림 4-16 IAM 작동 방식

그림 4-16은 IAM 작동 방식을 나타낸다. AWS 계정의 모든 권한을 가진 **루트 사용자**는 **IAM 엔터티**에게 필요한 권한만 선별적으로 부여해서 서비스 접근을 허용한다.

여기서 권한은 **JSON** 형태의 **정책**^{Policy}으로 관리한다. 그림 4-16처럼 필요한 권한을 **정책**으로 만들고 **IAM 엔터티**에 연결하면 AWS 서비스로 액세스할 수 있다. 이 말은 그 어떤 정책도 연결되지 않은 IAM 엔터티는 그 어떤 접근도 불가능하다는 뜻이다.

그림 4-17 JSON 형태의 AdministratorAccess 정책

루트 사용자만 존재하는 백지 상태의 AWS 환경에서 IAM 엔터티와 정책 생성, 그리고 상호간 연결 작업은 루트 사용자만 할 수 있지만(그림 4-16), 이 권한 또한 정책으로 만들어서

IAM 엔터티에 연결하면 IAM 엔터티도 루트 사용자 역할을 대신할 수 있다. 따라서 루트 사용자에 버금가는 권한(그림 4-17)을 소유한 별도 **IAM 사용자**[User]를 만들어 사용하고 루트 사용자는 안전하게 보호하는 것이 좋다.

4.3.2. 루트의 권한 대행 : IAM 사용자

그림 4-18은 IAM 작동 방식에 따른 예시를 보여준다.

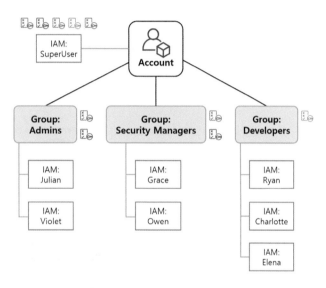

그림 4-18 IAM 사용자 그룹과 IAM 사용자

루트 사용자의 최상위 권한을 대행할 SuperUser 는 대부분의 정책을 부여 받았다. 권한이 상승된 SuperUser 는 업무 영역으로 구분된 3개의 IAM 사용자 그룹과 IAM 사용자 7개를 생성했으며 각 IAM 사용자를 그룹에 편입시켰다.

IAM 작동 방식(그림 4-16)에 따라 운영상 필요한 권한을 Admins 그룹에 연결하면 이 그룹에 속한 IAM 사용자는 그룹에게 상속받은 권한으로 리소스에 접근할 수 있을 것이다. Grace 와 Owen 이 속한 Security Managers 그룹에는 보안 업무에 필요한 최소 권한만 부여해서 AWS 서비스 보안 활동을 수행케 한다.

이처럼 IAM 사용자인 SuperUser 에 정책을 직접 연결하거나 IAM 사용자 그룹인 Admins 에 정책을 연결하는 방식으로 권한을 부여할 수 있다. 위 예시처럼 업무가 명확히 구분되고 해당 업무 수행자가 2명 이상일 경우 업무 단위로 그룹을 만들어 각 그룹별로 정책을 연결하는 것은 보다 효율적인 보안 강화 방법이 될 수 있다.

4.3.3. IAM 보안 관리 방안

계정이 공간 요소 중 하나라는 사실을 다시 한 번 기억하자. 특히 계정은 나머지 4개 공간 요소뿐 아니라, AWS의 모든 서비스와 리소스를 담는 최상위 요소다. 그러므로 계정 관리가 취약하면 그 안에 담긴 모든 AWS 서비스와 리소스를 안전하게 보호할 수 없다.

그림 4-19는 공간 개념의 계정과 계정의 최상위 권한을 소유한 루트 사용자, 그리고 루트 사용자가 생성한 IAM 엔터티를 보여준다. 루트 사용자가 SuperUser 에게 IAM 엔터티를 생성하고 정책을 연결할 수 있는 권한을 부여한 뒤, SuperUser 가 NetworkAdmin 그룹과 Luna 사용자를 생성하는 것이 바람직한 운영 방법일 것이다. 모든 사용자는 MFA와 IP 접근제어를 필수적으로 적용해야 한다.

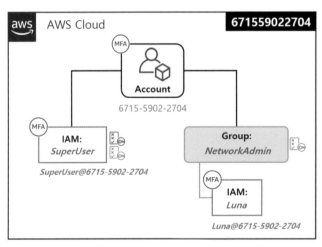

그림 4-19 IAM 사용자 그룹과 사용자 생성 예제

최초 AWS 계정을 생성하면 12자리 식별자(그림 4-19 우측 상단 '671559022704')가 부여된

다. 이 식별자를 **계정 ID**^{Account ID}라 한다. 계정 ID는 내 계정을 다른 계정과 구분해 주며 IAM 엔터티를 포함한 계정 공간에 생성될 모든 서비스와 리소스의 도메인 역할을 한다. 다시 말해 IAM 엔터티나 서비스가 어디서 무엇을 하든, 계정 ID가 꼬리표처럼 항상 따라 다닌다.

계정이라는 공간에서, 서비스 수명주기 내의 모든 활동은 루트 사용자 또는 IAM 엔터티로부터 시작한다. 그러므로 서로 다른 계정의 서비스를 한 화면에 표현하지 않는 한 IAM 엔터티와 그 계정 ID를 AWS 토폴로지에 모두 나타낼 필요는 없다.

다음으로 **IAM 사용자**를 살펴보자. 위 예시의 `SuperUser`는 루트 사용자를 대행할 권한을 받았을 뿐 루트 사용자와 동일한 권한은 아니다. IAM 엔터티에게 부여할 수 있는 최고 관리자 권한 정책(그림 4-17의 AdministratorAccess 정책)을 `SuperUser`에 연결해도 `SuperUser`의 권한은 루트 사용자 권한의 부분집합일 뿐이다. 여기서 우리는 루트 사용자를 사용하지 않을 더 확고한 명분이 생겼다. 루트 사용자의 권한은 무제한이기 때문이다. 결제 및 비용 관리, IAM 사용자의 권한 복원이 이 영역에 포함된다.

`Luna`에게는 EC2, ELB 등 네트워크 관리자 역할에 필요한 권한만 부여한다. IAM을 발급하면서 너무 많은 권한을 부여하면 나중에 불필요한 권한이 무엇인지 판단하기 힘들어 정책 관리에 어려움을 겪게 될 것이다.

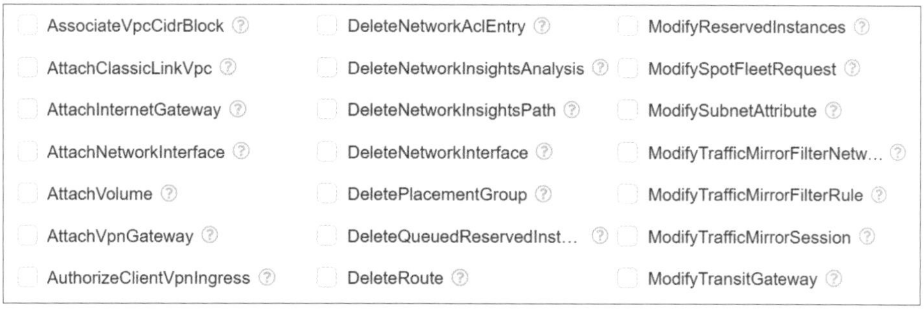

AssociateVpcCidrBlock ⓘ	DeleteNetworkAclEntry ⓘ	ModifyReservedInstances ⓘ
AttachClassicLinkVpc ⓘ	DeleteNetworkInsightsAnalysis ⓘ	ModifySpotFleetRequest ⓘ
AttachInternetGateway ⓘ	DeleteNetworkInsightsPath ⓘ	ModifySubnetAttribute ⓘ
AttachNetworkInterface ⓘ	DeleteNetworkInterface ⓘ	ModifyTrafficMirrorFilterNetw... ⓘ
AttachVolume ⓘ	DeletePlacementGroup ⓘ	ModifyTrafficMirrorFilterRule ⓘ
AttachVpnGateway ⓘ	DeleteQueuedReservedInst... ⓘ	ModifyTrafficMirrorSession ⓘ
AuthorizeClientVpnIngress ⓘ	DeleteRoute ⓘ	ModifyTransitGateway ⓘ

그림 4-20 EC2 서비스의 변경 권한

반대로 서비스별 권한 종류가 무수히 많아, 업무에 따라 권한을 일일이 부여하는 것이 효율성을 떨어뜨린다고 판단하면 그룹이 필요한 역할과 무관하게 AdministratorAccess 권한으로 무분별하게 운영하게 된다. 이처럼 권한 관리에 어려움을 겪고 있다면, 변경 권한 (Assign, Associate, Create, Delete, Modify, Enable 등)만이라도 선택적으로 부여하는 습관을 가져보자(그림 4-20). 그리고 권한 관리가 익숙해지면 별도 테스트를 통해 권한을 축소해 나가는 것도 하나의 방법이다. IAM Access Analyzer 기능으로 실제 사용된 권한만 추출해서 별도 정책을 만들 수도 있다.

이처럼 IAM 관리와 정책 설정은 보안상 매우 중요하지만 정책의 구체적인 문법이나 세부 내용을 모두 언급하기엔 그 양이 매우 방대하다. 또 정책에 대한 고찰은 VPC 네트워킹 개념을 다루는 이 책의 방향에서 벗어나므로 별도 언급하지 않을 것이다.

정책에 대해 심도 있는 학습을 하고 싶다면 아무 권한도 없는 IAM 사용자로 서비스를 하나씩 생성하고 변경하면서, 꼭 필요한 권한만 연결하는 연습을 해보길 바란다. 반드시 필요한 권한과 그렇지 않은 권한을 구분하면서 AWS 서비스를 다양하게 학습할 수 있는 가장 좋은 방법이다.

네트워크 실습용 IAM 사용자는 그림 4-19처럼 `NetworkAdmin` 사용자 그룹에 포함된 형태로 만들어 사용하길 바란다. 정책의 권한 한계가 실습 진행을 방해하고 있다면, 실습 중에만 AdministratorAccess 정책을 임시로 연결해서 사용하자. 그러나 실습용 IAM 사용자는 반드시 MFA를 적용해야 한다.

4장 정리

4장에서는 AWS 계정의 루트 사용자, 그리고 IAM 작동 방식을 소개했다. 주요 내용은 다음과 같다.

- 루트 사용자는 AWS 계정의 모든 권한을 소유한다. IAM 그룹과 IAM 사용자를 만들고 필요한 권한만 선별, 부여해서 보안을 강화한다.

- 계정은 내 모든 AWS 서비스가 작동하는 공간이므로 관리에 특히 신경써야 한다. 모든 사용자에게 MFA를 반드시 적용하자.

05

AWS가 만들어 놓은
네트워크 공간

5.1. 클라우드의 이점

클라우드가 온프레미스보다 편리한 이유 중 하나는, 인프라를 배치할 물리적 공간과 그 공간에서 발생하는 노동 비용에서 자유롭기 때문이다. 5.1절에서는 온프레미스의 물리적 공간 중 하나인 데이터센터와 데이터센터에서 벌어지는 다양한 에피소드를 나열해 본다.

5.1.1. 데이터센터는 오늘도 전쟁 중

데이터센터에 시스템을 구축하려면 데이터센터 상면의 랙^{Rack} 적정 위치 선정에서부터 전원 공급, UPS 안정성뿐만 아니라 항온·항습까지 고려해야 한다(그림 5-1). 서버의 다중 전원 중 일부가 중단됐을 땐 백업 전원이 여전히 서비스 연속성을 유지하는지도 주기적으로 검사해야 한다.

그림 5-1 AWS 데이터센터 시스템 운영 기술자[1]

케이블링 작업도 우리의 몫이다. 액세스 플로어$^{Access Floor}$ 하단이나 랙 상부에서 서버와 통신 장비 간 네트워크 케이블을 연결해야 한다(그림 5-2). 통신 랙과 서버 랙이 멀리 떨어져 있다면 일정 간격마다 고정할 케이블 타이부터 한 움큼 쥐어야 할 것이다.

---

1 출처 : YouTube / Amazon Web Services 채널 :
   "Meet Shiva, Data Center Engineering Operations Technician."

그림 5-2 랙 상단 케이블링 작업[2]

시스템에 전원을 공급한 뒤에는 운영체제 설치와 네트워킹 설정으로 통신 정상 여부를 확인한다. **본딩**Bonding이나 **티밍**Teaming 구성으로 NIC 이중화를 하고 시스템, 네트워크 운영자가 함께 참여해 온갖 이중화 테스트를 수행한다. 장비실의 전자파, 소음, 그리고 냉기는 겪어보지 않으면 모를 정도라 테스트가 끝날 무렵엔 두통이 찾아올 수도 있다.

시스템 운영 중 디스크 장애Fault도 생각보다 자주 발생한다. 그나마 RAID에 기대어 최악의 상황은 면하고 있지만, 데이터 백업본이 없다면 나머지 디스크가 손상되기 전에 교체 보수를 받아야 한다. 이런 이유로 시스템 경고등은 당직 근무자가 매일 확인하고 있다(그림 5-3).

그림 5-3 시스템 경고등 주기적 확인[3]

---

2 출처 : YouTube / Amazon Web Services 채널 :
  "Meet Shiva, Data Center Engineering Operations Technician."

3 출처 : AWS Public Sector Blog :
  "Do you overvalue your data centers? 76% of surveyed government employees say their agency does"

정기 PM ^{Preventive Maintenance, 사전 정비} 작업은 어떠한가? PM 작업은 뜻밖의 장애 상황을 대비한 사전 점검으로, 서비스 연속성 유지가 목적이다. 반기나 분기 단위로 계획을 수립하고 정해진 새벽 시간 내에 작업을 완료해야 한다. 그간 서비스 안정을 이유로 미뤄왔던 모든 패치나 변경 작업은 이 날 수행할 것이다. 그러나 작업이 끝나도 마음이 편하지만은 않다. 변경에 따르는 장애 이슈를 사전에 모두 짚어 내긴 어렵기 때문이다. 결국 PM 이후 발생하는 모든 이벤트와 장애는 일단 인프라의 책임으로 전가한다.

어디 이뿐인가? 인프라 운영자가 두려워하는 것 중 하나가 바로 시스템 재부팅이다. 특히 연식이 오래됐다면 매니저의 결단력이 필요하다. 부팅 과정에서 멈추거나 부품 장애로 노랑 경고등이 켜지는 일은 부지기수고, 아예 부팅이 안 되는 사고도 간혹 발생한다.

계약 유지 책임도 따른다. 운영체제와 미들웨어의 라이선스 계약 관리와 더불어, 시스템 유지보수 계약도 매년 갱신해야 한다. 혹여 장애라도 발생하면 작년 말에 계약을 갱신하지 못한 대가를 톡톡히 치러야 한다.

아마존 클라우드 센터도 상기 일련의 과정을 겪을 것이다. 다만 프로세스를 점차 개선하고 정례화시켜 보다 체계적인 환경에서 근무하고 있지 않을까?

클라우드 비용이 다소 높다는 의견도 있다. 그러나 번거로운 운용 과정과 상면 임대료, 전원, 시스템 투자 등 인프라 전반의 운영비를 감안하면 오히려 규모의 경제와 그 혜택을 누린다고 생각한다.

이렇듯 AWS는 시스템과 운영, 그리고 보안 영역 전반으로, 최소 물리적인 부분은 기본으로 제공해 준다. 글로벌 리전 곳곳에 마련된 가용 영역은 이 데이터센터의 모음이며, 우리는 그 위에서 논리적 시스템 설계와 보안에 더욱 집중할 수 있다.

5.2. 글로벌 영역

4장에서 생성한 루트 사용자나 IAM 사용자로 AWS 관리 콘솔에 접속해보자. 실습은 그림 4-19 예제의 IAM 사용자인 Luna를 활용한다.

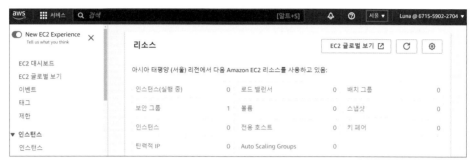

그림 5-4 EC2 대시보드

그림 5-4는 Luna 사용자로 로그인한 후 **서비스 > EC2** 메뉴를 선택한 화면이다. 우측 상단 빨강 박스에 표시된 **서울**은 리전을 나타낸다. 이 상태에서 **서비스 > IAM** 메뉴로 이동해보자.

그림 5-5 IAM 대시보드

이번에는 **글로벌** 표시를 볼 수 있다. **글로벌**은 특정 리전에 종속되지 않은 계정 직속 서비스를 의미한다. 4장에서 학습한 IAM을 떠올려 보자. IAM 사용자와 정책은 특정 리전 전용 서비스가 아니다.

한편 **S3** 같은 일부 서비스는 그림 5-6과 같이 글로벌에서 리전 전체 버킷을 관리하기도 한다.

그림 5-6 S3 버킷 만들기 화면

S3 버킷은 리전 위에 생성하지만 글로벌 영역에서 관리한다. EC2 메뉴처럼 리전을 먼저 선택하지 않고, S3 버킷 만들기 메뉴(그림 5-6)에 먼저 진입해 리전을 선택한다. 물론 S3 버킷을 만들고 나면 모든 리전의 S3 버킷을 글로벌 화면에서 확인할 수 있다.

공간의 포함 관계(3.2)에서 글로벌 영역을 별도로 다루지 않은 이유는 VPC 네트워킹 요소들과 범주를 달리하기 때문이다. VPC 요소는 리전이 명확히 구분되고 반드시 리전 위에서만 작동한다. 글로벌은 리전 외부의 영역으로 그림 5-7의 노랑 부분으로 표현할 수 있다.

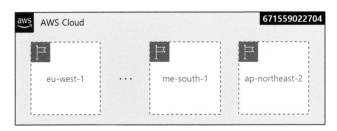

그림 5-7 AWS 글로벌 영역

그림 5-7처럼 리전을 벗어난 글로벌 영역은 데이터센터의 영역이 아님을 의미한다. 그런데 AWS 서비스가 데이터센터 외부에 존재할 수 있을까? 글로벌은 논리적 영역일 뿐이다. 분명 어느 리전의 데이터센터에서 서비스를 제공할 것이다.

5.3. 리전과 가용 영역

리전과 가용 영역을 선택하는 것은 생성할 서비스의 물리적 위치를 선택하는 것이다. 각 영역을 자세히 살펴보자.

5.3.1. 리전

리전^{Region}은 데이터센터의 지리적 위치다. 26개 이상의 AWS 리전 중, 리전 출시 시점이 AWS 서비스의 공식 출범 시점과 가까울수록 IT 수요가 높다고 추측할 수 있다.

리전이 존재하는 국가와 그 주변국은 클라우드 수요가 활발함을 의미하고 이 수요는 AWS를 사용하는 직접 고객뿐만 아니라 AWS가 창출한 서비스를 이용하는 간접 고객의 범위까지 포괄한다. 데이터센터와 물리적으로 가까울수록 빠른 서비스가 가능할 것이기 때문이다. 이와 반대로 신규 리전의 위치 선정 기준이 클라우드 인프라가 지극히 부족한 곳일 수도 있다.

AWS는 다양한 클라우드 플랫폼 사이에서 매년 최고의 점유율을 자랑하고 있다. 이는 클라우드 시장을 보다 일찍 선점하고 면밀한 시장 분석과 동시에 과감한 투자를 지속해 왔기 때문일지 모른다.

그림 5-8 AWS 리전

AWS의 투자 규모는 리전의 최근 확장 추세를 보면 알 수 있다. 2020년에는 **밀라노** 리전과 **아프리카 케이프타운** 리전을 출시했고, 2021년 3월에는 로컬에 머물렀던 **오사카** 리전을 정식 AWS 리전으로 확장했다.

그림 5-9 리전별 서비스 목록(서비스 일부만 표시)

중요한 것은 리전마다 사용할 수 있는 서비스 종류가 다르다는 점이다. VPC 주요 서비스는 대부분의 리전에서 쓸 수 있지만 최신에 출시했거나 특정 일부 서비스를 제공하지 않는 리전도 있다. 따라서 아키텍처 설계 전에 리전별 서비스 목록을 반드시 참조해야 한다.

그림 5-10 리전 선택 화면(리전 일부만 표시)

리전 선택은 콘솔에서 할 수 있다. 콘솔에 로그인하면 화면 우측 상단에 리전 선택 버튼을 볼 수 있다. 이 버튼을 클릭해서 AWS 서비스를 생성할 물리적 위치를 정한다. 그림 5-10 은 서울 리전을 선택한 상태를 보여준다.

5.3.2. 가용 영역

가용 영역^{AZ, Availability Zone}은 1개 이상의 데이터센터로 구성된다. 이렇게 구성된 가용 영역이 모여 데이터센터를 클러스터링하면(그림 5-11) 리전이 된다.

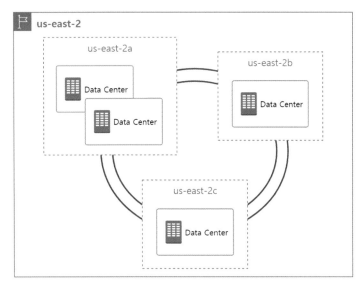

그림 5-11 데이터센터와 가용 영역, 리전의 포함 관계

리전 내에 존재하는 모든 가용 영역은 서로 100km 이내에 위치한다. 또 가용 영역 사이는 다중 광 네트워크로 연결돼 있어, 최소 지연 시간 이내 트래픽을 처리할 수 있다. 또 그곳에 흐르는 모든 데이터는 암호화된다.

VPC는 여러 가용 영역에 아울러 존재한다. 리전에서 사용하는 가용 영역은 **서비스 › VPC › VPC 대시보드 › 설정(화면 우측) › 영역** 메뉴에서 확인할 수 있다(그림 5-12).

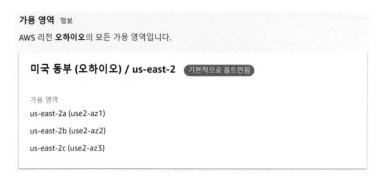

그림 5-12 오하이오 리전의 가용 영역

온프레미스 환경에서 무중단 클러스터나 서버 및 네트워크 다중화로 우수한 Failover^{장애 극}
^복 체제를 마련하더라도, 자연 재해가 발생하면 모든 시스템은 마비된다. 이를 대비해 많은
기업들이 데이터센터와 멀리 떨어진 곳에 DR^{Disaster Recovery, 재해 복구} 센터를 구축, 활용하고
있다. 그럼 AWS는 어떨까?

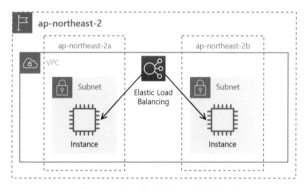

그림 5-13 로드밸런서의 트래픽 라우팅

그림 5-13은 로드밸런서가 서로 다른 가용 영역의 서브넷으로 트래픽을 라우팅하는 모습
이다. VPC는 가용 영역마다 서브넷을 배치하므로, 동일 VPC 내의 서로 다른 서브넷은 최
대 100km 격리될 수 있다. 그러므로 AWS의 가용성은 중복의 개념을 넘어 DR까지 확장
된 개념으로 볼 수 있다.

가용 영역마저 불안하다면 다른 리전에 DR 구축을 고려할 수 있다. 서비스마다 범위가 조
금씩 상이하지만, 멀티 리전이나 리전 간 데이터 복제 서비스도 일부 제공하고 있다.

5장에서는 AWS가 미리 만들어 놓은 물리적 공간을 소개했다. 주요 내용은 다음과 같다.

- 온프레미스의 물리적 공간과 인건비, 스트레스 비용, 위험 부담을 감안하면 클라우드가 주는 혜택은 비용 절감 그 이상이다.

- 글로벌 영역은 논리적 공간, 리전과 가용 영역은 물리적 공간이다. 리전마다 사용 가능한 서비스 종류와 범위가 일부 다르므로 아키텍처 설계 전 반드시 확인해야 한다.

- VPC는 물리적 리전 위에서 작동하며 리전에 존재하는 모든 가용 영역을 활용할 수 있다. 가용 영역이 제공하는 가용성은 DR 개념까지 포함한다.

06

우리가 만들어 나갈
네트워크 공간

6장에서 다루는 내용

5장에서는 AWS가 만들어 놓은 물리적 공간을 학습했다. 이 공간에 포함되는 리전과 가용 영역은 논리적 공간을 생성할 때 지정하는 대상이다.

6장에서는 이 논리적 공간인 VPC와 서브넷을 설명한다.

6.1. VPC

VPC는 리전에 생성하는 논리적 네트워크 공간이다. 최적의 VPC 설계는 운영 효율과 비용 절감으로 이어지며 절감된 비용은 성능 개선과 보안을 극대화할 리소스로 투입할 수 있다.

6.1.1. VPC와 VPC 네트워킹

VPC와 VPC 네트워킹을 구분하고 각각의 의미를 살펴보자.

VPC는 Virtual Private Cloud의 약어다. **Virtual(가상의)**이라는 용어는 **논리적**의 뜻을 수반해 동작 형태가 실존하는 양상을 띠거나 그에 준할 때 사용한다. 이는 VPC가 물리적이진 않지만 물리적인 것처럼 작동하는 네트워크라는 것을 유추할 수 있다.

또 Private^{전용의}은 다른 공간과 철저히 분리된 안전한 내부 공간을 의미한다. 정리하면 VPC는 계정 전용 가상 클라우드 공간이라 할 수 있다.

VPC 네트워킹은 VPC 환경을 사용하는 리소스가 통신할 수 있도록 네트워크 구성을 설정하는 행위, 또는 그 네트워크 구성 자체를 뜻한다. VPC 네트워킹 개념은 1.2.2에서 학습했다. 그림 6-1을 보며 다시 복습한다.

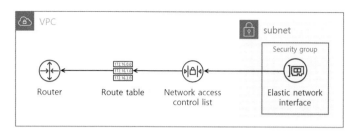

그림 6-1 VPC 네트워킹

AWS 서비스가 **네트워크 인터페이스**를 사용하면 자동으로 **보안 그룹, 네트워크 ACL** 그리고 **라우팅 테이블**의 통제를 받게 된다. 이를 두고 **서비스가 VPC 네트워킹을 사용한다**고 말한다. 즉, 네트워크 인터페이스의 존재만으로 **VPC 네트워킹** 사용을 확신할 수 있다.

6.1.2. VPC와 온프레미스의 비교

2.1절에서는 VPC를 마을에 비유해 봤다.

그럼 온프레미스 환경은 VPC와 어떤 차이가 있을까? 온프레미스의 웹 서비스 구성 예시를 살펴보고, VPC 네트워크에 대입해 환경을 구성해보자.

그림 6-2는 웹 서비스를 제공하는 온프레미스의 네트워크 구성이다.

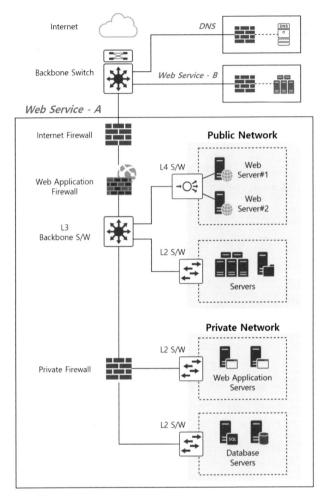

그림 6-2 온프레미스의 웹 서비스 네트워크

인터넷에 인접한 **백본 스위치**가 서비스 네트워크를 다수로 분리하고, 각 네트워크는 **인터넷 방화벽**Internet Firewall을 전단에 배치해 불필요 외부 트래픽을 차단하고 있다. **웹 애플리케이션 방화벽**Web Application Firewall은 인터넷 방화벽에서 통과된 트래픽을 분석해 웹 공격을 차단한다. **L3 백본 스위치**Backbone Switch는 웹 서비스 사업용으로 미리 선점한 퍼블릭 IP 대역을 나눠 2개는 퍼블릭 서버 네트워크로, 나머지 1개는 프라이빗 네트워크 진입 구간으로 사용하고 있다.

웹 서비스는 대개 **3-Tier**^{3계층 구조} **아키텍처**를 사용한다. 웹 서버는 사용자에게 웹 인터페이스를 제공해 요청 화면과 그에 따른 결과를 표시해 준다. 사용자 요청을 받은 **웹 애플리케이션 서버**^{WAS, Web Application Server}는 **데이터베이스**에 저장된 데이터를 호출, 가공해 다시 웹으로 전달한다.

따라서 중요한 데이터가 저장된 데이터베이스와 그 데이터를 다루는 WAS는 엄격히 보호할 대상이므로, 외부에서 직접 접근이 불가능한 프라이빗 네트워크에 구성해야 한다. 여기서 프라이빗 방화벽이 퍼블릭과 프라이빗 망을 분리하는 역할을 한다.

그럼 지금까지 살펴본 온프레미스 네트워크를 VPC로 옮겨보자.

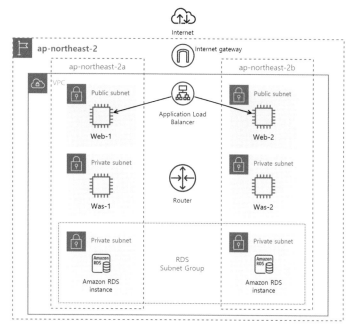

그림 6-3 온프레미스 환경을 대입한 VPC 네트워크

그림 6-2에 표현된 3개의 중규모 서비스 네트워크(웹 서비스 A, B, DNS)는 AWS에서 VPC 단위 구현을 생각해볼 수 있다. 3개 서비스 중 웹 서비스 A를 그림 6-3처럼 VPC 토폴로지로 표현해 봤다.

우선 각 가용 영역에는 서브넷 3개씩을 생성했다. 녹색으로 표현한 퍼블릭 서브넷에는 웹 인스턴스를 1개씩 배치해 애플리케이션 로드밸런서가 트래픽을 분산하도록 설정했다. WAS 인스턴스는 2개 프라이빗 서브넷에 놓았고, 데이터베이스 서비스인 RDS도 프라이빗 서브넷에 놓았다. RDS는 서브넷 그룹^{Subnet Group}을 둬, a 가용 영역에 장애 발생 시 b 가용 영역에서 서비스를 처리하도록 구현했다.

이처럼 그림 6-2의 소규모 네트워크를 VPC에서는 서브넷으로 매핑할 수 있다. 그리고 **L4 스위치**는 **로드밸런서**가, **방화벽**은 VPC의 **보안 그룹**과 **네트워크 ACL**이 그 역할을 대신하고 있다.

L3 백본 스위치는 그림 6-3에 표현된 **라우터**가 담당하지만 AWS는 라우터 생성 없이 가상의 라우팅 테이블만으로 트래픽 경로 제어가 가능하다. 뿐만 아니라 인터넷 게이트웨이를 라우팅 타겟으로 설정하면 서브넷을 퍼블릭으로 활용할 수도 있다.

참고로 그림 6-2는 단일 네트워크 구성인데 반해 그림 6-3은 가용 영역으로 네트워크 이중화를 구현했다. 5.3절에서 설명했듯 가용 영역은 DR 개념이 포함된 이중화를 제공해 온프레미스의 지리적 한계를 극복한다.

6.1.3. CIDR 블록

VPC 네트워크 규모는 CIDR^{Classless Inter-Domain Routing}이 결정한다. CIDR은 **사이더** 또는 **씨아이디알**로 발음한다.

원 단어에 포함된 Class는 네트워크에서 사용하는 클래스(A, B, C 등)를 의미한다. 첫 스펠링 C가 Class가 아니라 Classless인 것은 특정 클래스가 아닌 Mask Bit로 네트워크 범위를 나타내기 때문이다.

방식	클래스	네트워크 주소	호스트 IP 범위		호스트 IP 개수
	A	92.0.0.0/8	92.0.0.0	~ 92.255.255.255	2^24 - 2 = 16,777,214
Class	B	92.75.0.0/16	92.75.0.0	~ 92.75.255.255	2^16 - 2 = 65,534
	C	92.75.162.0/24	92.75.162.0	~ 92.75.162.255	2^8 - 2 = 254

방식	mask	네트워크 주소	호스트 IP 범위		호스트 IP 개수
CIDR	20 bits	92.75.0.0/20	92.75.0.0 (92.75.00000000.0)	~ 92.75.15.255 (92.75.00001111.255)	2^12 - 2 = 4,094

그림 6-4 클래스와 CIDR 방식 비교

그림 6-4는 기존 클래스 방식과 CIDR의 비교 자료다. CIDR의 예를 살펴보자.

빨강 표기한 20비트 마스크는 고정 범위로서, 변하지 않는 네트워크를 뜻한다. 20비트를 제외한 나머지 12비트는 호스트 범위로 자유롭게 활용할 수 있다. 그러므로 `92.75.0.0/20` 네트워크는 총 4,096개 호스트를 갖게 되는데, 네트워크 주소인 `92.75.0.0`과 브로드캐스트 주소 `92.75.15.255`를 제외한 4,094개 IP를 사용할 수 있다.

AWS에서는 VPC의 CIDR 블록 범위를 16 ~ 28 사이로 제한하고 있다. 그러므로 14 ~ 65,534 범위 IP를 사용할 수 있다. 구축할 서비스 규모를 산정해 VPC 생성 시 CIDR 크기를 입력하면 된다. 참고 사항으로 VPC의 CIDR을 서브넷 CIDR로 나눠 사용하면 각 서브넷 CIDR 블록(예. 10.0.0.0/24)의 첫 4개 IP 주소(예. 10.0.0.0 ~ 10.0.0.3)와 마지막 IP 주소(예. 10.0.0.255)는 AWS에서 예약한 주소이므로 사용할 수 없다.

6.1.4. 퍼블릭 CIDR 전략

VPC 환경은 IP 절약 측면에서도 장점이 있다.

먼저 온프레미스는 일반적으로 퍼블릭 서버에 퍼블릭 IP를 할당하고, 프라이빗 서버는 프라이빗 IP를 할당한다. 프라이빗 IP는 인터넷이 불가한 내부 영역에 해당하므로 원하는 네트워크를 마음대로 정의해서 사용할 수 있지만 퍼블릭 IP는 ISP에서 부여한 IP만 사용할 수 있으며 별도 비용이 발생하므로, 회사에서 선점한 퍼블릭 CIDR은 비용 절감을 고려해 여러 서브넷으로 나눠 사용한다.

예컨대 그림 6-5의 웹 서버(`3.5.232.130`) 네트워크가 처음엔 `3.5.232.128/25` CIDR이었 다고 가정하자. 이 경우 126(=2^7-2)개 호스트 IP를 사용할 수 있다. 그러나 당장 필요한 IP 는 10개 내외라면 100개 이상의 불필요 IP가 낭비된다.

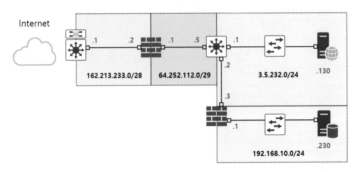

그림 6-5 온프레미스의 퍼블릭 CIDR 배치

반대로 `3.5.232.128/25` 네트워크에서 서비스를 확장하려고 30개 호스트 IP가 더 필요하 다면 기존 CIDR을 `3.5.232.0/24`로 증설해야 한다. 이 사례도 IP 낭비는 마찬가지고 확장 에 따른 네트워크 장비 증설이나 서비스 중단 작업도 불가피하다. 결국 운영자는 확장을 대비해 처음부터 `3.5.232.0/24` CIDR을 할당해 버린다. 또 백본과 방화벽 사이, 방화벽과 L3 스위치 구간에 할당할 퍼블릭 IP(`162.213.233.0/28`, `64.252.112.0/29`)도 추가로 필요 하다.

그럼 VPC는 어떠한가? 그림 6-6은 퍼블릭 IP가 할당된 인스턴스 2개를 보여준다.

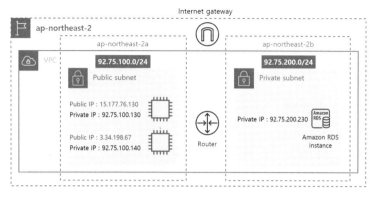

그림 6-6 VPC의 퍼블릭 IP 할당 전략

AWS의 모든 인스턴스는 생성 시점에 프라이빗 IP가 자동 할당된다. 인터넷 접속을 위해 퍼블릭 IP를 설정해야 한다면 인스턴스 생성 시점에 퍼블릭 IP를 할당하거나 생성 이후에 탄력적 IP를 할당하는 방법이 있다. 더 자세한 내용은 7장에서 다룬다.

온프레미스가 서브넷의 CIDR 일부를 퍼블릭 IP로 사용(그림 6-5)한 것과는 달리 VPC는 프라이빗 CIDR과는 무관하게 인스턴스가 필요할 때만 퍼블릭 IP를 할당할 수 있다. 다시 말해 VPC에 종속된 별도의 퍼블릭 CIDR은 없다.

그림 6-6의 퍼블릭 서브넷에 놓인 2개 인스턴스 IP를 비교해보자. 프라이빗 CIDR은 같지만(92.75.100.0/24), 2개 퍼블릭 IP(15.177.76.130 , 3.34.198.67)는 서로 다른 CIDR에 속한다.

해커는 퍼블릭 IP가 할당된 호스트가 취약하다고 판단하면 그 IP가 속한 CIDR까지 모두 스캐닝한다. 그리고 CIDR 범위에서 권한을 탈취할 더 많은 결함을 찾는다. 그림 6-5 같은 온프레미스 환경에서는 이 전략이 통한다. 서버팜의 모든 서버들이 고정된 CIDR (3.5.232.0/24)을 사용하기 때문이다.

그러나 그림 6-6의 15.177.76.130 과 같은 CIDR 멤버로 추정되는 15.177.76.234 를 공격하는 것은 무모한 행동이다. 15.177.76.234 는 아마존의 IP일 뿐 15.177.76.130 과 같은 VPC에서 사용하는 IP가 아니기 때문에 연관된 정보를 뽑아낼 수 없다.

그림 6-7은 KISA 후이즈로 `15.177.76.130`을 검색한 결과다. `15.177.0.0/16` CIDR은 아마존이 선점한 IP라는 것을 알 수 있다. AWS의 퍼블릭 CIDR 전략을 알고 있는 해커라면 공격은 여기서 멈춰야 한다.

```
NetRange:       15.177.0.0 - 15.177.255.255
CIDR:           15.177.0.0/16
NetName:        AT-88-Z
NetHandle:      NET-15-177-0-0-1
Parent:         NET15 (NET-15-0-0-0-0)
NetType:        Direct Allocation
OriginAS:
Organization:   Amazon Technologies Inc. (AT-88-Z)
RegDate:        2018-09-27
Updated:        2018-09-27
Ref:            https://rdap.arin.net/registry/ip/15.177.0.0
```

그림 6-7 퍼블릭 IP 후이즈 검색 결과

VPC는 퍼블릭 CIDR에 구속받지 않으므로 퍼블릭 IP 연결과 해제가 보다 자유롭다. 또 VPC는 온프레미스의 백본과 방화벽, 그리고 스위치 등 네트워크 장비 일체가 필요 없다. VPC 통제 3요소를 적절히 입력하고, 인터넷 게이트웨이만 연결하면 된다.

6.1.5. VPC 네트워킹 리소스 할당량 조정

VPC는 리전마다 생성할 수 있는 최대 한도가 정해져 있다. 이를 **할당량**Quotas이라 한다. AWS는 용량 관리 목적으로 VPC 리소스를 제한하고 있으나 별도 요청해 증설할 수 있다.

VPC를 예로 들면 리전에 최대 5개까지 생성할 수 있다. 그러나 리전에서 구축할 서비스 개수가 늘어나면 VPC 증설이 필요하므로 AWS 지원 센터에 요청해야 한다. 다음 순서에 따라 진행한다.

① AWS 지원 센터에 접속해 **Create case(사례 생성)** 버튼을 클릭한 뒤 다음 화면의 **Looking for service limit increases?** 를 연이어 클릭한다.

메뉴 : 서비스 ﹥ Support

그림 6-8 AWS 지원 센터 메인 화면

② 3가지 옵션 중 **Service limit increase(서비스 한도 증가)** 버튼을 선택한다. Limit type은 VPC, Severity는 General question을 선택한다.

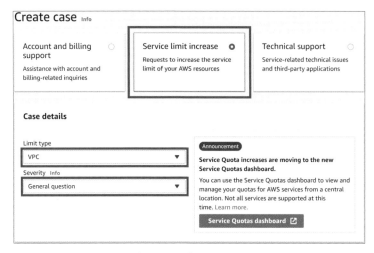

그림 6-9 VPC 할당량 조정 요청

③ 화면 아래로 스크롤하면 Request(요청) 선택 화면이 나타난다. 리전과 요청할 한도 타입을 선택하고, 한도 개수를 입력한다.

그림 6-10 VPC 리전과 요청 한도 입력

④ **Use case description**에 할당량 증가 요청 사유를 입력하고 그림 6-11처럼 언어, 연락 수단을 차례로 입력한다. 완료하면 **Submit**을 클릭한다.

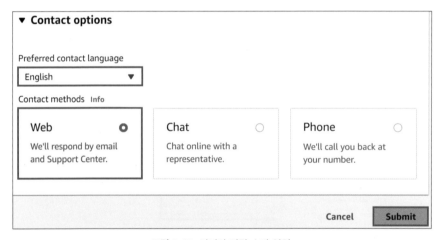

그림 6-11 언어와 연락 수단 입력

⑤ 생성한 사례는 **Case History**에서 다시 확인할 수 있다.

그림 6-12 사례(Case) 이력

⑥ 요청 종류에 따라 소요되는 시간이 달라진다. 특별한 검토가 필요 없으면 10분 이내 다음과 같은 응답을 받을 수 있다.

메뉴 : 서비스 〉 Support 〉 Your support cases 〉 Case ID 클릭

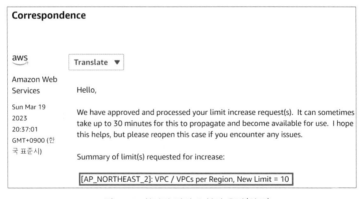

그림 6-13 할당량 변경 요청의 응답(완료)

6.1.6. 기본 VPC란?

그림 6-14는 서울 리전의 VPC 대시보드 화면이다. 계정을 생성한 후 별도 작업을 하지 않았다면 이 화면을 볼 수 있다. VPC 네트워킹을 구성하는 리소스 이름과 개수가 이 곳에 표시된다.

메뉴 : 서비스 > VPC > VPC 대시보드

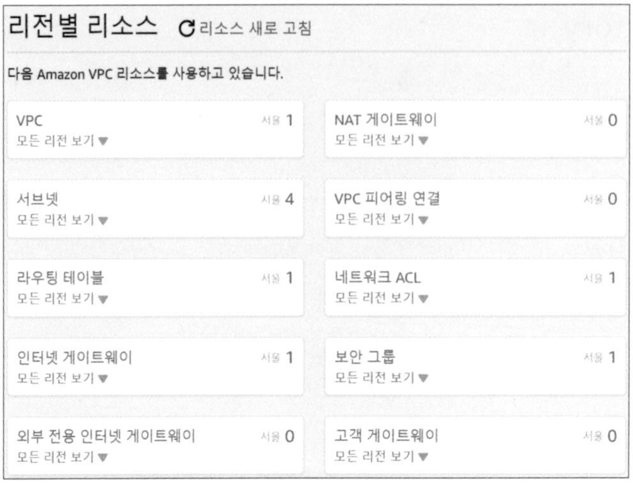

리전별 리소스
리소스 새로 고침
다음 Amazon VPC 리소스를 사용하고 있습니다.
VPC
서울 1
모든 리전 보기
NAT 게이트웨이
서울 0
모든 리전 보기
서브넷
서울 4
모든 리전 보기
VPC 피어링 연결
서울 0
모든 리전 보기
라우팅 테이블
서울 1
모든 리전 보기
네트워크 ACL
서울 1
모든 리전 보기
인터넷 게이트웨이
서울 1
모든 리전 보기
보안 그룹
서울 1
모든 리전 보기
외부 전용 인터넷 게이트웨이
서울 0
모든 리전 보기
고객 게이트웨이
서울 0
모든 리전 보기

그림 6-14 대시보드에 표시된 기본 VPC의 리소스

그림 6-15는 이 VPC 대시보드 현황을 토폴로지로 표현한 그림이다.

서울 리전(ap-northeast-2)에 생성된 기본 VPC 1개, 가용 영역마다 생성된 퍼블릭 서브넷 4개, 그리고 VPC 통제 3요소(보안 그룹, 네트워크 ACL, 라우팅 테이블)를 볼 수 있다. VPC 네트워킹의 주인공인 네트워크 인터페이스가 보이지 않지만 그 외 모든 기반 리소스는 준비된 상태다.

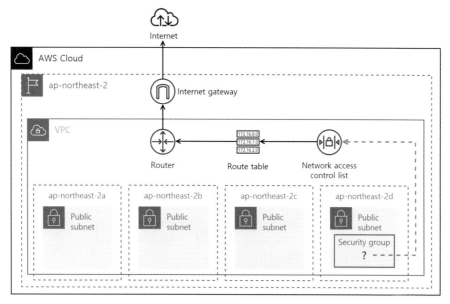

그림 6-15 기본 VPC를 구성하는 리소스들

이처럼 AWS는 고객이 네트워크 인터페이스만 갖추면 서비스를 즉각 개시할 수 있도록 VPC 환경을 미리 마련해 뒀다. 이를 **기본 VPC**^{Default VPC}라 한다. 그림 6-15의 ap-northeast-2d 가용 영역 서브넷에 인스턴스 레벨의 서비스를 생성하면 네트워크 인터페이스가 자동으로 생성된다. 그 네트워크 인터페이스에 보안 그룹을 연결하고 원하는 환경에 맞게 네트워크 ACL과 라우팅 테이블을 설정하면 통신이 시작될 것이다. 네트워크 인터페이스의 존재 자체가 VPC 네트워킹을 뜻하는 것을 이로써 증명할 수 있다.

또한 인터넷 게이트웨이는 VPC 네트워킹의 필수 요소가 아니지만 인스턴스만 만들면 즉시 인터넷을 사용할 수 있도록 기본 VPC가 준비한 리소스다. 물론 라우팅 테이블 타겟에도 인터넷 게이트웨이가 지정돼 있다.

그림 6-15에 표현된 기본 VPC와 그 기반 요소들은 우리가 원해서 만든 리소스가 아니다. 심지어 모든 리전에 기본 생성돼 있어 비용 납부 의무가 없다. 그러나 그림 6-15에 나타난 모든 VPC 구성 요소 자체가 요금 청구 대상이 아니기 때문이지, 기본 VPC라서가 아니다. 인터넷 게이트웨이를 지나는 트래픽이 발생한다면 그에 따른 요금은 부과된다.

그럼 기본 VPC를 구성하는 개별 리소스를 콘솔에서 확인해보자.

그림 6-16은 기본 VPC와 기본 서브넷을 함께 보여준다. 기본 여부는 각 테이블의 가장 우측 필드(기본 VPC, 기본 서브넷) 속성값으로 확인한다. VPC와 서브넷을 직접 만들지 않았다면 이 속성값은 '예'로 표시된다.

메뉴 : 서비스 > VPC > VPC, 서비스 > VPC > 서브넷

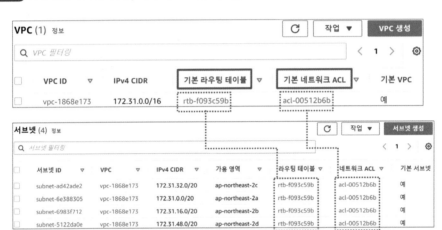

그림 6-16 기본 VPC와 기본 서브넷

기본 VPC 개념과는 별개로 모든 VPC는 자신이 기본으로 사용하는 라우팅 테이블과 네트워크 ACL이 있다. 이를 **기본 라우팅 테이블, 기본 네트워크 ACL**이라 한다. 이 요소들은 VPC와 함께 생성되며 그림 6-16에 서로 연결된 빨강 점선처럼 명시적 변경이 없는 한 VPC의 모든 서브넷을 통제한다. 기본 VPC에 생성된 기본 서브넷들은 물론이고 사용자가 임의로 생성한 VPC의 서브넷도 통제한다.

6.1.7. 기본(Default)의 위험성

보안 그룹도 살펴보자. 그림 6-17은 기본 VPC의 기본 보안 그룹이다.

그림 6-17 기본 보안 그룹

보안 그룹 ID를 클릭하면 그림 6-18처럼 **인바운드**와 **아웃바운드** 규칙이 탭으로 구분돼 있다.

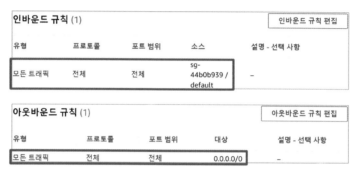

그림 6-18 보안 그룹의 인바운드와 아웃바운드 규칙

문제는 기본 저장된 규칙이다. 그림 6-18의 빨강 박스는 VPC가 생성될 때 기본 보안 그룹에 자동 생성된 규칙이다. 이처럼 AWS는 사용자 편의를 위해 최대의 노력을 한다. 특히 아웃바운드 기본 규칙은 모든 형태의 트래픽을 어느 곳으로도 전송할 수 있는 막강한 권한이 있다. 대부분의 보안 사고나 자료 유출은 이 규칙 때문에 발생한다. 악성코드에 감염된 인스턴스는 2차 해킹에 필요한 자료를 모아 C&C 서버로 전송할 수 있다. 온프레미스도 예외는 아니다.

3.3.1의 표 3-1에서 확인한 것처럼 보안 그룹은 수명 주기 동안 네트워크 인터페이스에 다중 연결 가능한 성질이 있다. 그러므로 무분별하게 사용하면 콘솔 화면만으로 어느 인스턴스에서 보안 그룹을 사용하는지 일일이 판별하기 어렵다. 인스턴스에 연결된 네트워크 인터페이스가 2개 이상이라면 상황은 더 심각해진다.

따라서 불필요 보안 그룹은 주기적으로 점검해 반드시 삭제해야 한다. 사용 중인 보안 그룹이라면 필요한 IP와 포트로 제한하는지 검사해야 할 것이다.

제시한 가이드에 따라 보안 그룹을 삭제해보자.

메뉴 : 서비스 ▶ VPC ▶ 보안 그룹

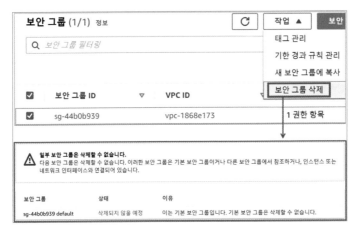

그림 6-19 기본 보안 그룹 삭제하기

그림 6-19는 기본 보안 그룹 삭제를 시도한 모습이다. 그러나 기본 보안 그룹이라는 이유로 삭제 불가 메시지가 발생한다. 그럼 기본 보안 그룹은 어떻게 관리해야 할까? 사실 보안 그룹의 규칙은 없어도 된다. 즉, 보안 그룹 내부 규칙을 삭제하는 방식으로 관리한다. 그림 6-18 인바운드와 아웃바운드 각 규칙을 편집해 삭제할 수 있다.

이처럼 AWS 계정을 만들면 글로벌 모든 리전에 기본 VPC가 생성되고 연쇄적으로 불필요 VPC 리소스가 무분별하게 생성된다. 물론 기본 VPC가 있으면 인스턴스 레벨의 리소스 생성만으로 통신 환경을 빠르게 구축할 수 있다. 그러나 보안 강화 측면에서 기본 VPC는 삭제하고 별도의 VPC를 생성한 후 필요한 환경만 만들어 나갈 것을 권장한다.

그럼 기본 VPC를 삭제해 AWS 보안 수준을 올려 보자.

메뉴 : 서비스 ➤ VPC ➤ VPC 선택 ➤ 작업 ➤ VPC 삭제

그림 6-20 기본 VPC 삭제하기

위 메뉴에서 VPC 삭제 버튼을 클릭하면 그림 6-20과 같은 경고 메시지와 함께 의사 재확인 팝업창이 나타난다. 가이드에 따라 진행한 후 **삭제** 버튼을 클릭하면 기본 VPC와 관련된 모든 리소스가 삭제된다. 대시보드에서 모든 리소스가 삭제됐는지 확인해보자.

6.1.8. [실습] VPC 생성 예제

기본 VPC 삭제까지 마쳤으면 이제 새로운 VPC를 만들어보자.

① 서울 리전의 VPC 메뉴로 들어간다.

그림 6-21 VPC 목록

그림 6-20에서 기본 VPC를 삭제했으므로 아무런 VPC도 없는 상태다. 그림 6-21에서 우측 상단 **VPC 생성** 버튼을 클릭한다.

② VPC 이름과 16~28 범위의 CIDR을 입력하고 **VPC 생성**을 클릭한다.

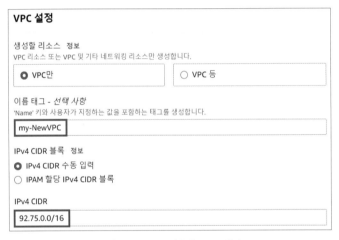

그림 6-22 VPC 이름과 CIDR 입력

이름 태그는 선택 사항이지만 대규모 시스템으로 확장돼 VPC가 많아지면 구분이 어렵다. 가급적 태그를 입력해 검색키로 활용한다.

CIDR은 VPC별 최대 5개까지 지정할 수 있으나 생성 단계에서는 1개만 지정할 수 있다. 2개 이상의 CIDR이 필요하면 VPC를 생성한 후 **작업 ﹥ CIDR 편집** 메뉴를 이용한다.

③ VPC 생성을 완료하면 기본 VPC 여부, CIDR, 기본 라우팅 테이블과 네트워크 ACL 등 VPC 관련 정보가 나타난다.

그림 6-23 VPC 세부 정보

VPC에 서브넷을 생성하면 그림 6-23과 같이 기본 라우팅 테이블과 기본 네트워크 ACL이 생성되고 서브넷에 자동 연결된다.

그리고 EC2 대시보드에 들어가면 기본 보안 그룹도 확인할 수 있다. 6.1.7을 참고해서 기본 보안 그룹 규칙을 모두 삭제하자.

이처럼 VPC를 생성하면 VPC 보안 3요소도 함께 생성된다.

메뉴 : 서비스 ➤ EC2 ➤ EC2 대시보드

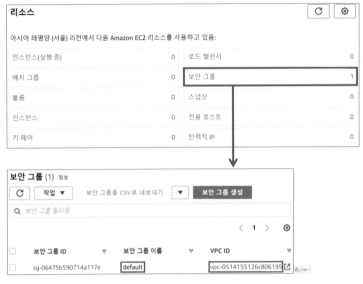

그림 6-24 VPC의 기본 보안 그룹

6.2. 서브넷

서브넷은 VPC 내부에 생성하는 논리적 네트워크 공간이다. 서브넷들은 VPC의 CIDR 공간을 다시 일정 크기로 나눠 점유한다.

서브넷은 VPC 존재의 이유다. 서브넷 없이는 VPC의 CIDR은 아무런 의미가 없다.

6.2.1. 서브넷 = 가용 영역 ∩ VPC

3.2.5에서 학습한 서브넷과 VPC, 서브넷과 가용 영역의 관계를 복습해보자.

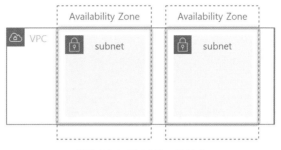

그림 6-25 서브넷의 포함 관계

서브넷은 VPC와 가용 영역 모두에 포함되는 공간이다. 이 말은 서브넷의 패런트가 VPC 및 가용 영역이란 말과 같다. 서브넷을 만들 때 VPC와 가용 영역 모두를 지정하는 것은 이 때문이다. 그러므로 서브넷은 그림 6-25의 노랑 경계를 넘어 존재할 수 없다.

6.2.2. 서브넷의 역할

6.1절에서는 VPC와 온프레미스를 비교하면서 서브넷의 역할도 함께 알아봤다. 온프레미스의 서비스 네트워크를 VPC에 구성한다면 서버팜은 서브넷으로 대체할 수 있고 24bits 정도의 CIDR을 VPC에게 할당받아 사용했다.

그럼 AWS 서브넷은 어떤 방식으로 사용될까? 네트워크 리소스가 무엇에 활용되는지 알아보려면 포함 관계를 먼저 떠올려 보자. 표 3-1에서 서브넷을 패런트로 가진 네트워크 리소스가 2개 있었다. 바로 네트워크 인터페이스와 NAT 게이트웨이다. 사실 NAT 게이트웨이도 네트워크 인터페이스의 한 종류다.

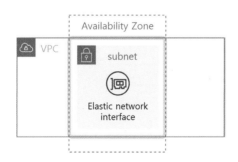

그림 6-26 서브넷 존재의 이유

이렇듯 5개 공간 요소의 최하위 계층인 서브넷은 네트워크 인터페이스를 담는 역할을 한 다(그림 6-26). VPC는 서브넷의 모음이므로 VPC의 모든 네트워크 인터페이스를 각 서브넷 에 적절히 배분하고, 보안 통제 3요소를 세밀하게 관리하는 것이 VPC 네트워크 보안의 핵 심이라 할 수 있다.

온프레미스도 다르지 않다. 서버팜 내부에 서버를 둔다고 하지만, 서버팜 스위치에 실제 연결된 것은 서버의 NIC^{Network Interface Card, 네트워크 인터페이스 카드}다. 그림 6-27은 두 서버팜의 CIDR을 사용하는 호스트 NIC들을 빨강과 주황 점선으로 표시했다. 특히 중간에 놓인 서 버는 2개 NIC로 각기 다른 CIDR에 연결된 상태다. 이는 서버가 한 CIDR에만 종속되지 않음을 뜻한다.

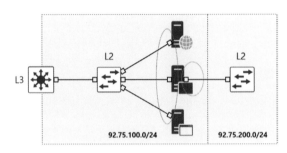

그림 6-27 서버팜은 NIC의 집합

6.2.3. 서브넷 우회 경로의 근원

그림 6-28은 서버가 방화벽을 통과하지 않고 자체 NIC로 DB에 직접 접근하는 모습을 나 타낸다. `92.75.100.0/24` CIDR의 다른 서버들도 이 NIC를 발판 삼아 DB로 접속할 수 있 다. `92.75.100.0/24` CIDR이 인터넷에 공개된 퍼블릭 네트워크라면 보안은 더욱 취약해진 다. 그러므로 다른 네트워크로 접속할 땐 네트워크 인터페이스가 아닌 라우팅에 의존해야 한다.

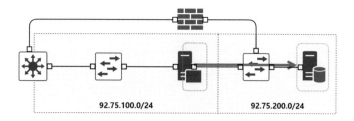

그림 6-28 방화벽 우회 경로

그림 6-29는 NIC가 아닌 라우팅으로 DB에 접근하는 네트워크 구성이다. 목적지가 DB인 트래픽을 방화벽에 전달하도록 유도하는 라우팅을 L3에 넣으면 된다. 이로써 DB 데이터는 안전하게 보호할 수 있다.

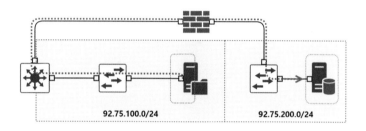

그림 6-29 퍼블릭 네트워크의 우회 경로 차단

이처럼 NIC가 2개 이상 장착된 디바이스가 네트워크 보안에 주는 영향은 막대하다. 이런 사유로 보안을 중요시하는 기업들은 사무실 PC조차도 NIC 추가 장착을 통제하고 있다.

위 취약하고 안전한 모든 예시는 AWS에서도 구현할 수 있다. 3장에서 각 구성 요소의 포함 관계를 파악한 이유 중 하나가 VPC 우회 경로 파악을 위해서다. 포함 관계를 파악하면 AWS가 취할 수 있는 모든 네트워크 보안 결함을 생각해볼 수 있기 때문이다.

올바른 서브넷 사용법은 9장의 경로 제어를 학습하며 자세히 알아본다.

6.2.4. [실습] 서브넷 생성 예제

VPC 생성에 이어 서브넷을 만들어보자.

실습 시작

① 서브넷 메뉴에 진입한다.

메뉴 : 서비스 > VPC > 서브넷

그림 6-30 서브넷 목록

6.1.7에서 기본 VPC를 삭제했으므로 기본 서브넷도 자동 삭제됐다. 우측 상단 **서브넷 생성** 버튼을 클릭한다.

② 서브넷은 가용 영역과 VPC의 공통 영역이므로, 이 2가지를 모두 지정해야 한다. 우선 앞서 만든 VPC를 선택한다.

그림 6-31 VPC 선택

③ 생성할 서브넷 정보를 입력한다. 이 단계에서 가용 영역을 지정한다.

그림 6-32 서브넷 이름과 가용 영역, CIDR 지정

생성된 서브넷 개수가 증가하면 목록에 표시된 정보만으로는 서브넷 목적을 파악하기 어렵다. 따라서 서브넷 활용 목적과 가용 영역, CIDR 정보를 함께 넣어주면 검색이 편리하다. 가급적 간략히 표기하되 한 눈에 알아보기 쉽게 이름을 붙인다.

- (예) PUB-WEB-2a-92.75.100 : 웹 서비스를 제공할 `92.75.100.0/24` 퍼블릭 서브넷으로 `ap-northeast-2a` 가용 영역에 생성.

2개 이상의 서브넷을 한번에 생성하려면 **새 서브넷 추가** 버튼을 활용한다.

위 내용을 참고해 다음 6개 서브넷을 생성해보자.

- 퍼블릭 서브넷 : PUB-WEB-2a-92.75.100, PUB-WEB-2b-92.75.200

- 프라이빗 서브넷 : PRI-WAS-2a-92.75.10, PRI-WAS-2b-92.75.20,
  PRI-DB-2a-92.75.1, PRI-DB-2b-92.75.2

④ 목록에 6개 서브넷을 확인할 수 있다.

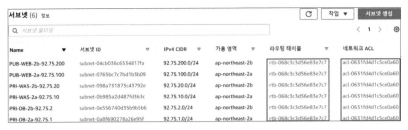

Name ▼	서브넷 ID ▽	IPv4 CIDR ▽	가용 영역 ▽	라우팅 테이블 ▽	네트워크 ACL
PUB-WEB-2b-92.75.200	subnet-04cb036c6534817fa	92.75.200.0/24	ap-northeast-2b	rtb-068c3c3d56e83e7c7	acl-0631fd4d1c5ce0a60
PUB-WEB-2a-92.75.100	subnet-0765bc7c7bd1b3b09	92.75.100.0/24	ap-northeast-2a	rtb-068c3c3d56e83e7c7	acl-0631fd4d1c5ce0a60
PRI-WAS-2b-92.75.20	subnet-098a731873c43792e	92.75.20.0/24	ap-northeast-2b	rtb-068c3c3d56e83e7c7	acl-0631fd4d1c5ce0a60
PRI-WAS-2a-92.75.10	subnet-0b985a2d487fd363c	92.75.10.0/24	ap-northeast-2a	rtb-068c3c3d56e83e7c7	acl-0631fd4d1c5ce0a60
PRI-DB-2b-92.75.2	subnet-0e556740d35b9b5b6	92.75.2.0/24	ap-northeast-2b	rtb-068c3c3d56e83e7c7	acl-0631fd4d1c5ce0a60
PRI-DB-2a-92.75.1	subnet-0a8f690278a26e95f	92.75.1.0/24	ap-northeast-2a	rtb-068c3c3d56e83e7c7	acl-0631fd4d1c5ce0a60

그림 6-33 생성된 서브넷 목록

서브넷이 생성되면서 VPC의 기본 라우팅 테이블과 기본 네트워크 ACL이 자동 연결됐다.

그림 6-34는 서브넷 6개를 생성한 토폴로지다. 우리가 만든 VPC는 기본 VPC와 다르게 인터넷 게이트웨이가 생성돼 있지 않다. 그러므로 아직 퍼블릭 서브넷이라 말하기엔 이르고 인터넷 접속도 불가능하다.

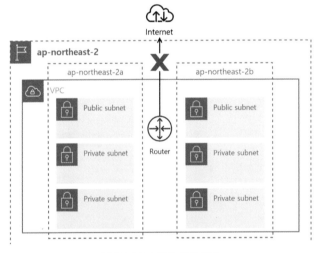

그림 6-34 서브넷 생성 결과

서브넷의 라우팅 테이블을 살펴보자.

대상 ▽	대상 ▽	상태 ▽	전파됨 ▽
92.75.0.0/16	local	⊘ Active	아니요

그림 6-35 기본 라우팅 테이블 내용

그림 6-35에 VPC CIDR 내부 통신용 라우팅 외 다른 내용은 없다. 9장에서 인터넷 접속을 위한 설정을 해본다.

6장 정리

6장에서는 우리가 만들어 나갈 네트워크 공간을 소개했다. 주요 내용은 다음과 같다.

- VPC는 16~28bits CIDR을 사용한다. VPC CIDR 범위 내에서 목적을 구분해 서브넷을 생성할 수 있다.

- 프로덕션(운영) 환경에서 AWS 계정을 생성하면 모든 리전의 기본 VPC는 즉시 삭제해야 한다.

- 서브넷을 생성하는 순간 기본 라우팅 테이블과 기본 네트워크 ACL이 자동 연결된다. 이후 목적에 맞게 수정한다.

PART 3

컴퓨팅 서비스

3부에서는 컴퓨팅 서비스를 학습한다.

컴퓨팅 서비스는 VPC 네트워킹 3요소 중 하나로 네트워크에 전송할 트래픽을 생성하는 주체다. 서비스를 생성한 후 전달한 트래픽은 공간(2부)을 잇는 연결 서비스(4부-11장, 12장) 상에서 제어(4부-9장, 10장)를 받아 목적지로 도달한다.

7장에서는 VPC 컴퓨팅 서비스를 구성하는 네트워킹 요소별 작동 원리를 설명한다. 그리고 8장에서는 7장에서 학습한 각 네트워킹 요건을 합체시켜 완전한 컴퓨팅 서비스를 완성하고 VPC에서의 한계점을 알아본다.

07

컴퓨팅 서비스의
네트워킹 요건

7.1. 트래픽의 시작 : IP 주소

트래픽을 전달하려면 통신 경로상의 모든 네트워크 디바이스가 목적지 IP를 명확히 인식할 수 있어야 한다. 이 디바이스들이 IP 주소만으로 트래픽을 전달할 수 있는 이유는 무엇일까?

7.1.1. IP 유형 = [정적/동적] + [퍼블릭/프라이빗]

IPv4는 물리적 32비트 숫자와 유형으로 구성된다. 유형은 다시 공인 또는 비공인 중 하나와 고정 또는 변동 중 하나로 형성된다.

AWS에서는 공인을 **퍼블릭**Public, 비공인을 **프라이빗**Private이라 부르고 고정과 변동은 각각 **정적**Static, **동적**Dynamic으로 표현한다.

IP는 반드시 이 2가지 성질이 있으므로 다음과 같이 4개 형태로 정리할 수 있다.

- 동적 + 퍼블릭
- 동적 + 프라이빗
- 정적 + 퍼블릭
- 정적 + 프라이빗

정적 IP는 고정돼 바뀌지 않는 IP다. 이와 달리 어느 시점부터 IP가 변경되면 **동적 IP**라고 한다. IP가 주기적으로 변경되면 서비스를 제공할 도메인과 IP 매핑을 위한 DNS 설정이 어렵다. 따라서 서비스용 IP는 정적 IP를 주로 사용한다.

그런데 IP는 숫자일 뿐이므로 IP가 변경됐다면 변경된 해당 위치가 반드시 존재할 것이다. 그럼 IP는 어디서 바뀌는 걸까? 바로 네트워크 인터페이스다. 네트워크 인터페이스에 설정된 IP가 고정 상태에서 바뀌지 않고 연속해서 사용 가능한 환경이라면 정적 IP를 쓴다고 하고, 이와 반대일 때 동적 IP를 쓴다고 한다. 이처럼 IP 고정 여부는 환경이 결정한다.

7.1.2. 퍼블릭 IP와 인터넷 라우팅

다음으로 **퍼블릭**과 **프라이빗**을 알아보자. 어느 한 IP가 퍼블릭과 프라이빗 중 어떤 성격을 띠는지는 누가 결정할까? 바로 **ISP**^{Internet Service Provider}다. 국내 ISP는 KT, SKT, LG U+ 등이 있다. 인터넷망은 이 ISP들이 구축한 여러 통신 장비가 상호 연결돼 형성된 것이다.

인터넷망에 존재하는 라우터 등의 통신 장비는 호스트가 전달한 패킷의 목적지를 분석해 나아갈 방향을 결정한다. ISP가 내린 이 의사 결정이 목적지 IP 소유자의 목적과 부합할 때, 그 목적지 IP를 퍼블릭 IP라고 할 수 있다. 의사 결정은 IP 소유자와 ISP 간 회선 계약과 그 사용에 따른다.

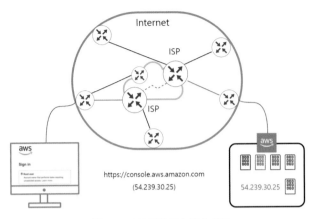

그림 7-1 AWS 관리 콘솔 접속 경로

AWS 관리 콘솔에 접속하는 예를 들어보자. 그림 7-1은 사용자가 AWS 관리 콘솔에 접속하는 인터넷 경로를 나타낸 것이다. 실제로는 이보다 더 복잡하겠지만 이해를 돕기 위해 최대한 간략히 표현했다. 관리 콘솔의 인터넷 주소는 https://console.aws.amazon.com 이며 이 도메인의 DNS 쿼리 결과는 54.239.30.25 IP라고 가정한다.

토폴로지의 빨간 선은 인터넷망이 사용자 요청 패킷을 분석해 AWS 데이터센터 목적지 54.239.30.25 까지 전달하는 경로다. AWS는 글로벌 모든 사용자가 https://console.aws. amazon.com 에 접속하면 AWS 콘솔 화면이 나타나길 기대한다. 실제로 사용자가 접속을 시도하면 AWS가 제공하는 관리 콘솔 화면이 나타난다. 이처럼 ISP가 내린 의사 결정이 AWS의 기대와 부합하므로 54.239.30.25 (console.aws.amazon.com)는 퍼블릭 IP(도메인) 라고 할 수 있다.

AWS는 ISP에게 일정 비용을 지불해 IP를 할당받는다. 이 말은 인터넷망에 떠도는 패킷의 목적지가 AWS가 구입한 IP라면 그 패킷을 AWS의 리전과 가용 영역으로 전달해 달라는 말과 같다. 그러므로 AWS의 IP를 다른 기업의 인프라에 설정하더라도 인터넷에서 접속은 불가능할 것이다.

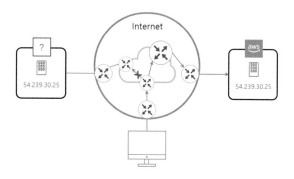

그림 7-2 퍼블릭 IP 임의 사용 결과

그림 7-2는 아마존이 사용하는 IP를 다른 곳에서 임의로 사용한 모습이다. `54.239.30.25`가 목적지인 인터넷 트래픽은 인터넷망에서 경로 제어를 받아 AWS로 전달된다. 이처럼 다른 기업 또는 개인이 AWS의 IP를 디바이스에 임의로 할당해도, 그 디바이스로는 트래픽 전달이 안 되기 때문에 인터넷 활동은 할 수 없다. 그러나 이 IP는 내부망에서는 중복이 없는 한 제약 없이 사용할 수 있다. 이것을 **프라이빗 IP**라고 한다. 프라이빗 IP를 사용할 땐 NAT IP로써 인터넷에 접속할 수 있다. NAT는 9.2.8(NAT 게이트웨이)을 참고한다.

7.1.3. 프라이빗 IP와 VPC CIDR 선정

그림 7-3은 AWS와 동일한 IP(`54.239.30.25`)를 사설 네트워크 서버에 할당한 모습이다. 불특정 인터넷 사용자가 `54.239.30.25`에 접속하면 AWS 콘솔에 접속되지만 `54.239.0.0/16` 네트워크에 있는 서버나 사용자는 사설 네트워크 서버(`54.239.30.25`)로 접속된다.

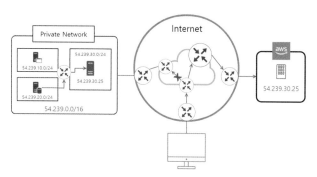

그림 7-3 퍼블릭 IP와 중첩된 사설 네트워크

회사에서 자체 네트워크를 구축할 때 이 방법을 사용한다. 가정에서 사용하는 인터넷 공유기도 마찬가지다. 노트북이나 모바일폰, IoT 등을 공유기에 연결하면 `192.168.10.0/24` 네트워크 IP를 할당받는 경우를 예로 들 수 있다.

그림 7-3의 `54.239.0.0/16` 을 자세히 보면 VPC의 CIDR과 닮았음을 알 수 있다. VPC CIDR도 사설 네트워크처럼 사용자 마음대로 설정한다. AWS는 인터넷 접속이 필요할 때만 퍼블릭 IP를 인스턴스에 할당해 통신하는 방식을 채택했다. 이 내용은 **6.1.4 퍼블릭 CIDR 전략**에서 설명한 바 있다.

`54.239.0.0/16` 네트워크 내부 사용자가 내부 서버(`54.239.30.25`)가 아닌 AWS 관리 콘솔(`54.239.30.25`)에 접속하려면 어떻게 해야 할까? 사용자가 둘 중 어디로 접속하고 싶은지 네트워크는 알지 못한다. 사용자가 콘솔에 접속하도록 제어하는 방법은 있지만, 내부 서버 접속은 포기해야 한다.

이같은 네트워크 IP 충돌 이슈를 최소화하려면 사내 네트워크나 VPC CIDR은 고심해서 결정해야 한다. CIDR의 인스턴스가 주로 통신할 인터넷 대상 IP가 인스턴트 IP와 중첩되면 잦은 통신 오류가 발생한다. 따라서 국가별 사용 IP 범위를 파악해 가급적 통신 빈도가 낮은 해외 IP를 CIDR로 채택하는 것이 좋다.

7.1.4. AWS의 IP 분류

지금까지 IP의 4가지 성질을 설명했다. AWS IP를 표 7-1처럼 분류할 수 있다.

표 7-1 AWS의 IP 분류

고정 여부 ＼ 인터넷 접근성	퍼블릭	프라이빗
정적	탄력적 IP	·기본 프라이빗 IP ·보조 프라이빗 IP
동적	퍼블릭 IP	-

먼저 탄력적 IP를 학습한다. 프라이빗 IP는 7.2절과 8.1절에서 알아보고 퍼블릭 IP는 8.1절에서 알아본다.

탄력적 IP Elastic IP, EIP는 **정적 퍼블릭 IP**로 리전에 종속된 네트워킹 리소스다(표 3-1). 인스턴스나 NAT 게이트웨이, 로드밸런서 등 인터넷 접속이 필요한 리소스에 연결해서 사용하며 리소스 자체만으로는 아무것도 할 수 없다.

표 3-1을 보면 탄력적 IP는 수명 주기 동안 **프라이빗 IP**에 연결 가능한 성질이 있음을 알 수 있다. 바로 위에서 언급한 인스턴스나 NAT 게이트웨이, 로드밸런서에 탄력적 IP를 연결할 수 있는 이유는, 이 리소스들이 네트워크 인터페이스를 장착하고 있기 때문이다. 네트워크 인터페이스는 프라이빗 IP를 반드시 수반한다. 정리하면 탄력적 IP는 네트워크 인터페이스의 프라이빗 IP에 연결된다.

Amazon의 IPv4 주소 풀 Amazon's pool of IPv4 addresses은 앞서 설명한 Amazon의 퍼블릭 IP 모음이다. 사용자가 탄력적 IP 주소를 요청하면 AWS는 IPv4 주소 풀에 있는 IP 하나를 내 계정에 **할당**Allocate해 준다. 할당 이후 사용하지 않으면 **릴리스**Release해 Amazon IPv4 주소 풀로 반환할 수 있다.

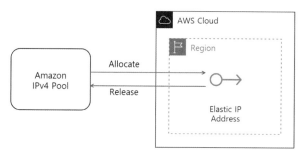

그림 7-4 탄력적 IP 할당과 반환(릴리스)

그림 7-4는 Amazon IPv4 주소 풀에서 리전으로 탄력적 IP를 할당 또는 릴리스하는 모습을 나타낸다. 이 탄력적 IP를 리소스에 **연결**Associate해서 사용하고 불필요 시 **해제**Disassociate한다. 해제된 탄력적 IP가 계정에 남아있으면 비용이 발생하므로 불필요 시 릴리스한다. 탄력적 IP는 최초 할당한 리전 내의 리소스에만 연결할 수 있다(표 3-1).

퍼블릭 IP도 Amazon IPv4 주소 풀에서 할당받지만 탄력적 IP처럼 계정이 소유하진 못한다. 다시 말해 계정이 아닌 리소스에 직접 할당하고, 릴리스하면 주소 풀로 즉시 반환된다. 따라서 계정과 리소스 사이 IP 연결 및 해제 작업은 생략된다.

7.1.5. [실습] 탄력적 IP 할당 예제

서울 리전을 선택해 탄력적 IP를 할당해보자.

실습 시작

---

① 탄력적 IP 메뉴에서 우측 상단 **탄력적 IP 주소 할당** 버튼을 클릭한다.

메뉴 : 서비스 ➤ VPC ➤ 탄력적 IP

그림 7-5 탄력적 IP 메뉴

② 이미 선택된 **네트워크 경계 그룹**과 **Amazon의 IPv4 주소 풀** 옵션을 확인한다.

메뉴 : 서비스 ➤ VPC ➤ 탄력적 IP

그림 7-6 탄력적 IP 생성 옵션

③ **할당(Allocate)** 버튼을 클릭하면 탄력적 IP가 생성된다.

그림 7-7 생성된 탄력적 IP 주소 확인

④ 탄력적 IP 미사용 시 **작업 › 탄력적 IP 주소 릴리스** 메뉴로 Amazon 풀에 반환한다.

NOTE 🔑

실습 ② 단계에서 선택한 옵션을 살펴보자.

● **네트워크 경계 그룹**(Network Border Group)이란 AWS가 퍼블릭 IP를 광고하는 영역이다. 사용자가 AWS 관리 콘솔에서 활동하는 현재 영역(ap-northeast-2)이 기본 입력돼 있다. 다른 리전을 입력할 수 없으며 빈 칸으로 둔 채 탄력적 IP를 생성할 수 없다.

```
{
  "syncToken": "1679089389",
  "createDate": "2023-03-17-21-43-09",
  "prefixes": [
    {
      "ip_prefix": "3.2.34.0/26",
      "region": "af-south-1",
      "service": "AMAZON",
      "network_border_group": "af-south-1"
    },
    {
      "ip_prefix": "3.5.140.0/22",
      "region": "ap-northeast-2",
      "service": "AMAZON",
      "network_border_group": "ap-northeast-2"
    },
    {
```

그림 7-8 AWS 퍼블릭 IP 범위

그림 7-8은 웹 브라우저로 https://ip-ranges.amazonaws.com/ip-ranges.json에 접속한 결과의 일부다. 이곳에서 매일 최신으로 업데이트된 AWS의 모든 퍼블릭 IP(Amazon IPv4 Pool)를 볼 수 있다. IP 범위(CIDR)와 리전, 서비스 종류, 네트워크 경계 그룹 정보를 확인할 수 있다.

이 페이지를 DB로 적재해보면 7천 개 이상의 ip_prefix를 확인할 수 있는데(2023년 4월 현재) 모든 리전과 네트워크 경계 그룹의 정보가 서로 일치하고 있다. 탄력적 IP의 패런트가 리전이므로 네트워크 경계 그룹의 개념과 비슷하다고 볼 수 있다.

● **퍼블릭 IPv4 주소 풀**은 총 3가지 종류가 있다.

Amazon의 IPv4 주소 풀은 앞서 설명했다. 나머지 2개 옵션을 간단히 알아보자.

AWS 계정으로 가져오는 퍼블릭 IPv4 주소(Bring Your Own IP, BYOIP)는 온프레미스 네트워크에서 사용하는 퍼블릭 IP를 AWS로 옮겨 사용하는 것을 뜻한다. 온프레미스와 AWS 클라우드를 같은 퍼블릭 CIDR로 묶어 서비스할 수 있다는 장점이 있다. 다음으로 **IPv4 주소의 고객 소유 풀(Customer-owned IP address, CoIP)**은 고객이 소유한 네트워크 주소 풀이다. IP를 AWS로 가져오지 않는 점에서 BYOIP와 차이가 있다.

AWS Outposts는 AWS 리전을 온프레미스까지 확장해서 사용하는 서비스로, VPC의 일부 서브넷을 온프레미스 인프라 상에 생성할 수 있다. 즉, AWS가 아닌 온프레미스의 퍼블릭 IP(CoIP)를 탄력적 IP로 사용하는 옵션이다. **AWS Outposts**를 이용하려면 AWS에서 제공하는 별도 장치를 온프레미스에 설치하고 AWS 리전과 연동해야 한다.

7.2. 트래픽 전달의 주체 : 탄력적 네트워크 인터페이스(ENI)

탄력적 네트워크 인터페이스^{Elastic Network Interface, ENI}는 VPC 네트워킹의 중심 리소스다. **네트워크 인터페이스**^{Network Interface}와 같은 의미로 사용하므로, 이 책에서나 AWS 설명서를 참고할 때 혼동하지 않길 바란다. 앞으로 ENI로 줄여 쓰겠다.

7.2.1. VPC 서비스의 전용 배송원 : ENI

ENI는 온프레미스 서버의 **NIC**^{Network Interface Card}에 상응하는 가상 장치다. ENI는 인스턴스가 만들어 낸 트래픽을 네트워크로 전송하거나 네트워크에서 들어온 트래픽을 수신한다. 마치 배송원처럼 물품 내용에는 관여치 않고 송수신 역할만 전담한다.

VPC 네트워킹은 반드시 ENI를 기반으로 한다. 그러나 모든 AWS 서비스가 VPC 네트워킹 환경을 이용하는 것은 아니다. 예컨대 S3도 IP 접근이 가능하지만 ENI가 연결돼 있진 않다. 물론 우리에게 보이지 않는 S3 전용 인터페이스가 있기에 IP 통신이 가능할 것이다. 이처럼 ENI가 없는 서비스는 자체 보안 기능과 정책 권한으로 통제한다. 네트워킹 서비스의 분류는 1.2절의 그림 1-2를 참고하면 된다.

ENI는 서브넷에 생성하므로, 그림 7-9처럼 최소 1개의 프라이빗 IP를 소유한다. 이를 **기본 프라이빗 IPv4 주소**라 한다. 서브넷 CIDR 범위 내에서 ENI의 프라이빗 IP를 직접 지정하거나 자동 할당 기능을 이용할 수도 있다.

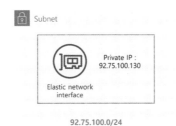

그림 7-9 ENI의 프라이빗 IP

ENI는 개별 생성이 가능하지만 그 자체만으로는 아무 기능도 못한다. 반드시 VPC 서비스에 연결된 상태로 존재해야 한다. 다시 말해 트래픽 전달을 지시할 서비스가 필요하다.

7.2.2. ENI의 2가지 유형

ENI는 다양한 형태로 서비스에 연결돼 트래픽을 송수신한다. 수차례 설명한 대로 ENI 사용은 곧 VPC 네트워킹을 의미하므로, ENI에 연결된 모든 서비스는 반드시 VPC 네트워킹의 보안 통제를 받는다.

그럼 ENI가 연결된 서비스는 어떤 종류가 있을까? 다음처럼 크게 2가지 서비스로 분류한다.

- A 유형 : 데이터 처리가 주 역할인 서비스
- B 유형 : 트래픽 전송이 주 역할인 서비스

A 유형 서비스는 인스턴스나 RDS, Lambda, EFS 등이 있다. 이들은 애플리케이션 실행, 컴퓨팅, 스토리지 등 데이터 가공이나 저장이 주된 역할이며 ENI는 단지 트래픽을 전송하는 수단에 불과하다.

그러나 B 유형 서비스는 NAT 게이트웨이나 전송 게이트웨이 같은 네트워크 디바이스로 트래픽 전송이 주 목적이다. 물론 트래픽 전달 과정에서 경로를 제어하지만, 트래픽에 포함된 데이터 내용을 변경 또는 가공하진 않는다.

그림 7-10은 프라이빗 인스턴스 트래픽이 NAT 게이트웨이를 경유해 인터넷으로 전달되

는 경로를 나타낸다. 인스턴스(A 유형)에서 전송할 데이터는 가공된 것일 수 있지만, NAT 게이트웨이(B 유형) 통과 전후 패킷은 별도 가공 없이 출발지 IP만 퍼블릭으로 변환해 인터넷으로 전달한다. 패킷이 인터넷에서도 살아 움직이려면 퍼블릭 IP가 필요하기 때문이다.

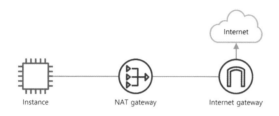

그림 7-10 ENI의 트래픽 전송

이처럼 ENI가 기생하는 서비스의 형태는 다르지만 트래픽을 전달한다는 측면에서는 일치한다. 이들은 모두 **서비스 › EC2 › 네트워크 인터페이스** 메뉴에서 확인할 수 있다.

지금부터 A 유형 서비스에 연결된 ENI를 **컴퓨팅 ENI**, B 유형 서비스에 연결된 ENI를 **라우팅 ENI**로 정의하자. AWS 공식 용어는 아니다. 컴퓨팅 ENI와 라우팅 ENI는 2가지 큰 차이점이 있다. 7.2.3과 7.2.5에서 하나씩 설명한다.

7.2.3. ENI 유형 비교(1) : 소스/대상 확인

ENI는 **소스/대상 확인**Source/dest. check 속성이 있다. 여기서 **소스**는 패킷의 출발지 IP를, **대상**은 목적지 IP를 의미한다. 다시 말해 ENI가 패킷을 전송하고 수신할 때 출발지 IP와 목적지 IP를 검사할 것인지를 선택하는 옵션이다.

그림 7-11은 그림 7-10을 상세히 표현한 토폴로지다. 인스턴스는 현재 **소스/대상 확인** 옵션이 켜져 있고('예') NAT 게이트웨이는 꺼둔('아니오') 상태다. `92.75.20.182` 프라이빗 IP가 할당된 인스턴스는 NAT 게이트웨이를 이용해 인터넷의 `13.52.201.147` 서버로 패킷을 전송하려 한다.

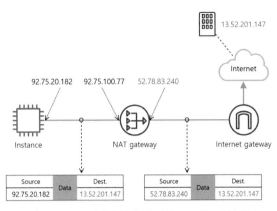

그림 7-11 <소스/대상 확인> 속성별 ENI 작동 방식 차이

이때 인스턴스의 ENI는 패킷 전송 전, 패킷의 출발지 IP(92.75.20.182)와 ENI의 IP
(92.75.20.182)가 꼭 같아야만 전송이 가능한지를 확인(소스 확인)한다. 이때 확인하는 것이
바로 **소스/대상 확인** 속성이다. 옵션이 켜져 있으므로 두 IP가 같을 때만 전송하게 된다. 현
재 두 IP는 같으므로 패킷을 전송할 수 있다.

NAT 게이트웨이는 프라이빗 영역의 패킷을 퍼블릭(인터넷)으로 전달해야 하므로, 프라
이빗 IP와 퍼블릭 IP를 모두 소유한다. NAT가 인스턴스에게 전달받은 패킷의 목적지는
13.52.201.147 이고, NAT의 프라이빗 IP는 92.75.100.77 이므로 IP가 서로 다르다(대상 확
인). 그러나 NAT 게이트웨이의 **소스/대상 확인** 옵션이 꺼져 있으므로 두 IP가 달라도 패킷을
전달할 수 있다. **소스/대상 확인** 옵션이 켜진 상태라면 해당 패킷은 더이상 전달되지 못하고
소멸한다.

인스턴스도 이 옵션을 끈다면 어떻게 될까? 이상 없이 패킷을 전달한다. 왜냐하면 설정이
켜져 있을 때만 통제하기 때문이다. 다시 말해 **소스/대상 확인** 옵션은 ENI 입장에서 '출발지
IP(목적지 IP)와 제 IP가 같을 때만 패킷을 보낼(받을)까요?'라고 물어보는 것과 같다. 따라서
옵션이 꺼지면 모든 패킷을 선별해 전송/수용하고, 옵션이 켜지면 패킷을 선별해 전송/수
용한다.

이처럼 인스턴스가 사용하는 **컴퓨팅 ENI**는 **소스/대상 확인** 옵션이 켜져 있고 NAT 게이트웨이가 사용하는 **라우팅 ENI**는 꺼진 상태로 생성된다. 2가지 ENI를 표로 비교해보자.

표 7-2 ENI 유형별 <소스/대상 확인> 속성값

소스/대상 확인 ＼ ENI 유형	컴퓨팅 ENI	라우팅 ENI
예	○ (기본값)	설정 불가
아니오	○	○ (기본값)

표 7-2는 ENI 유형별 **소스/대상 확인** 속성값이다. 컴퓨팅 ENI는 설정을 켜거나 끌 수 있으나 라우팅 ENI는 설정을 켤 수 없음을 알 수 있다.

그러므로 인스턴스와 같은 **컴퓨팅 ENI** 서비스에 **소스/대상 확인** 설정이 꺼져 있다면 그 인스턴스를 트래픽 전송의 경유지로 활용할 수 있어 보안에 취약하다. 따라서 인스턴스를 게이트웨이로 사용하지 않는다면 **소스/대상 확인** 옵션은 반드시 켜야 한다.

예컨대 인스턴스를 VPN 게이트웨이로 활용하려면 **소스/대상 확인** 옵션을 꺼야 한다. 그래야 VPN 게이트웨이로 전달된 트래픽을 NAT처럼 단순히 다른 네트워크로 전송할 수 있다. VPN은 11장에서 설명한다.

7.2.4. 요청자 관리형 ENI

NAT 게이트웨이도 **라우팅 ENI** 중 하나로서 **소스/대상 확인** 옵션을 변경하는 기능이 없다(표 7-2). 그럼 NAT 게이트웨이가 사용하는 ENI의 설정을 강제로 바꾸면 어떻게 될까? 오류가 나타난다. AWS는 NAT 게이트웨이의 ENI 설정을 ENI 메뉴에서 함부로 바꾸지 못하도록 안전 장치를 걸어놨기 때문이다.

그림 7-12 NAT 게이트웨이 ENI 설정 강제 변경

그림 7-12는 NAT 게이트웨이가 사용하는 ENI를 찾아 **소스/대상 확인** 속성을 변경한 결과다. NAT 게이트웨이 메뉴에서 제공하지 않는 기능은 ENI 메뉴에서도 마음대로 변경할 수 없으므로 오류가 발생했다.

이처럼 AWS는 서비스의 본 기능을 무시한 사용자가 ENI 메뉴에서 설정 임의 변경을 못하도록 **요청자 관리형**Requester-managed 속성을 뒀다. 이 속성값은 AWS에서 지정하며 사용자가 바꿀 수 없다.

요청자 관리형 속성값이 '예'로 설정된 서비스는 ENI가 장착된 서비스 메뉴에서만 ENI 속성을 조작할 수 있다. 예컨대 NAT 게이트웨이 메뉴로써 ENI 속성을 건드려야 한다. 따라서 그림 7-12 좌측 **작업** 리스트에 보이는 모든 작업이 제한된다. 그렇다고 이 기능 모두가 NAT 게이트웨이 서비스 메뉴에서 조작할 수 있는 것도 아니다. AWS가 허용하는 NAT 게이트웨이 관련 기능 내에서만 가능하다.

요청자 관리형 속성값이 '아니요'라면 상기 작업을 마음대로 실행할 수 있다. **컴퓨팅 ENI 및 라우팅 ENI** 구분과 관계없이, 인스턴스를 제외한 대부분의 서비스는 **요청자 관리형** ENI를 사용한다.

요청자 관리형 속성값은 ENI 세부 정보에서 확인할 수 있다.

7.2.5. ENI 유형 비교(2) : 보안 그룹(SG) 강제 적용

그림 7-13은 **컴퓨팅 ENI**와 **라우팅 ENI**를 비교하고 있다. **컴퓨팅 ENI**를 사용하는 컴퓨팅 서비스(인스턴스)는 데이터 처리와 보관을 담당하므로 데이터 보호에 각별히 유의해야 한다. 이런 특성 때문에 VPC는 컴퓨팅 ENI를 **보안 그룹**Security Group, SG으로 보호한다. 접속 대상 IP와 포트만 보안 그룹에 등록해서 외부로부터 컴퓨팅 서비스와 데이터를 보호하고 있다.

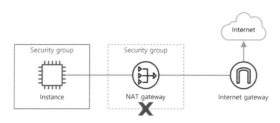

그림 7-13 보안 그룹이 연결된 컴퓨팅 ENI

그러나 **라우팅 ENI**에 연결된 네트워크 디바이스(NAT 게이트웨이)는 자신에게 전달된 트래픽을 서비스 기능에 맞게 다시 포워딩하면 되므로, 데이터 보호에는 직접 관여치 않는다. 단, NAT 게이트웨이는 ENI에 흐르는 트래픽을 허용 또는 차단할 수단으로 네트워크 ACL을 사용할 수 있다. 네트워크 ACL은 라우팅 ENI가 놓인 서브넷의 모든 트래픽을 선별해 통제할 수 있다.

따라서 ENI 목록에서 보안 그룹이 연결된 ENI는 컴퓨팅 ENI다. 반대로 연결된 보안 그룹이 보이지 않는다면 라우팅 ENI일 것이다.

그림 7-14는 NAT 게이트웨이와 인스턴스의 ENI 목록이다. 첫 번째 ENI는 NAT 게이트웨이가 사용하는 것으로, 연결된 보안 그룹이 없다. 반면 두 번째와 세 번째 ENI는 인스턴스에 연결된 ENI로, 보안 그룹이 연결된 것을 확인할 수 있다.

메뉴 : 서비스 > EC2 > 네트워크 인터페이스

그림 7-14 보안 그룹을 사용하지 않는 라우팅 ENI

간혹 라우팅 ENI에 보안 그룹이 연결된 서비스가 있다. 게이트웨이 로드밸런서가 그 예다. **소스/대상 확인** 설정은 꺼져 있지만 **보안 그룹**은 연결돼 있다.

그러나 대부분의 서비스는 ENI 유형에 따라 **보안 그룹**과 **소스/대상 확인** 설정이 거의 일치한다.

7.2.6. SG와 서브넷에 의존하는 ENI

6.1.1에서는 VPC 네트워킹을 다음과 같이 정의했다.

> AWS 서비스가 **네트워크 인터페이스**를 사용하면 자동으로 **보안 그룹, 네트워크 ACL** 그리고 **라우팅 테이블**의 통제를 받게 된다. 이를 두고 **서비스가 VPC 네트워킹을 사용한다**고 말한다.

여기서 말하는 **네트워크 인터페이스**는 컴퓨팅 ENI를 뜻한다. 라우팅 ENI는 상기 정의에서 **보안 그룹** 부분만 제외하고 **네트워크 ACL**과 **라우팅 테이블**의 통제를 받는다.

컴퓨팅 ENI의 수명 주기는 보안 그룹과 함께 한다. ENI를 사용하는 모든 컴퓨팅 서비스는 생성 단계에서 보안 그룹을 반드시 지정하도록 설계돼 있다.

그림 7-15는 컴퓨팅 ENI와 보안 그룹의 상호 의존성을 보여준다. 보안 그룹은 홀로 존재할 수 있지만, 컴퓨팅 ENI는 보안 그룹이 반드시 연결돼 있어야 한다.

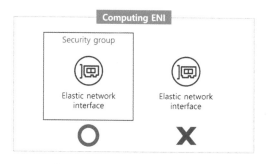

그림 7-15 보안 그룹에 의존하는 컴퓨팅 ENI

ENI의 패런트는 서브넷이다(표 3-1). 따라서 서브넷이 반드시 생성돼 있어야 한다. 서브넷의 패런트는 VPC이므로 그림 7-16과 같은 토폴로지를 완성할 수 있다. 보안 그룹을 사용하는 컴퓨팅 ENI(인스턴스)와 사용하지 않는 라우팅 ENI(NAT 게이트웨이)를 함께 보여준다.

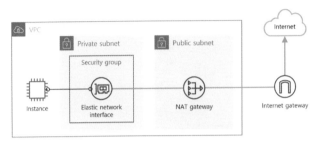

그림 7-16 서브넷에 의존하는 ENI

7.2.7. ENI 보호 = VPC 보호

ENI의 존재만으로 VPC 네트워킹 사용 환경을 단언할 수 있었다. VPC 트래픽의 시작과 끝은 ENI다. 즉, VPC 보안을 강화하려면 ENI를 안전하게 관리하면 된다는 결론에 이른다. 정리하면 ENI에 연결된 보안 그룹과 서브넷에 연결된 네트워크 ACL, 그리고 라우팅 테이블을 안전하게 통제하면 된다.

그러나 모든 컴퓨팅 서비스는 ENI를 통제하는 저마다의 방식이 있다. 예를 들어 **요청자 관리형** 서비스는 ENI 임의 변경을 못하도록 설정해 뒀다. 또 RDS는 특수 포트만 허용하고 있어, 보안 그룹을 아무리 넓은 범위로 허용하더라도 지정된 포트 외에는 접근할 수 없다. 그리고 ElastiCache와 Neptune은 인터넷 IP를 허용해 둬도 인터넷에서 접속할 수 없다.

퍼블릭 인스턴스를 보안 그룹, 네트워크 ACL, 그리고 라우팅 테이블로 안전하게 통제하는 방식은 VPC 네트워킹 환경에서 할 수 있는 최대의 노력이다. 이보다 더 높은 보안 수준은 없다. 즉, 반드시 필요한 규칙만 등록해서 사용해야 한다.

따라서 자주 사용하는 서비스의 개별 특징을 이해하고 그 성격에 따라 보안 통제 계획을 세워 관리해야 할 것이다.

7.2.8. [실습] ENI 생성 예제

독립 상태의 ENI는 아무것도 할 수 없다. 반드시 서비스에 연결된 상태에서만 제 기능을
할 수 있다.

ENI를 연결해서 사용하는 서비스는 7.3절부터 설명한다. 이번 절에서는 서비스 연결이 없
는 단독 ENI를 만들어본다.

실습 시작

① **서비스 > EC2 > 네트워크 인터페이스** 메뉴에서 **네트워크 인터페이스 생성** 버튼을 클릭한다.

② **Description**(ENI 설명)을 입력하고, ENI가 위치할 서브넷을 선택한다. 6.2절 실습에서 만
든 서브넷 중 하나를 선택할 수 있다.

그림 7-17 ENI를 생성할 서브넷 선택

③ 프라이빗 IP는 **자동 할당**과 **사용자 지정** 중에서 선택할 수 있다.

서브넷
생성한 네트워크 인터페이스가 위치할 서브넷입니다.

🔍 subnet-04cb036c6534817fa

프라이빗 IPv4 주소
네트워크 인터페이스에 할당할 프라이빗 IPv4 주소입니다.
○ 자동 할당
● 사용자 지정
IPv4 주소

92.75.200.162

Elastic Fabric Adapter
☐ 활성화

보안 그룹 (1/1) 정보

🔍 *리소스 찾기*

☑	**그룹 ID** ▲	그룹 이름
☑	sg-06475b590714a117e	default

그림 7-18 프라이빗 IP 지정 및 보안 그룹 선택

자동 할당 선택 시 서브넷 CIDR(92.75.200.0/24) 범위의 IP 하나를 랜덤으로 할당받는다. **사용자 지정**을 선택하면 그림 7-18처럼 원하는 IP를 IPv4 형식에 맞게 입력해야 한다.

앞서 설명한대로 컴퓨팅 ENI는 보안 그룹을 반드시 지정해야 한다. 6.1절 VPC 실습 시 자동 생성된 기본 보안 그룹을 선택하고 **네트워크 인터페이스 생성** 버튼을 클릭하면 ENI 생성이 완료된다.

7.3. 트래픽 생성의 주체 : EC2 인스턴스

EC2^Elastic Compute Cloud는 AWS의 가상 컴퓨팅 서비스로, **서비스 > EC2** 메뉴에서 확인할 수 있는 모든 요소를 포괄하는 용어다. 그 중심에 **인스턴스**^Instance가 있고 다양한 요소들이 인스턴스를 서포트한다.

가령 인스턴스 머신 이미지인 AMI, 로그인 시 사용하는 키 페어, 그리고 데이터를 저장하

는 EBS 등이 있다. 앞서 학습한 ENI도 EC2 요소 중 하나다.

EC2 인스턴스는 **인스턴스**와 같은 의미로 사용한다.

7.3.1. 트래픽 공장의 대표 이사 : 인스턴스

인스턴스는 가상 서버다. **Linux**나 **Windows** 같은 OS가 설치된 일반적인 서버만 떠오를 수 있지만 AWS가 제공하는 인스턴스의 활용 범위는 무궁무진하다.

모든 종류의 운영체제는 물론이고 그림 7-19처럼 **AWS Marketplace**를 이용해 데이터 분석이나 블록체인용 머신도 구축할 수 있다. 또 방화벽이나 라우터, VPN 등 네트워크 어플라이언스 장비뿐만 아니라 스토리지 서비스도 인스턴스로 구현할 수 있다.

그림 7-19 인스턴스에서 작동하는 다양한 AMI

그럼 이것을 가능케 하는 요소는 무엇일까? 바로 **AMI**^Amazon Machine Image다. 인스턴스를 생성하려면 반드시 하나의 AMI를 선택해야 한다. 선택한 AMI에 따라서 OS만 설치된 깡통 서버가 되기도 하고, 네트워크 디바이스로 변신하기도 한다. 또 사용자가 원하는 소프트웨어가 OS에 설치된 형태로 제공하기도 한다.

이처럼 클라우드 사용자의 요구사항을 담아 패키징하거나 서드 파티^3rd party가 판매하는 제품을 소프트웨어 형태의 이미지로 만든 것이 AMI다. 이 AMI를 인스턴스의 운영체제로 작동시키면 하나의 솔루션이 완성된다.

그림 7-20은 인스턴스 생성 방식을 보여준다. 인스턴스 생성 첫 단계에서 AMI를 선택한 다음, 인스턴스의 하드웨어 스펙(메모리나 CPU, 네트워크 성능 등)을 의미하는 **인스턴스 유형**, 그리고 기타 일부 설정을 마치면 인스턴스 객체가 완성된다.

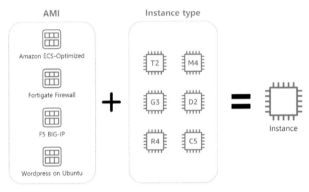

그림 7-20 다양한 솔루션으로 활용 가능한 인스턴스

AMI의 특성과 활용 방식에 따라 인스턴스에 필요한 설정이 조금씩 달라진다. 예컨대 방화벽이나 네트워크 디바이스 AMI를 얹어 놓은 인스턴스는 **라우팅 ENI** 유형 서비스이므로 **소스/대상 확인** 옵션을 꺼야 할 것이며 전달받은 트래픽을 다른 네트워크로 전달하려면 2개 이상의 ENI를 연결해야 할 수도 있다.

그렇다면 인스턴스 목록에 나타난 모든 객체는 이 방식으로 생성된 것일까?

7.3.2. 인스턴스로 위장한 AWS 서비스들

이와 같이 AMI를 선택해서 인스턴스를 사용하는 방식이 있는 반면 AWS 자체 서비스가 인스턴스 형태로 생성되는 방식도 있다.

이를 테면 AWS 컴퓨팅 서비스인 Batch, Elastic Beanstalk, 개발자 도구인 Cloud9, 그리고 관리 및 거버넌스 영역에는 OpsWorks가 있다. 이같은 서비스를 생성하면 인스턴스가 만들어지고 그 위에서 서비스가 작동한다. 개별 서비스 본연의 기능과 특징은 유지하되 껍데기는 인스턴스로 감싸고 있는 것이다.

정리하면 EC2 인스턴스 목록에서 확인할 수 있는 서비스는 크게 2개로 분류할 수 있다.

- A 유형 : EC2 메뉴 **인스턴스 시작** 버튼으로 생성한 서비스
- B 유형 : AWS 자체 서비스 메뉴에서 생성한 컴퓨팅 서비스

2가지 유형 모두 인스턴스로 동작하지만 관리 측면에서 일부 차이가 있다.

표 7-3 인스턴스와 인스턴스 형태의 AWS 서비스 비교

구분 　　　　　　서비스 유형	A 유형	B 유형
AMI 직접 선택	O (필수)	X (불가)
생성 화면	인스턴스 메뉴	개별 서비스 메뉴
기능/옵션 설정	인스턴스 or 관리자 화면 직접 접속	개별 서비스 메뉴
트래픽 전송 매체	ENI	

표 7-3은 2가지 형태의 인스턴스를 비교하고 있다. A 유형은 AMI를 직접 선택해야 하지만 B 유형은 AMI를 직접 선택할 수 없다. 각 서비스 생성 단계마다 사용자가 선택한 옵션에 맞춰 AWS가 자체 관리하는 AMI가 선택되기 때문이다. 또 설정 변경이 필요할 때 A 유형은 인스턴스에 직접 접속하거나 관리자 화면으로 서비스를 통제해야 한다. 그러나 B 유형은 서비스 자체 메뉴에서 설정값을 조절할 수 있다.

7.3.3. 인스턴스의 위상

VPC 네트워킹 보안 통제 측면에서 A와 B 유형은 크게 차이가 없다. 생성된 방식이나 유형

과 무관하게, 모든 인스턴스는 최소 1개 이상의 ENI를 연결해야 하기 때문이다(표 7-3). 따라서 모든 인스턴스는 VPC 보안 통제를 받는다.

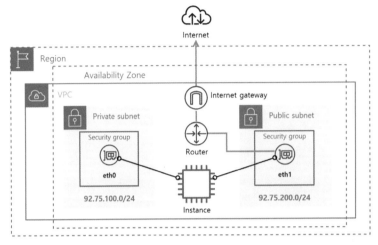

그림 7-21 가용 영역과 VPC에 종속된 인스턴스

네트워크 공간에서 인스턴스가 갖춰야 할 조건은 다음과 같다. 그림 7-21을 보면서 하나씩 확인해보자.

인스턴스의 조건

- 인스턴스 생성 시점에 **기본 네트워크 인터페이스(Primary Network Interface)**도 자동으로 생성되면서 서로 연결된다. **eth0**으로 표현하는 이 **기본 네트워크 인터페이스**는 인스턴스와 분리할 수 없다.

- **인스턴스**는 최소 1개 이상의 ENI가 연결돼 있어야 한다.
  - → **인스턴스**에 ENI가 1개 존재한다면 **eth0**이다.
  - → ENI는 **서브넷**(패런트)에 생성된다.
    - → **서브넷**에 놓이려면 최소 1개 이상의 프라이빗 IP가 연결돼야 한다.
    - → **서브넷**은 **가용 영역**과 **VPC**의 교집합 영역에 놓인다.
    - → **가용 영역**과 **VPC**는 **리전**(패런트)에 생성된다.
- **인스턴스**의 패런트는 **가용 영역**과 **VPC**다. 그러므로 그 둘의 교집합 영역에 놓여야 한다.
- 정리하면 **인스턴스**는 수명 주기 동안 **기본 네트워크 인터페이스(eth0)**의 **가용 영역**을 벗어날 수 없다.

7.3.4. 인스턴스는 바람둥이? 2개 서브넷에 양다리 걸치기

상기 조건을 응용해 인스턴스를 다양한 공간 위에 놓아 보자.

그림 7-22는 프라이빗 인스턴스에 퍼블릭 ENI 연결을 시도한 모습이다. 같은 VPC에 생성된 서브넷이라 무난히 연결될 거라 생각했지만 불가능하다. 인스턴스는 같은 가용 영역에만 놓일 수 있기 때문이다.

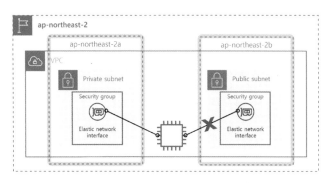

그림 7-22 서로 다른 가용 영역의 ENI 연결(불가)

이번에는 그림 7-23처럼 같은 가용 영역(ap-northeast-2a)이지만 다른 VPC(A와 B)에 놓인 2개 ENI를 연결해보자. 인스턴스는 여러 VPC에 공존할 수 없으므로 연출이 불가능하다.

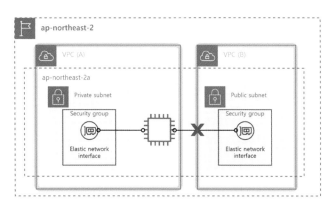

그림 7-23 서로 다른 VPC의 ENI 연결(불가)

정리하면 그림 7-21처럼 같은 VPC와 가용 영역에만 인스턴스가 놓일 수 있다. 그럼 AWS는 이같은 통제를 어떤 방식으로 하고 있을까? 실습으로 확인해보자.

7.3.5. [실습] 인스턴스 생성 예제

실습 시작

① 서비스 > EC2 > 인스턴스 메뉴로 들어가서 **인스턴스 시작** 버튼을 클릭한다.

② **단계 1: 애플리케이션 및 OS 이미지(Amazon Machine Image)** 화면이 나타난다. Windows 카드를 선택 후 **Microsoft Windows Server 2019 Base**를 찾아 **선택** 버튼을 클릭한다. 검색을 활용할 수도 있다.

그림 7-24 Microsoft Windows AMI 선택

③ **단계 2: 인스턴스 유형**에서 t2.micro 유형을 선택하고 아래 **키 페어(로그인)**에서 키 페어를 선택한다. 사전에 생성해 둔 키 페어가 없다면, 우측 **새 키 페어 생성** 버튼을 클릭해서 생성한다.

그림 7-25 인스턴스 유형 선택

④ **단계 3: 네트워크 설정** 우측에서 **편집**을 클릭한다. **VPC**는 실습 단계에서 만든 VPC를 선택한다. **서브넷**은 서브넷 실습 단계에서 만든 서브넷 중 `92.75.100.0/24(ap-northeast-2a)`를 선택한다. 그 아래 **퍼블릭 IP 자동 할당**은 **활성화**를 선택한다.

그림 7-26 VPC와 서브넷(가용 영역) 선택

인스턴스는 최소 1개의 ENI(eth0)가 연결돼 있어야 하며, 컴퓨팅 ENI는 반드시 보안 그룹을 연결해야 한다. 이 단계에서 새 보안 그룹을 생성하거나 미리 만들어 둔 보안 그룹을 선택할 수도 있다. 여기서는 VPC 실습 단계에서 자동 생성된 VPC 기본 보안 그룹을 선택한다.

그림 7-27 ENI에 연결할 보안 그룹 선택

고급 네트워크 구성을 클릭해 숨겨진 화면을 펼친다. **네트워크 인터페이스 1**은 인스턴스에 기본으로 장착될 인터페이스로서, 앞서 선택한 서브넷(92.75.100.0/24) 내부에 생성될 것이다. 또한 **기본 IP**를 비워두면, 서브넷 범위 IP 하나를 자동으로 할당받는다. **네트워크 인터페이스 추가** 버튼을 클릭한다. 그림 7-29에서 선택 가능한 서브넷을 살펴보자. 6개 서브넷 중에 3개만 선택할 수 있다. 이유는 무엇일까?

그림 7-28 ENI 정보 입력

그림 7-29 추가 인터페이스의 서브넷 선택

첫 번째 선택한 서브넷의 가용 영역이 ap-northeast-2a 였기 때문이다. 인스턴스는 수명 주기 동안 기본 ENI의 가용 영역에서 벗어날 수 없다. 따라서 두 번째부터는 ap-northeast-2a 에 존재하는 서브넷만 선택할 수 있다. 이처럼 AWS는 다른 가용 영역의 서브넷을 선택하지 못하도록 통제하고 있다.

네트워크 인터페이스 2 우측 제거 버튼을 클릭해 네트워크 인터페이스 1만 생성하도록 설정한다.

스토리지 구성, 고급 세부 정보는 기본 옵션값으로 두고, 우측 **인스턴스 시작**을 클릭해 인스턴스를 생성한다.

NOTE 🔑

실습 2단계에서 프리티어 유형 인스턴스를 선택했다. 프리티어 유형의 컴퓨팅 비용은 무료지만 인스턴스에 기본 장착되는 스토리지 비용은 유료다. 따라서 중지한 상태에서도 스토리지 비용이 발생할 것이다.

비용이 염려되면 당장은 시작하기 버튼을 클릭하지 말고, 추후 실습이 필요할 때만 잠시 만들어 테스트하면 된다.

7장 정리

7장에서는 컴퓨팅 서비스의 네트워킹 구성 요소와 각 요건을 소개했다. 주요 내용은 다음과 같다.

- ENI에 할당된 IP가 일정 시간 이후 변하면 동적 IP, 변하지 않고 유지되면 정적 IP라 한다. 동적 및 정적 여부는 IP 자체가 아닌 환경이 좌우한다.

- 인터넷에서 활동 가능한 IP를 공인 IP라 한다. AWS에서는 동적 공인 IP를 퍼블릭 IP, 정적 공인 IP를 탄력적 IP라 부른다.

- VPC 통신의 중심인 ENI는 서비스 목적에 따라 컴퓨팅 또는 라우팅용으로 구분한다. 컴퓨팅 ENI를 사용하는 인스턴스는 보안 그룹과 서브넷을 반드시 동반한다.

- ENI를 안전하게 보호하는 것이 VPC 보안의 핵심이다.

- 인스턴스는 AMI를 구동해 다양한 솔루션을 구현할 수 있다.

08

컴퓨팅 서비스 활용

8장에서 다루는 내용

8장에서는 7장의 컴퓨팅 3요소가 결합한 인스턴스의 행동 패턴과 데이터베이스 부문의 대표 컴퓨팅 서비스인 RDS를 학습한다. RDS는 서비스 성능이나 고가용성 측면보다 서비스가 소유한 ENI의 모습과 그 변화에 집중한다.

8.1. 인스턴스의 네트워킹 패턴

인스턴스(7.3절)에 설치된 애플리케이션은 데이터를 가공해 인스턴스에 연결된 ENI로 전달한다. 데이터를 받은 ENI(7.2절)는 자신에게 할당된 IP(7.1절)를 출발지로 지정하고, 데이터를 받을 IP를 목적지로 지정해 네트워크로 패킷을 전송한다.

지금까지 VPC 통신을 위한 컴퓨팅의 3가지 리소스를 알아봤다. 이를 컴퓨팅 기본 3요소라 하자. 8.1절에서는 컴퓨팅 기본 3요소가 상호 결합해 생성되는 인스턴스의 다양한 모습과 그 한계점을 학습한다.

8.1.1. 인스턴스 기본 통신 요건

인스턴스가 VPC상에서 통신하려면 컴퓨팅 기본 3요소가 결합돼야 한다. 앞서 7.1절부터 7.3절까지 순서대로 제시한 각 요소가 이에 해당한다.

사실 인스턴스는 기본 ENI와 IP를 이미 소유한 하나의 객체지만, 기본 ENI 이외 또 다른 ENI와 IP를 연결할 수 있다는 측면에서 기본 요소 중 하나로 보겠다. 네트워킹 설정 이전 AMI와 인스턴스 유형만 선택한 상태로 생각해도 된다.

그림 8-1은 인스턴스가 VPC 상에서 통신하기 위한 최소 결합 요건을 나타낸다.

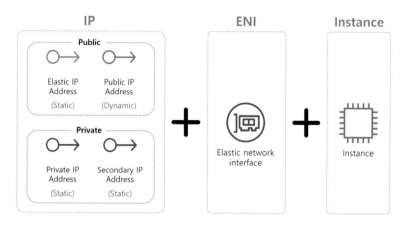

그림 8-1 인스턴스의 최소 통신 요건

IP는 7.1절의 표 7-1에서 성격에 따라 분류한 바 있다. 그 중 정적Static 퍼블릭 IP를 **탄력적 IP**Elastic IP, 동적Dynamic 퍼블릭 IP는 **퍼블릭 IP**Public IP라 한다. **프라이빗 IP**Private IP는 정적 IP만 존재하며 **기본 프라이빗 IP**와 **보조 프라이빗 IP** 두 종류가 있다.

ENI는 기본 프라이빗 IP 1개가 반드시 연결돼 있고 1개 이상의 보조 프라이빗 IP를 추가 할당할 수 있다. 탄력적 IP와 퍼블릭 IP도 필요할 때만 사용한다.

IP와 ENI, 그리고 인스턴스가 결합하면 VPC 위에서 트래픽 전송을 위한 준비가 완료된 것 이다. 인스턴스 이외 다른 VPC 서비스를 사용한다면 해당 서비스를 그림 8-1의 인스턴스 자리로 대체하면 된다. 예컨대 RDS 인스턴스나 Redshift 클러스터를 인스턴스로 바꿔 해 석할 수 있다.

7.3.3에서 알아본 것처럼 인스턴스는 생성 완료 시점에 이미 3가지 요건을 모두 갖추고 있 다. 그러므로 인스턴스 아이콘만 있어도 ENI와 IP가 연결된 상태로 봐야 한다.

8.1절은 앞서 제시한 컴퓨팅 기본 3요소만 다루고 ENI에 연결하는 보안 그룹은 9장에서 자세히 알아본다.

그림 8-1에 표현한 주황색 탄력적 IP는 AWS에서 제공하는 공식 Architecture 아이콘이다. 그러나 퍼블릭 IP와 프라이빗 IP(기본, 보조) 아이콘은 공식 아이콘이 아니며 IP를 서로 구분짓고자 이 책에서만 임의의 색상 (파랑, 검정)으로 표현했다.

8.1.2. 컴퓨팅 기본 3요소의 독립 형태

이번에는 컴퓨팅 기본 3요소가 계정 안에서 어떤 모습으로 존재할 수 있는지 알아보자.

IP부터 살펴본다. 4가지 IP(퍼블릭 IP, 탄력적 IP, 기본 프라이빗 IP, 보조 프라이빗 IP) 중 탄력적 IP 만 그 무엇과도 연결되지 않은 독립 상태로 존재할 수 있다(그림 8-2). 이 내용은 7.1.5의 탄 력적 IP 할당 예제에서 확인했다.

그림 8-2 계정 내부에 홀로 존재 가능한 탄력적 IP

반면 퍼블릭 IP와 프라이빗 IP는 ENI를 반드시 동반해야 한다. 프라이빗 IP의 생성과 소멸 은 ENI의 수명 주기와 함께한다. ENI가 소멸되면 프라이빗 IP도 함께 사라진다.

퍼블릭 IP는 ENI뿐만 아니라 인스턴스와 같은 컴퓨팅 서비스가 반드시 필요하다. 퍼블릭 IP는 탄력적 IP처럼 **Amazon IPv4 Pool**에서 할당하지만 계정이 마음대로 보유할 수 없고 인터페이스 작업과 형태에 따라 기존 IP를 유지하기도 하고 다른 IP로 변경되기도 한다. 이 내용은 8.1.6에서 자세히 설명한다.

다음으로 ENI다. ENI는 그림 8-3처럼 기본 프라이빗 IP가 반드시 설정돼 있어야 한다. 다시 말해 ENI와 기본 프라이빗 IP는 1:1 관계를 유지한다. 가령 ENI에 프라이빗 IP가 3개 할당된 상태라면 1개는 기본 프라이빗, 나머지 2개는 보조 프라이빗 IP다.

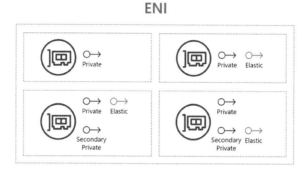

그림 8-3 독립 가능한 ENI의 다양한 형태

탄력적 IP는 프라이빗 IP와 쌍을 이룬다. 탄력적 IP를 연결하는 대상은 사실 ENI가 아닌 ENI에 할당된 프라이빗 IP다. 프라이빗 IP 종류(기본, 보조)와 무관하게 탄력적 IP를 연결할 수 있다.

IP를 설명할 때 언급한 것처럼 퍼블릭 IP는 ENI뿐만 아니라 인스턴스와 같은 컴퓨팅 서비스가 반드시 필요하다. 그러므로 그림 8-4처럼 독립 ENI에 할당할 수 없다.

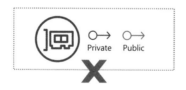

그림 8-4 독립 ENI에 퍼블릭 IP 할당(불가)

인스턴스는 그림 8-5처럼 단 1개의 기본 ENI가 연결됐거나 그 외 추가 ENI가 다수 연결된 형태일 수 있다. 기본 ENI는 인스턴스 생성 즉시 연결되며 오직 1개만 존재한다. 사용자가 추가한 ENI는 분리할 수 있다.

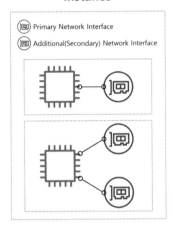

그림 8-5 ENI를 연결한 인스턴스

그림 8-5에 표현한 보라색 기본 ENI는 AWS에서 제공하는 공식 Architecture 아이콘이다. 그러나 추가 ENI를 표현한 자주색 아이콘은 공식 아이콘이 아니며 인스턴스의 기본 ENI 여부를 구분하고자 이 책에서만 임의의 색상으로 표현했다.

8.1.3. 인스턴스 유형별 ENI와 프라이빗 IP 최대 개수

인스턴스 유형	최대 네트워크 인터페이스 수	인터페이스당 프라이빗 IPv4 주소 수	인터페이스당 IPv6 주소 수
t2.micro	2	2	2
t2.small	3	4	4
t2.medium	3	6	6
t2.large	3	12	12
t2.xlarge	3	15	15
t2.2xlarge	3	15	15
t3.nano	2	2	2

그림 8-6 인스턴스 유형별 최대 ENI 수와 ENI당 프라이빗 IP 수[1]

---

1 AWS 설명서

그림 8-6은 인스턴스 유형별 연결 가능한 최대 ENI 수와 ENI당 프라이빗 IP 수가 정리된 표의 일부다. **t3.nano** 유형을 사용하면 최대 2개의 ENI를 연결할 수 있으므로 그림 8-7의 왼쪽 그림처럼 기본 ENI에 추가 ENI 하나만 더 연결할 수 있다.

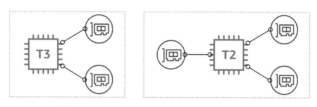

그림 8-7 인스턴스 유형별 연결 가능한 최대 ENI 개수

또한 ENI에 할당된 기본 프라이빗 IP 이외 보조 프라이빗 IP도 여러 개 할당할 수 있다.

그림 8-8은 **t2.medium** 유형 인스턴스에 최대 3개 ENI를 연결한 모습이다. 특히 기본 ENI(보라색)는 추가 ENI(자주색)가 절대 소유할 수 없는 퍼블릭 IP가 할당돼 있다. ENI마다 프라이빗 IP를 6개까지 할당할 수 있으므로, 기본 프라이빗 IP 1개를 제외하면 ENI마다 최대 5개 보조 프라이빗 IP를 할당할 수 있다.

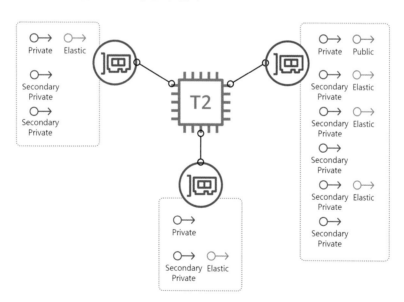

그림 8-8 t2.medium 인스턴스에 할당한 보조 프라이빗 IP

또한 탄력적 IP는 프라이빗 IP와 한 쌍을 이룬다. 따라서 ENI에 2개 이상의 탄력적 IP도 연결할 수 있다.

8.1.4. 퍼블릭 IP 자동 할당

인스턴스 생성 시점에 퍼블릭 IP를 동시에 소유하는 방법은 동적 퍼블릭 IP를 할당하는 방법뿐이다. 탄력적 IP는 인스턴스가 생성된 이후에만 연결할 수 있다.

인스턴스 생성 예제(7.3.5)로 돌아가 보자. 실습 3단계에서 [퍼블릭 IP 자동 할당] 설정값을 [활성화]로 선택했으니 퍼블릭 IP 하나가 할당될 것이다.

그림 8-9 퍼블릭 IP 자동 할당 옵션

그림 8-9는 퍼블릭 IP 자동 할당 옵션을 보여준다. 현재 **비활성화**가 자동 선택된 것을 알 수 있다. 각 기능은 다음과 같다.

- **활성화**Enable는 인스턴스의 기본 ENI에 **퍼블릭 IP**를 할당한다.
- **비활성화**Disable는 **퍼블릭 IP**를 할당하지 않는다.

서브넷에는 그림 8-10에 보이는 **퍼블릭 IPv4 주소 자동 할당**Auto-assign public IPv4 address 옵션이 있다. **아니요**No가 기본값이며 서브넷을 생성한 후 **예**Yes로 변경할 수 있다. 이 옵션을 **예**Yes로 설정하고 인스턴스 생성 시 **퍼블릭 IP 자동 할당** 버튼을 보면 기존에는 **비활성화**였던 값이 **활성화**로 바뀐 것을 볼 수 있다.

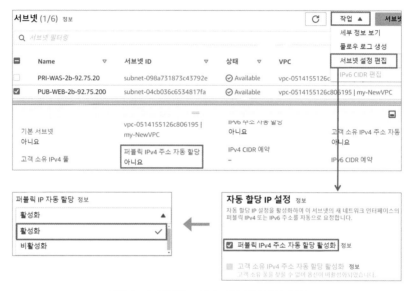

그림 8-10 퍼블릭 IP 주소 자동 할당 옵션 수정

따라서 동일 계정의 IAM 사용자 사이에 퍼블릭용 서브넷만 이 옵션을 **예**로 설정하기로 약속하면, **퍼블릭 IP 자동 할당** 옵션은 개의치 않고도 인스턴스를 생성할 수 있어 편리하다. 퍼블릭 서브넷의 인스턴스만 퍼블릭 IP가 할당될 것이기 때문이다. 그래서 기본 VPC(6.1.6절)의 모든 서브넷은 이 옵션이 켜져 있다.

퍼블릭 서브넷은 인터넷 접속용으로 사용할 것이다. 그러나 퍼블릭 서브넷의 모든 인스턴스가 반드시 퍼블릭 IP를 사용할 의무는 없으므로, **퍼블릭 IPv4 주소 자동 할당** 옵션은 사용하지 않는 게 바람직하다.

위 과정을 그림 8-11처럼 순서도로 표현했다.

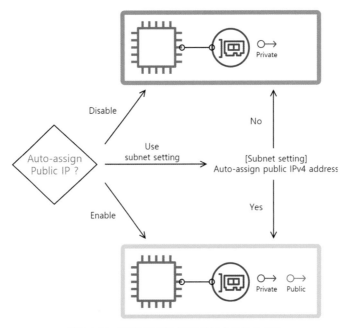

그림 8-11 퍼블릭 IP 자동 할당 옵션에 따른 순서도

활성화^{Enable} 옵션을 선택하면 인스턴스는 동적 퍼블릭 IP를 인스턴스에 할당하고(노랑 박스),
비활성화^{Disable}를 선택하면 기본 프라이빗 IP만 할당된 ENI가 인스턴스에 할당된다(파랑 박스). **퍼블릭 IP 자동 할당** 옵션을 그대로 두면 인터페이스를 놓을 서브넷 설정값에 따라 퍼블릭 IP 할당 여부를 결정한다.

그림 8-11로써 정적 퍼블릭 IP인 탄력적 IP는 인스턴스 생성 시점에 할당할 수 없음을 알 수 있다.

8.1.5. ENI 연결과 탄력적 IP 할당

그림 8-11의 파랑 박스 인스턴스는 프라이빗 IP뿐이다. 이 인스턴스가 퍼블릭 IP를 할당 받는 방법은 무엇일까? 바로 탄력적 IP를 사용하는 것이다.

탄력적 IP는 다음 3가지 방법으로 인스턴스에 연결할 수 있다.

탄력적 IP를 인스턴스에 연결하는 방법

① 인스턴스에 직접 연결(Associate)하는 방법
 – 인스턴스 ID와 인스턴스가 소유한 프라이빗 IP를 지정한다.

② 인스턴스가 사용하는 ENI에 직접 연결(Associate)하는 방법
 – ENI와 ENI가 소유한 프라이빗 IP를 지정한다.

③ 탄력적 IP를 ENI에 할당한 뒤, 해당 ENI를 인스턴스에 연결(Attach)하는 방법

그림 8-12는 퍼블릭 IP가 없는 인스턴스의 여러 형태를 보여준다. 인스턴스에 가하는 작업에 따라 인스턴스의 모습이 변해가고 있다. 그림 8-11의 파랑 박스가 그림 8-12 순서도의 첫 시작점이다.

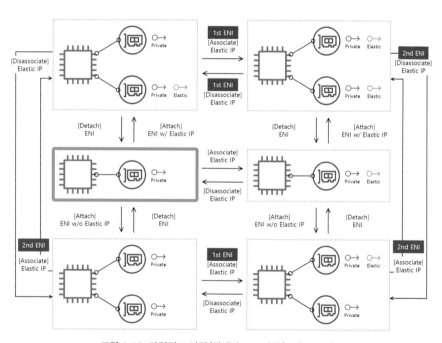

그림 8-12 탄력적 IP연결/해제와 ENI 연결/분리 프로세스

다음 NOTE는 그림 8-12를 요약한 내용이다. 이 내용을 기초로 그림 8-12에서 탄력적 IP 연결과 해제, 그리고 ENI 연결과 분리 과정을 순서대로 따라가 보자.

동적 퍼블릭 IP가 없는 인스턴스의 성질

- 생성 시점부터 동적 퍼블릭 IP가 없었던 인스턴스는, 탄력적 IP 작업(연결/해제)과 ENI 작업(연결/분리)이
  자유롭다. 단, 기본 ENI 연결/분리는 불가능하다.

- 탄력적 IP는 프라이빗 IP와 쌍을 이루므로 모든 프라이빗 IP(기본, 보조)에 연결할 수 있다. 다시 말해 ENI
  에 기본 프라이빗 IP와 보조 프라이빗 IP가 다수 할당돼 있으면 하나의 ENI에 2개 이상의 탄력적 IP를 연결
  할 수 있다.
  (참고) 그림 8-12에 보조 프라이빗 IP를 표현하지 않았지만 기본 원리는 같다.

- 위 2개 규칙은 인스턴스 상태(Running, Stopped)와 무관하며, ENI가 3개 이상일 때도 똑같이 적용된다.
  (참고) 그림 8-12는 ENI를 최대 2개까지 연결한 모습이다.

8.1.6. 결코 뗄 수 없는 꼬리표 : 동적 퍼블릭 IP

다음은 그림 8-11의 노랑 박스 인스턴스의 여러 변화 양상을 살펴보자. 이 인스턴스는 생성 시점에 퍼블릭 IP를 할당받았다.

퍼블릭 IP는 계정과 무관하며 **Amazon IPv4 Pool**에서 직접 할당한 IP다. 인스턴스 상태가 바뀔 때(Running ↔ Stopped)마다 그리고 탄력적 IP 할당/해제 시점마다 기존 퍼블릭 IP가 릴리스되거나 새로운 퍼블릭 IP가 ENI에 할당된다.

그림 8-13은 퍼블릭 IP를 소유한 인스턴스에 탄력적 IP 또는 ENI 관련 작업을 수행한 모습이다. 그 성질은 다음과 같다.

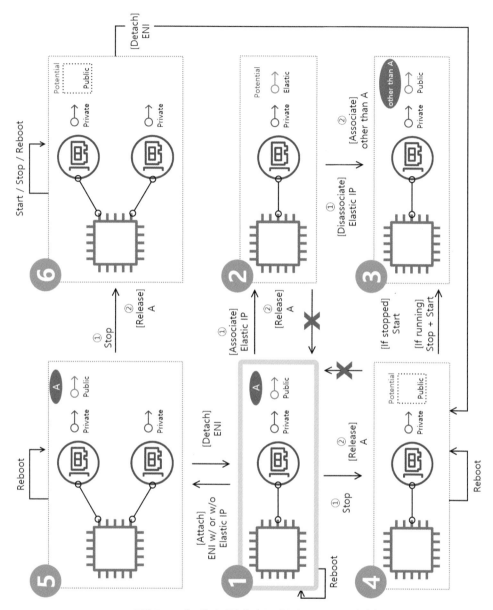

그림 8-13 네트워킹 작업에 따른 퍼블릭 IP 변화 과정(1/2)

동적 퍼블릭 IP를 보유한 인스턴스의 성질

- 인스턴스를 재부팅(Reboot, ①~⑥ 각 상태에서)하면 퍼블릭 IP 보유 여부와 무관하게 기존 상태를 유지한다. 다시 말해 퍼블릭 IP를 보유한 상태라면 기존 퍼블릭 IP를 유지하고 퍼블릭 IP가 없었다면 재부팅해도 새로 할당되지 않는다.

- 인스턴스를 중지(Stop, ① → ④)하면 현재 보유한 퍼블릭 IP를 **Amazon IPv4 Pool**로 반환(Release)한다. 이미 반환된 IP는 다시 살릴(② → ① 또는 ④ → ①) 수 없다.

- 퍼블릭 IP를 반환한 인스턴스(④)는 언제나 새로운 퍼블릭 IP를 할당받을 준비 태세(Potential)를 갖추고 있다. 그러므로 ENI에 퍼블릭 IP가 없다고 해서 모두 같은 상태로 볼 수 없다.

그림 8-14 프라이빗 인스턴스와 잠재적 퍼블릭 인스턴스

- 실행 중인 인스턴스에 ENI(탄력적 IP 연결 여부와 무관)를 추가 연결(① → ⑤)해도 기존 퍼블릭 IP를 잃지 않는다. 재부팅 이후라도 현재 상태를 유지한다. ENI를 분리(⑤ → ①)해도 마찬가지다.

- 추가 ENI를 연결한 상태에서 인스턴스를 중지(Stop, ⑤ → ⑥)하면 ① → ④ 과정처럼 퍼블릭 IP가 릴리스된다. 그러나 이 상태에서 어떤 작업(Start, Stop, Reboot)을 해도 새로운 퍼블릭 IP를 할당받지 못한다. 이유는 다음과 같다.

  - 인스턴스가 중지된(Stopped) 상태에서 부팅(Start, ④ → ③ 또는 ⑥ → ⑥)할 때 Amazon IPv4 Pool에서 새로운 IP를 할당받는다. 이 때 2가지를 확인한다.

  (1) 인스턴스가 기본 ENI 이외 추가 연결된 ENI가 있는지 확인한다. 있다면(⑥) 퍼블릭 IP를 할당받지 않는다.

  (2) 추가 연결된 ENI가 없다면(④) 기본 ENI에 탄력적 IP가 연결됐는지 확인한다. 연결되지 않았다면 새로운 퍼블릭 IP를 할당(③)받는다.

- 인스턴스에서 ENI를 분리(⑥ → ④)한다고 해서 퍼블릭 IP를 바로 할당받진 못한다. 그러나 중지한 후 부팅(Stop + Start, ④ → ③)하면 새로운 퍼블릭 IP를 할당받을 수 있다.

- 퍼블릭 IP가 할당된 ENI에 탄력적 IP를 연결(① → ②)하면 기존 퍼블릭 IP(A)는 릴리스된다. 반대로 이 탄력적 IP를 해제(② → ③)하면 새로운 퍼블릭 IP(A 이외)를 할당받는다.

이처럼 인스턴스 생성 시 퍼블릭 IP를 할당받으면 그 꼬리표는 절대 뗄 수 없다. 물론 인스턴스에 가하는 작업에 따라 퍼블릭 IP를 임시 소멸시킬 수 있지만 인스턴스는 새로운 퍼블릭 IP를 할당받으려는 잠재적 부활 본능이 있다.

그러므로 인터넷 사용 여부가 확실치 않은 인스턴스는 생성 시 퍼블릭 IP를 할당하면 안된다. 생성 시점엔 프라이빗 IP만 보유해야 하며, 인터넷 접속이 필요한 것으로 결정되면 NAT 게이트웨이나 탄력적 IP를 사용하는 것이 바람직하다.

8.1.7. 보조 프라이빗 IP에 탄력적 IP 할당

보조 프라이빗 IP에도 탄력적 IP를 연결할 수 있다. 또 보조 프라이빗 IP에서 탄력적 IP만 다시 해제할 순 있지만, 탄력적 IP만 유지한 채 보조 프라이빗 IP만 해제할 수는 없다.

보조 프라이빗 IP 할당, 해제 과정에서 퍼블릭 IP는 어떤 모습으로 변화하는지 살펴보자.

그림 8-15는 퍼블릭 IP를 보유한 인스턴스에 보조 프라이빗 IP 또는 탄력적 IP 관련 작업을 수행한 모습이다. 그 성질은 다음과 같다.

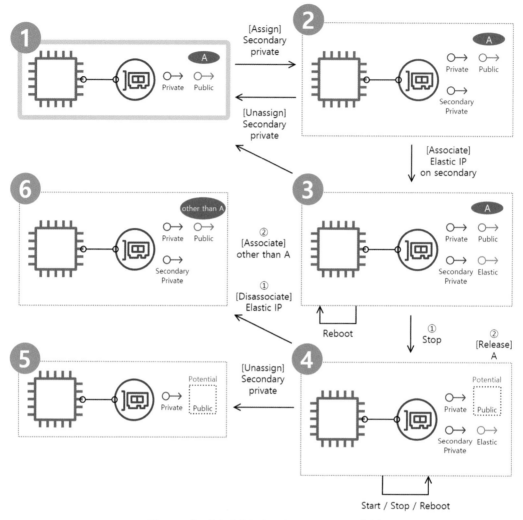

그림 8-15 네트워킹 작업에 따른 퍼블릭 IP 변화 과정(2/2)

> **보조 프라이빗 IP를 보유한 퍼블릭 인스턴스의 성질**
>
> - 보조 프라이빗 IP를 할당(① → ②)하고 해제(② → ①)하는 동안 퍼블릭 IP는 그대로 유지된다.
>
> - 보조 프라이빗 IP에 탄력적 IP를 연결(② → ③)한 뒤 중지(③ → ④)하지 않는 한 기존 퍼블릭 IP가 변경되거나 릴리스되지 않는다. 보조 프라이빗 IP를 해제(③ → ①)하면 홀로 설 수 없는 탄력적 IP는 보조 프라이빗 IP에서 분리와 동시에 해제된다.
>
> - 잠재적 퍼블릭 인스턴스에 탄력적 IP가 있으면(④) 어떤 작업(Start, Stop, Reboot)을 가해도 퍼블릭 IP를 살릴 수 없다. 탄력적 IP와 쌍을 이루는 보조 프라이빗 IP 해제(④ → ⑤) 작업은 인스턴스 입장에서 탄력적 IP 해제가 아닌 보조 프라이빗 IP 해제로 인식할 뿐이다.
>
> - 보조 프라이빗 IP에 탄력적 IP를 해제(④ → ⑥)하면 새로운 퍼블릭 IP를 할당받는다.

탄력적 IP가 인스턴스와 연결되지 않고 리전에 할당받은 상태로 홀로 존재하거나 인스턴스에 2개 이상 연결하면 비용이 부과된다. 그러나 인스턴스에 1개만 연결하면 탄력적 IP 비용은 무료다.

8.1.8. [실습] 인스턴스에 ENI 연결/분리, 신규 퍼블릭 IP 확인

그림 8-13 일부 과정을 실습으로 확인해보자. 실습 순서는 다음과 같고 괄호 안의 숫자는 그림에 표시된 번호다.

퍼블릭 인스턴스(①) 및 ENI 생성 → ENI 연결(⑤) → 인스턴스 중지 및 시작(⑥) → ENI 분리(④) → 인스턴스 중지 및 시작(③)

실습 시작

- **인스턴스 생성 예제**(7.3.5)를 참고해 인스턴스를 생성한다.

- **단계 ①** 생성된 인스턴스의 기본 ENI에 연결된 기본 프라이빗 IP와 퍼블릭 IP를 확인한다.

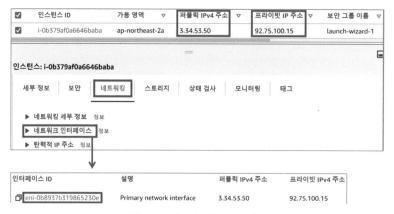

그림 8-16 인스턴스의 IP 정보 확인

인스턴스의 퍼블릭 IP와 기본 프라이빗 IP를 확인할 수 있다. **네트워킹** 탭의 **네트워크 인터페이스** 항목을 선택하면 인스턴스에 연결된 기본 ENI의 정보가 나타난다. 인터페이스 ID를 클릭해 **네트워크 인터페이스** 메뉴로 바로 이동한다.

그림 8-17 인스턴스에 연결된 기본 ENI 확인

인스턴스에 연결된 기본 ENI를 확인할 수 있다. 우측 상단의 **네트워크 인터페이스 생성** 버튼을 클릭한다.

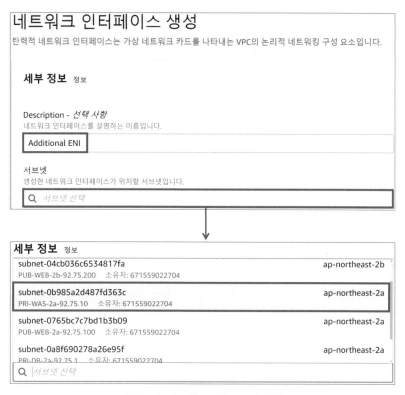

그림 8-18 ENI를 생성할 서브넷 선택

인스턴스는 ap-northeast-2a 가용 영역에 속해 있으므로 다른 가용 영역을 선택할 수 없다. 92.75.10.0/24 서브넷을 선택하고 프라이빗 IP 주소와 보안 그룹을 선택한 뒤, 우측 하단의 **네트워크 인터페이스 생성** 버튼을 클릭한다.

* **단계⑤** 새로 만든 ENI를 인스턴스에 연결한다.

네트워크 인터페이스 ID ▽	가용 영역 ▽	인스턴스 ID ▽	퍼블릭 IPv4 주소 ▽	기본 프라이빗 IPv4 주소
eni-0ecf29ad76350adae	ap-northeast-2a	–	–	92.75.10.245
eni-0b8937b319865230e	ap-northeast-2a	i-0b379af0a6646baba	3.34.53.50	92.75.100.15

그림 8-19 인스턴스에 ENI 연결

목록에 새로운 ENI가 나타난다. ENI를 선택한 후 우측 상단 **작업 › 연결** 메뉴를 클릭한다.
연결할 인스턴스를 선택하고 **연결** 버튼을 클릭하면 연결이 완료된다.

인스턴스 ID	가용 영역 ▽	퍼블릭 IPv4 주소 ▽	프라이빗 IP 주소 ▽	보안 그ㅡ
i-0b379af0a6646baba	ap-northeast-2a	3.34.53.50	92.75.100.15	launch-

인터페이스 ID	설명	퍼블릭 IPv4 주소	프라이빗 IPv4 주소
eni-0b8937b319865230e	Primary network interface	3.34.53.50	92.75.100.15
eni-0ecf29ad76350adae	Additional ENI	–	92.75.10.245

그림 8-20 ENI가 추가 연결된 인스턴스

인스턴스에 새로운 ENI가 연결된 것을 확인할 수 있다.

- **단계 ⑥** 인스턴스를 중지하고 퍼블릭 IP를 확인한다.

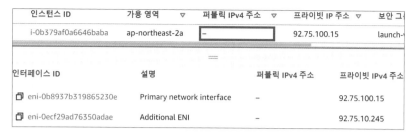

그림 8-21 인스턴스 중지 이후 퍼블릭 IP 변화

퍼블릭 IP가 릴리스됐다. 인스턴스를 다시 시작해 퍼블릭 IP를 확인한다. 퍼블릭 IP를 여전히 할당받지 못하고 있다.

- **단계 ④** 연결한 ENI를 다시 분리한다.

메뉴 : 인스턴스 선택 ▶ 작업 ▶ 네트워킹 ▶ 네트워크 인터페이스 분리

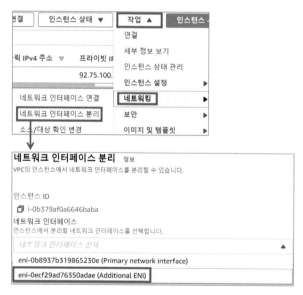

그림 8-22 ENI 분리하기

위의 메뉴에서 **네트워크 인터페이스**를 선택하고 **분리** 버튼을 클릭한다. 이 상태에서도 퍼블릭 IP를 할당받지 못한다.

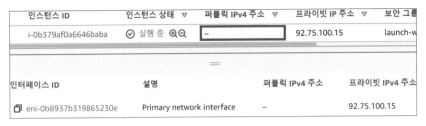

인스턴스 ID	인스턴스 상태 ▽	퍼블릭 IPv4 주소 ▽	프라이빗 IP 주소 ▽	보안 그룹
i-0b379af0a6646baba	⊘ 실행 중 ⊕⊖	–	92.75.100.15	launch-w

인터페이스 ID	설명	퍼블릭 IPv4 주소	프라이빗 IPv4 주소
🗗 eni-0b8937b319865230e	Primary network interface	–	92.75.100.15

그림 8-23 ENI 분리 후 퍼블릭 IP 확인

- **단계 ③** 인스턴스를 중지한 뒤 다시 시작한다.

인스턴스 ID	인스턴스 상태 ▽	퍼블릭 IPv4 주소 ▽	프라이빗 IP 주소 ▽	보안 그룹
i-0b379af0a6646baba	⊘ 실행 중 ⊕⊖	3.35.231.51	92.75.100.15	launch-v

인터페이스 ID	설명	퍼블릭 IPv4 주소	프라이빗 IPv4 주소
🗗 eni-0b8937b319865230e	Primary network interface	3.35.231.51	92.75.100.15

그림 8-24 새로운 퍼블릭 IP가 할당된 인스턴스

기존 퍼블릭 IP(3.34.53.50)와 다른 새로운 IP가 할당된 것을 확인할 수 있다.

8.2. 컴퓨팅 서비스 응용 : RDS

데이터베이스는 모든 IT의 근간이다. 따라서 무결성이 보장된 데이터를 안전하게 보관하고 신뢰하는 클라이언트가 언제든 그 데이터에 접근할 수 있어야 한다. 이 모든 조건을 만족해야 하는 만큼 까다로운 설계와 구축 과정이 필요하며 운영 중에도 항시 긴장감을 늦추지 않아야 한다.

또 온프레미스는 데이터베이스 고가용성을 위한 이중화나 클러스터에 높은 비용을 투자한다. 특히 **Active-Standby** 이중화 구성은 유사시 **Standby** 서버가 **Active** 기능을 온전히 수행 가능한지도 주기적으로 점검해야 한다. 데이터 손상이나 유실 또는 특정 시점으로 복원을 위한 백업 체계도 마련하고 있다.

클라우드는 상기 나열한 데이터베이스 구축과 이중화 테스트 그리고 백업 등 모든 일련의 과정을 편리하게 제공한다. 또 DR 개념까지 포괄하는 가용 영역은 지리적 재해로 발생하는 데이터 손실을 대비해 완벽한 백업을 보장한다.

이처럼 클라우드의 데이터베이스는 온프레미스의 여타 인프라보다 월등히 많은 이점을 제공하고 있다. RDS^{Relational Database Service}는 AWS를 대표하는 관계형 데이터베이스로, 뛰어난 성능과 높은 가용성을 보장한다.

8.2.1. VPC를 사용하는 데이터베이스의 종류

2023년 4월 현재, AWS는 9개 데이터베이스 서비스(표 8-1)를 제공한다.

표 8-1 AWS 데이터베이스 서비스

DB 서비스 　　　　　　특징	VPC 기반	RDS용 ENI	퍼블릭 액세스
· RDS	O	O	O
· Neptune · Amazon DocumentDB	O	O	X
· ElastiCache · Redis용 Amazon MemoryDB	O	X	X
· DynamoDB · Amazon QLDB · Amazon Keyspaces · Amazon Timestream	X	X	X

표 8-1을 보면 VPC 네트워킹을 사용하는 서비스는 5개(**RDS, Neptune, DocumentDB, ElastiCache, Redis용 Amazon MemoryDB**)임을 알 수 있다. 따라서 이들은 VPC 보안 통제 영역에 있다. 또한 이 중 3가지는 RDS용 ENI를 사용한다.

예컨대 그림 8-25를 보면 **Neptune**이 RDS용 ENI를 사용하는 것을 확인할 수 있다. 그러므로 API를 사용해 ENI 정보를 호출할 때 **RDSNetworkInterface**라는 데이터만으로 RDS 여부를 판단하면 안 되며 인스턴스의 엔진 유형으로 데이터베이스 종류를 구분해야 한다.

그림 8-25 RDS ENI를 사용하는 Neptune

인터넷에서 접속 가능한 **퍼블릭 액세스** 기능은 RDS에만 있다. 또 이 기능은 인스턴스 생성 이후라도 언제든 켜고 끌 수 있으므로, 외부에서 RDS 인스턴스에 접속이 불필요하다면 반드시 프라이빗 서브넷에 생성해야 한다. **퍼블릭 액세스** 옵션을 켜놔도 어차피 하나의 포트로만 접속할 수 있기 때문에 RDS가 사용하는 보안 그룹이나 네트워크 ACL을 광범위하게 허용해도 의미는 없다. 그러나 해당 보안 그룹과 네트워크 ACL이 다른 서비스에 연결돼 있을 수도 있으므로 반드시 필요한 규칙만 등록해서 사용해야 한다. 이 내용은 7.2.7에서 설명한 바 있다. 퍼블릭 서비스 수준으로 보안 규칙을 안전하게 관리하는 것은 VPC 네트워킹 환경에서 할 수 있는 최대의 노력이다.

8.2.2. RDS 서브넷 그룹의 특징

AWS에는 **서브넷 그룹**Subnet Group을 사용하는 서비스가 있다. 대표적 예가 RDS와 Redshift 다. 그러나 용어만 같을 뿐 서비스마다 서브넷 그룹의 특징이 서로 다르므로, 각 서비스 사용법에 맞게 사용해야 한다.

서브넷 그룹은 말 그대로 서브넷의 모음이다. RDS를 생성하려면 서브넷 그룹 1개를 반드시 지정해야 한다. 서브넷은 가용 영역에 생성되고, 가용 영역의 목적이 가용성인 것을 알고 있다면 RDS가 왜 서브넷 그룹을 지정해야 하는지 추측할 수 있다.

서브넷 그룹은 RDS 인스턴스가 놓일 서브넷들의 집합이다. RDS 인스턴스가 한 가용 영역에서 서비스를 지속할 수 없으면 서브넷 그룹에 속한 다른 가용 영역에서 서비스를 지속한다.

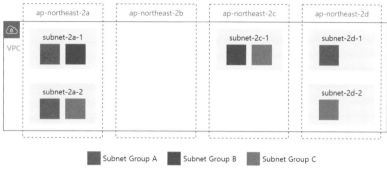

그림 8-26 RDS의 서브넷 그룹

그림 8-26은 RDS의 서브넷 그룹을 나타낸다. 특징은 다음과 같다.

RDS 서브넷 그룹의 특징

- 서브넷 그룹은 VPC에 종속되며, 최소 2개 이상의 가용 영역을 지정해야 한다. 그림 8-26 예시에서는 서브넷 그룹 3개(A, B, C)가 VPC에 속해 있으며 각 그룹은 최소 2개 이상의 가용 영역 서브넷을 포함하고 있다.

- 모든 RDS는 생성 단계에서 서브넷 그룹을 지정해야 한다. 이는 엔진 종류(**Aurora, PostgreSQL, MySQL, MariaDB, Oracle Database, SQL Server**)나 유형(프로비저닝 또는 서버리스)과 무관하다.

- 따라서 RDS 생성 전에 서브넷 그룹을 만들어 둬야 한다. 미리 준비한 서브넷 그룹이 없다면 RDS를 생성하면서 **새 DB 서브넷 그룹 생성** 옵션을 사용할 수도 있다. 그러면 VPC 내의 모든 서브넷을 멤버로 하는 서브넷 그룹이 생성된다.

그림 8-27 RDS의 서브넷 그룹 설정 – 생성된 서브넷 그룹이 없을 때

- 그러나 선택한 VPC에 속한 서브넷이 1개 가용 영역뿐이라면 RDS 생성에 실패한다. 다른 가용 영역에 서브넷을 새로 만들거나 **새 VPC 생성**과 **새 DB 서브넷 그룹 생성** 옵션을 사용해야 한다. 이 옵션을 선택하면 자동으로 새 VPC를 생성하고 리전의 모든 가용 영역마다 서브넷을 1개씩 만들어 서브넷 그룹 멤버에 포함시킨다.

  (예) 서울 리전(ap-northeast-2) : 가용 영역마다(2a, 2b, 2c, 2d) 서브넷을 1개씩 생성하고 이 4개 서브넷을 멤버로 하는 서브넷 그룹을 자동 생성한다.

Virtual Private Cloud(VPC) 정보
VPC를 선택합니다. VPC는 이 DB 클라우드의 가상 네트워킹 환경을 정의합니다.

| 새 VPC 생성 | ▼ |

해당 DB 서브넷 그룹이 있는 VPC만 나열됩니다.

> ⓘ 데이터베이스를 생성한 후에는 VPC를 변경할 수 없습니다.

DB 서브넷 그룹 정보
DB 서브넷 그룹을 선택합니다. DB 서브넷 그룹은 선택한 VPC에서 DB 클러스터가 어떤 서브넷과 IP 범위를 사용할 수 있는지를 정의합니다.

| 새 DB 서브넷 그룹 생성 | ▼ |

그림 8-28 RDS의 서브넷 그룹 설정 – 생성된 VPC가 없을 때

- 서브넷 그룹이 지정한 가용 영역의 모든 서브넷을 멤버로 지정할 수 있다. A 서브넷 그룹은 ap-northeast-2a 가용 영역의 모든 서브넷(2개)을 그룹 멤버로 포함시켰다.

- 리전의 모든 가용 영역을 포함하지 않아도 된다. 그 어떤 서브넷 그룹도 ap-northeast-2b 를 포함하지 않았다.

- A 서브넷 그룹이 포함하는 서브넷(subnet-2a-1)을 B 서브넷 그룹의 멤버로도 지정할 수 있다.

- 여러 RDS 인스턴스가 동일한 서브넷 그룹을 사용해도 된다.

- RDS **기본 인스턴스**는 서브넷 그룹의 서브넷 멤버 중 한 곳에서 구동된다.

- 서브넷 그룹을 수정해 멤버 서브넷을 삭제 또는 추가할 수 있다. 그러나 RDS 사용 중에는 불가능하다.

- 서브넷 그룹의 멤버 서브넷을 서브넷 메뉴로도 삭제할 수 있다. 그러나 RDS 사용 중에는 불가능하다.

8.2.3. RDS 서브넷 그룹의 역할

RDS는 서브넷 그룹의 멤버(서브넷) 중 하나를 RDS 인스턴스 생성 위치로 선정한다. RDS 생성 단계에서 인스턴스를 구동할 특정 가용 영역을 선택했다면 그 가용 영역의 서브넷 중 한 곳에 인스턴스가 생성된다. 단, 해당 가용 영역에 서브넷이 2개 이상일 때 임의 선택은

불가능하다.

반면 사용자가 가용 영역을 미지정하면 AWS는 서브넷 그룹이 포함하는 임의 가용 영역을 선택하고 RDS 인스턴스를 생성한다.

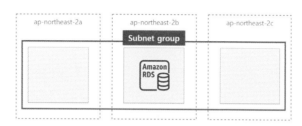

그림 8-29 단일 RDS 인스턴스와 서브넷 그룹

그림 8-29는 3개 가용 영역의 서브넷을 멤버로 하는 서브넷 그룹을 나타낸다. 사용자는 단일 RDS 인스턴스 생성 시, 이 서브넷 그룹을 지정하고 `ap-northeast-2b` 가용 영역을 선택했다.

이처럼 단일 RDS 인스턴스도 서브넷 그룹을 지정하는 이유는 무엇일까? 바로 확장성 때문이다. AWS는 단일 RDS도 언제든 **다중 AZ** 옵션으로 다른 가용 영역(AZ)에 예비 복제본을 생성하거나 읽기 복제본을 둬 장애 상황에 대비토록 한다. 이 내용은 8.2.5부터 자세히 알아본다.

8.2.4. VPC 경계를 넘나드는 RDS : 서브넷 그룹 변경

RDS는 가동 중에 서브넷 그룹을 변경할 수 있다. **Amazon Aurora**를 제외한 모든 엔진이 서브넷 그룹 변경을 지원한다.

서브넷 그룹의 변경 조건은 다음과 같다.

서브넷 그룹 변경 조건

- 단일 RDS 인스턴스만 서브넷 그룹 변경을 할 수 있다. 다중 AZ 인스턴스의 서브넷 그룹을 변경하려면 RDS 를 단일화한 뒤 서브넷 그룹을 변경하고 다시 다중 AZ로 확장해야 한다.

- 다른 VPC의 서브넷 그룹으로만 변경할 수 있다. 다시 말해 현재 RDS가 사용하는 VPC의 그 어떤 서브넷 그 룹도 변경 대상으로 선택할 수 없다.

- 현재 구동 중인 RDS 인스턴스의 가용 영역이, 변경 대상 서브넷 그룹에도 포함돼 있어야 한다.

서브넷 그룹 변경 조건을 그림 8-30에서 확인해보자. 그림 8-30은 RDS가 서브넷 그룹 변경을 시도하고 있다. 서울 리전(ap-northeast-2)에 3개의 VPC가 생성돼 있고, 각 VPC마다 서브넷 그룹(A, B, C)이 있다. VPC-1의 RDS를 VPC-2나 VPC-3의 서브넷 그룹(B 또는 C)으로 변경을 시도해본다.

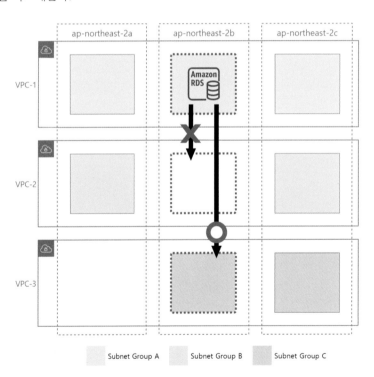

그림 8-30 RDS 서브넷 그룹 변경

우선 B 서브넷 그룹으로 변경을 시도하면 오류가 발생한다. B 서브넷 그룹은 인스턴스가 놓인 `ap-northeast-2b` 서브넷을 포함하지 않기 때문이다. 반면 C 서브넷 그룹은 `ap-northeast-2b`의 서브넷을 포함하므로 변경 조건을 만족한다.

한편 기존 RDS 인스턴스에 **퍼블릭 액세스** 옵션이 켜진 상태라면 AWS는 서브넷 변경 전 다음 조건을 추가로 확인한다.

- 변경 대상 VPC에도 **인터넷 게이트웨이**가 연결돼 있어야 한다. 단, 서브넷 라우팅 타깃에 **인터넷 게이트웨이** 지정 여부까지 검사하진 않는다.
- DNS 확인^{DNS resolution}, DNS 호스트이름^{DNS hostnames}이 활성화^{Enable}돼 있는지 확인한다.

위 조건을 만족하면 서브넷 그룹을 변경할 수 있다. 위 내용을 정리하면 서브넷 그룹을 변경하는 것은 곧 VPC를 변경하는 것이라 할 수 있다.

8.2.5. 다중 AZ 배포

RDS는 Aurora와 Aurora 이외의 엔진 유형(PostgreSQL, MySQL, MariaDB, Oracle Database, SQL Server)으로 구분한다. AWS가 제공하는 모든 RDS는 엔진 유형과 템플릿에 따라 방식의 차이는 있지만, 모두 **다중 AZ**를 사용해 서비스 장애를 대비할 수 있다.

Aurora는 서브넷 그룹의 멤버 서브넷에 읽기나 쓰기 노드를 중복으로 둬 데이터 가용성을 높인다. 또 Aurora 이외 엔진은 기본 인스턴스에 장애가 발생하면 보조 AZ의 인스턴스로 장애 조치돼 서비스를 지속할 수 있다.

표 8-2는 RDS 인스턴스의 종류와 그 특징을 나타낸다.

표 8-2 RDS 엔진 유형별 다중 AZ 특징

인스턴스	접근성 (엔드포인트 여부)	RDS 엔진	
		Aurora	Aurora 이외
기본 인스턴스 (Primary db instance)	쓰기(W)+읽기(R) (엔드포인트 있음)	O	
읽기 노드 (Reader)	읽기(R) (엔드포인트 있음)	O	-
동기식 예비 복제본 (Standby replica)	접근 불가 (엔드포인트 없음)	-	O
읽기 추가		O	
	읽기 노드(Reader)	O	-
	읽기 전용 복제본(Read replica)	-	O

표 8-2를 해석하면 다음과 같다.

- **기본 인스턴스**Primary instance는 RDS 엔진 유형에 관계없이 기본 생성된다.

- 기본 인스턴스는 **쓰기**와 **읽기** 모두 가능하다. **쓰기**는 **읽기**를 포함하므로 기본 인스턴스를 **쓰기(Writer) 노드**라고도 한다.

- 추가 노드 없이 기본 인스턴스만 생성하면 **단일 AZ**Single AZ**를 사용한다**고 한다.

- 모든 유형의 RDS는 **단일 AZ**에서 **다중 AZ**로 변경할 수 있다. 이 확장성 때문에 단일 AZ 인스턴스도 서브넷 그룹을 사용한다.

- Aurora의 다중 AZ는 쓰기와 읽기가 가능한 기본 인스턴스 1개와 여러 **리더**Reader로 구성된다. 복제본 리더는 추가하거나 삭제할 수 있다.

- Aurora 이외의 다중 AZ는 쓰기와 읽기가 가능한 기본 인스턴스 1개와 **동기식 예비 복제본**Standby replica 인스턴스 1개로 구성된다. 이 예비 복제본은 ENI가 있으나 접근이 불가능하며, 기본 인스턴스에 서비스 장애가 발생할 때만 기본 인스턴스로 승격돼 접근 가능한 상태로 변한다.

8.2.6. Aurora RDS의 다중 AZ

Aurora가 단일 AZ 상태에서 다중 AZ로 변하는 과정을 그림 8-31과 그림 8-32에서 살펴보자.

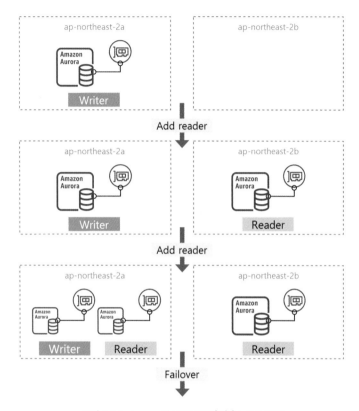

그림 8-31 Aurora의 변화 과정(1/2) : 읽기 추가

① 단일 인스턴스 상태의 Aurora에 **읽기** 노드를 추가한다.

② 서브넷 그룹의 다른 멤버 서브넷(ap-northeast-2b)에 **읽기** 노드가 생성된다.

③ 기존 AZ(ap-northeast-2a)를 선택해 **읽기**를 추가할 수도 있다.

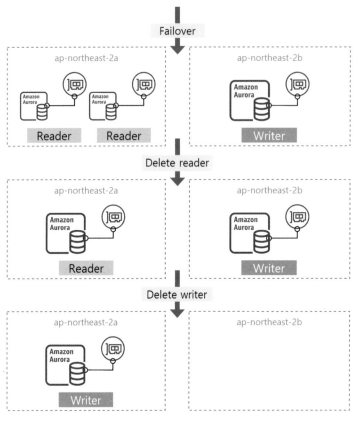

그림 8-32 Aurora의 변화 과정(2/2) : 장애 조치와 인스턴스 삭제

④ **장애 조치**를 하면 기본 인스턴스(**쓰기**)는 **읽기** 노드로 변경되고 다른 AZ(ap-northeast-2b)의 인스턴스가 기본 인스턴스(**쓰기**)로 변경된다.

⑤ ap-northeast-2a의 **읽기** 노드를 삭제해도 클러스터에 변화가 없다.

⑥ ap-northeast-2b의 기본 인스턴스를 삭제하면 **읽기** 노드가 기본 인스턴스로 변경된다.

8.2.7. Aurora 이외 RDS의 다중 AZ

이번에는 Aurora 이외의 엔진 유형이 단일 AZ에서 다중 AZ 상태로 변하는 과정을 그림 8-33에서 살펴보자.

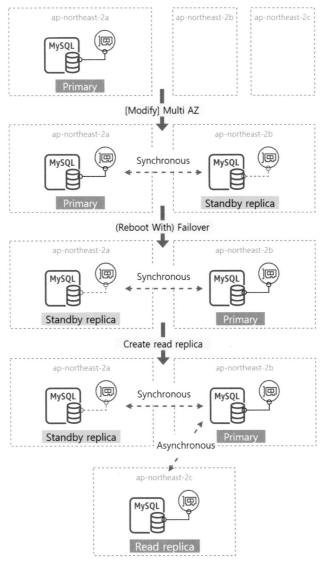

그림 8-33 MySQL 인스턴스의 변화 과정

① MySQL 단일 인스턴스를 생성한다. 서브넷 그룹은 3개 가용 영역으로 구성돼 있다.

② 인스턴스를 수정해 **다중 AZ(Multi-AZ)** 옵션으로 변경한다. 이 옵션은 가용 영역을 선택할 수 없으므로, **예비 복제본(Standby replica)**은 ap-northeast-2b 나 ap-northeast-2c 중 한 곳에서 생성된다.

③ 이때 **예비 복제본**은 기본 인스턴스와 **동기식(Synchronous)**으로 데이터를 복제해 뒀다가 장애 발생 시 기본 인스턴스로 승격된다. **예비 복제본**의 ENI는 이 시점부터 접근할 수 있어, Aurora가 장애와 무관하게 읽기 엔드포인트로 **읽기** 노드에 접근할 수 있는 것과는 대조된다.

④ 그러나 이 부분은 **읽기 복제본 추가**로 해결할 수 있다. `ap-northeast-2c`에 **읽기 복제본**을 추가하면 기본 인스턴스와 데이터가 **비동기식(Asynchronous)**으로 복제돼 읽기 전용으로 접근할 수 있다.

8장에서는 컴퓨팅 서비스를 활용해 봤다. 주요 내용은 다음과 같다.

- 인스턴스 생성 시 퍼블릭 IP를 할당받으면 인스턴스가 삭제될 때까지 잠재적 퍼블릭 IP 상태를 유지한다. ENI와 탄력적 IP 연결 상태에 따라 퍼블릭 IP가 반환되거나 새로 생성돼 할당된다.

- RDS는 서브넷 그룹으로 가용성을 높인다. 다중 AZ를 이용해 여러 가용 영역에 쓰기와 읽기 노드를 중복 배치한다.

- RDS 서브넷 그룹을 변경하려면 변경 대상 서브넷 그룹에 기존 가용 영역의 서브넷이 생성돼 있어야 한다. 서브넷 그룹 변경은 VPC를 변경하는 것이다.

PART 4

연결

4부에서는 VPC 네트워킹의 핵심 영역인 연결 제어와 연결 서비스를 학습한다.

우리는 2부에서 네트워크 공간을 마련하고, 그 공간에서 활약할 컴퓨팅 서비스를 3부에서 생성했다. 마지막으로 공간과 공간 사이를 연결하고(11, 12장), 적절히 제어(9장, 10장)하면 컴퓨팅 서비스가 통신할 수 있다. 9장과 10장에서는 연결 제어를 학습하고, 11장과 12장에서는 연결 서비스를 학습한다.

09

연결 제어 I : VPC 통제 3요소

9장에서는 연결 제어의 첫 번째 주제인 VPC 통제 3요소를 설명한다. 이쯤에서 VPC 네트워킹의 개념(6.1.1)을 다시 짚어보자.

AWS 서비스가 **네트워크 인터페이스**를 사용하면서 **보안 그룹, 네트워크 ACL, 라우팅 테이블**의 통제 영역에 있으면 **VPC 네트워킹을 사용한다**고 말한다. 그리고 **네트워크 인터페이스**의 존재만으로, VPC 네트워킹 사용을 확신할 수 있다.

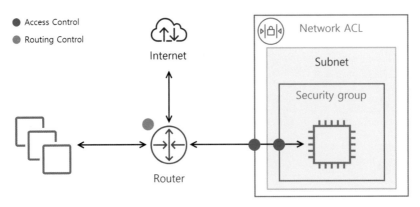

● Access Control
● Routing Control

Internet

Router

Network ACL

Subnet

Security group

그림 9-1 접근 제어와 경로 제어

여기서 말하는 3가지 통제(보안 그룹, 네트워크 ACL, 라우팅 테이블)가 VPC 통제 3요소로서 네트워크 인터페이스를 보호(접근 제어)하고 트래픽의 방향을 안내(경로 제어)한다.

그림 9-1의 보안 그룹과 네트워크 ACL이 접근 제어를 하고 라우팅 테이블은 경로를 제어하는 역할을 한다.

9.1. 접근 제어 : 보안 그룹과 네트워크 ACL

접근 제어^{Access Control}는 컴퓨팅 서비스를 보호하는 안전 장치다. 쉽게 말해 필요한 트래픽만 허용하고 불필요하면 차단한다.

일반적으로 온프레미스 환경은 방화벽으로 접근을 제어한다. 인터넷 접점에서 외부 공격을 차단하는가 하면 서버망 전단에서 서버들을 보호하는 등 다양한 위치에서 트래픽을 허용하거나 차단하고 있다.

VPC에서는 보안 그룹과 네트워크 ACL이 방화벽 역할을 한다.

9.1절에서는 보안 그룹과 네트워크 ACL의 각 특징과 차이점을 살펴보고 효율적이고 안전한 접근 제어 방법을 터득한다.

9.1.1. 접근 제어 방식 비교(1) : Whitelist vs. Blacklist

방화벽의 접근 제어 방식은 크게 2가지다.

① **화이트 리스트**^{Whitelist} 방식
② **블랙 리스트**^{Blacklist} 방식

화이트 리스트 방식은 모든 트래픽을 기본 차단한 상태에서 접속이 필요한(화이트) 트래픽만 선별적으로 허용한다.

반면 **블랙 리스트 방식**은 모든 트래픽을 허용해 놓고 거부할(블랙) 트래픽만 선별해 차단하는 방식이다. 그림 9-2는 이 2가지 제어 방식을 나타낸다.

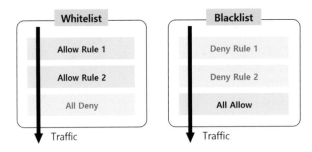

그림 9-2 화이트 리스트 vs. 블랙 리스트

화이트 리스트 정책에는 2개의 **허용** 규칙(화이트 리스트)과 **모두 거부** 규칙을 적용했다. 허용 규칙과 관련된 트래픽이 들어오면 통과시키고, 그 이외의 트래픽은 차단한다. 따라서 허용 규칙이 전혀 없다면 모든 트래픽은 차단될 것이다.

블랙 리스트 정책에는 2개의 **거부** 규칙(블랙 리스트)과 **모두 허용** 규칙을 적용했다. 거부 규칙과 관련된 트래픽이 들어오면 차단시키고, 그 이외의 트래픽은 허용한다. 따라서 거부 규칙이 전혀 없다면 모든 트래픽은 허용될 것이다.

그러나 현실적으로 허용과 차단 둘 다 필요하므로, 그림 9-3처럼 2개 방식을 결합한 형태로 사용한다.

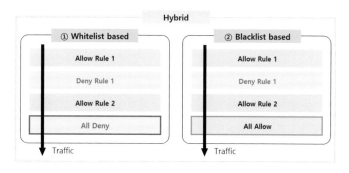

그림 9-3 하이브리드 방식 접근 제어

그림 9-3은 화이트 리스트 방식과 블랙 리스트 방식을 결합한 2가지 접근 제어를 나타낸다.

① **화이트 리스트 기반**Whitelist based **결합 방식**은 모두 거부 규칙을 최하단에 놓고 상단에 허용과 거부 규칙을 혼합 배치한다.

② **블랙 리스트 기반**Blacklist based **결합 방식**은 모두 허용 규칙을 최하단에 놓고 상단에 허용과 거부 규칙을 혼합 배치한다.

화이트 리스트 기반 결합 방식에서 거부 규칙(Deny Rule 1)이 없으면 완전한 화이트 리스트 방식이므로 화이트 리스트 방식은 화이트 리스트 기반 결합 방식의 일종이다. 블랙 리스트 방식도 마찬가지다.

따라서 하이브리드 여부와 무관하게 최하단에 **모두 거부** 규칙이 있으면 화이트 리스트 기반 결합 방식이고 **모두 허용** 규칙이 있으면 블랙 리스트 기반 결합 방식이라고 한다. 혼동을 방지하고자 지금부터는 다음 4개 용어를 사용한다.

- **화이트 리스트**, 화이트 기반 결합
- **블랙 리스트**, 블랙 기반 결합

모든 트래픽을 기본 허용하는 2가지 블랙 방식은 관리자가 차단 대상을 모두 알고 있어야 하므로 관리가 까다로워 단독 사용이 어렵다. 따라서 화이트 리스트 방식과 이중 보안 체계를 구성하는 게 좋다. 단일로 사용하려면 블랙 리스트 방식이 아닌 화이트 리스트나 화이트 기반 결합 방식을 사용해야 한다.

화이트 리스트나 블랙 리스트 각 방식은 최하단 규칙을 제외한 모든 트래픽을 허용 또는 차단하므로, 규칙 적용 순서가 중요하지 않다는 공통점이 있다. 다시 말해 그림 9-2에 보이는 1번과 2번 규칙의 순서가 뒤바뀌어도 접근 제어 결과는 같다. 그러나 결합 방식은 룰 적용 순서에 따라 허용 가능한 트래픽 범위가 달라진다.

그림 9-4는 화이트 기반 결합의 2가지 정책을 보여주고 있다. 왼쪽처럼 허용 규칙을 먼저 적용하면 160.83.25.60 의 접근을 차단하지 못한다. 반면 오른쪽처럼 차단 규칙을 먼저 적용하면 160.83.25.60 은 차단되고 나머지 IP만 접근할 수 있다.

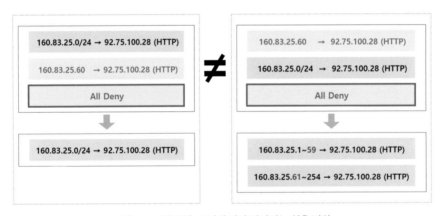

그림 9-4 규칙 적용 순서에 따라 달라지는 허용 범위

이처럼 결합 방식은 규칙 적용 순서가 중요하므로 규칙마다 **규칙 번호**Rule Number가 있으며 트래픽이 들어오면 낮은 번호부터 순차 적용된다. 온프레미스 방화벽은 규칙 번호를 **시퀀스** SEQ로 표현하기도 한다.

AWS에서는 **보안 그룹**Security Group, SG이 화이트 리스트 방식을 사용하고 **네트워크 ACL**Network Access Control List, NACL이 결합 방식을 사용한다. 그러므로 규칙 순서가 중요한 NACL은 규칙 번호를 사용하고 규칙 순서가 무의미한 SG는 규칙 번호를 사용하지 않는다.

9.1.2. [SG] 표면적 특징과 다중 연결성(1:N, N:1)

SG는 VPC의 보안 통제 3요소 중 하나로 ENI로 들어오거나 나가는 트래픽 접근을 제어한다.

SG는 표 3-1, **ENI 유형 비교(2)**(7.2.5), 그리고 **SG와 서브넷에 의존하는 ENI**(7.2.6)에서 설명한 바 있다. 앞서 설명한 SG 특징을 다음과 같이 정리한다.

보안 그룹(SG)의 특징

- SG의 패런트는 VPC이다.
- SG의 연결 대상은 ENI이며, 수명 주기 동안 다른 ENI에 연결할 수 있다. 또 어떤 ENI에도 연결하지 않은 상태로 존재할 수 있다.
- 반대로 컴퓨팅 ENI는 수명 주기 동안 반드시 SG와 연결돼 있어야 한다. 다시 말해 컴퓨팅 서비스 생성 시점에 SG를 지정해야 한다.
- SG는 두 가지 다중 연결 특징이 있다(표 3-1).
  ① 1:N 연결성 : 1개 SG를 여러 ENI에 연결할 수 있다. 역할마다 SG를 구분 생성하고 서비스 역할에 따라 관련 SG를 연결하면 유용하다.
  ② N:1 연결성 : 여러 SG를 1개 ENI에 연결할 수 있다. 서비스 하나에 여러 역할이 필요할 때 유용하다.
- 기본 VPC를 포함한 모든 VPC가 생성될 때 **기본 SG**도 함께 생성된다. 따라서 기본 SG와 VPC 개수는 같다.

그림 9-5는 SG의 두 가지 연결 특징을 표현하고 있다.

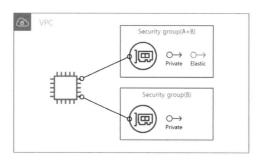

그림 9-5 SG의 다중 연결성

SG(B) 가 기본 ENI와 추가 ENI에 각각 독립적으로 연결된 것은 SG와 ENI의 관계가 1:N 임을 나타낸다. 또 SG(A) 와 SG(B) 가 1개 ENI에 연결된 것으로 SG와 ENI의 관계가 N:1

인 것을 알 수 있다. SG의 패런트는 VPC이므로, VPC 내의 모든 SG는 이 관계가 성립한다.

그럼 하나의 ENI에 여러 SG가 연결된 SG(A+B) 는 어떤 방식으로 접근 제어를 할까? SG는 화이트 리스트 방화벽이므로 규칙 간 순서가 중요하지 않다고 한 바 있다. 따라서 SG(A) 의 규칙과 SG(B) 의 규칙 순서도 중요하지 않다. ENI에 SG(A) 나 SG(B) 중 어떤 것을 먼저 연결해도 접근 제어 결과는 같다. 다시 말해 SG(A+B) 는 SG(A) 의 허용 규칙과 SG(B) 의 허용 규칙을 순서 없이 적용한다.

9.1.3. [SG] 규칙의 형태

온프레미스 방화벽의 규칙은 대개 그림 9-6의 형태를 띤다.

Allow/Deny	Source	Destination	Protocol	Port Range
Allow	160.83.25.60	92.75.100.28	TCP	80
Allow	92.75.100.28	160.83.25.60	TCP	22

그림 9-6 방화벽 규칙 예시

출발지 IP와 목적지 IP, 프로토콜 유형과 포트 번호를 저장해 두고 유입 트래픽이 각 규칙과 일치하거나 겹치는 부분이 있으면 허용하거나 차단한다. 단, 4개 속성 모두 겹쳐야 한다.

SG의 연결 대상은 ENI다. SG를 ENI에 연결한다는 것은 ENI에서 나가거나 들어오는 트래픽을 SG로 통제한다는 뜻이다. 그러므로 트래픽이 ENI로 들어올 땐 SG 규칙에 목적지가 필요없고, ENI에서 나갈 땐 출발지가 필요없다. 출발지와 목적지 모두 ENI의 IP이기 때문이다.

그림 9-7은 92.75.100.28 인스턴스에 연결된 SG 규칙이다. SG는 그림 9-7처럼 인바운드와 아웃바운드 규칙을 개별 관리한다. 인바운드 규칙에는 대상(목적지)이 인스턴스 자신이므로 대상을 지정할 필요가 없고, 반대로 아웃바운드 규칙에는 소스(출발지)가 인스턴스이므로 소스를 지정할 필요가 없다. 쉽게 말해 통신 대상(160.83.25.60)만 소스나 대상에 입력하면 된다.

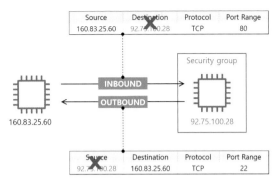

그림 9-7 접속 대상만 SG에 허용

일반적으로 온프레미스 환경의 방화벽은 인바운드와 아웃바운드 규칙을 별도로 관리하진 않지만 소스와 대상 모두 규칙 하나에 입력해(그림 9-6) 트래픽을 제어한다는 점에서 SG와 차이가 있다.

9.1.4. [SG] 소스/대상에 SG 허용

이처럼 SG는 인바운드와 아웃바운드 규칙을 별도로 둬, 서비스에 드나드는 모든 트래픽을 통제한다.

그림 9-8은 클라이언트가 서버로 접속하는 예시다.

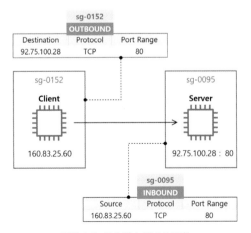

그림 9-8 인스턴스 간 SG 규칙

- 클라이언트(인스턴스)가 서버(인스턴스)에 접속하려면 클라이언트에 연결된 `sg-0152` 에 서버(`92.75.100.28`)를 대상으로 하는 아웃바운드 규칙을 저장해야 한다.

- 반면 서버는 클라이언트의 접속을 허용해야 하므로 `sg-0095` 에 클라이언트(`16 0.83.25.60`)를 소스로 하는 인바운드 규칙을 저장해야 한다.

서버에 접속할 클라이언트 수가 많아지면 접근 제어를 어떻게 해야 할까?

그림 9-9는 `sg-0152` 를 사용하는 3개의 클라이언트가 서버에 접속하는 모습이다. 서버가 이 클라이언트들의 접속을 허용하려면 SG에 3개의 인바운드 규칙을 저장해야 한다. 클라이언트 수가 더 많아지면 규칙 수도 함께 늘어난다.

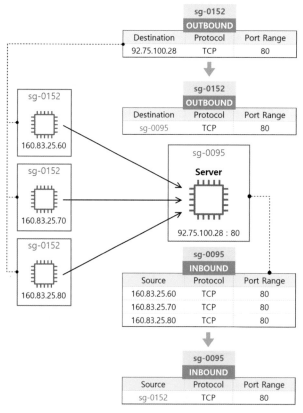

그림 9-9 소스와 대상에 SG 허용

AWS는 SG 규칙 관리 효율을 높이고자 소스와 대상에 SG를 지정할 수 있게 설계했다. 소스와 대상에 SG가 있으면 다음과 같이 해석한다.

- 아웃바운드 규칙 대상의 SG : 해당 SG를 사용하는 컴퓨팅 서비스로 접속 허용
- 인바운드 규칙 소스의 SG : 해당 SG를 사용하는 컴퓨팅 서비스의 접속 허용

`sg-0152` 아웃바운드 대상을 `sg-0095` 로 지정했으므로 `sg-0095` 를 사용하는 `92.75.100.28` 로 가는 트래픽을 허용한다. 또 `92.75.100.28` 은 `sg-0095` 의 인바운드 소스를 `sg-0152` 로 지정해 `sg-0152` 를 사용하는 3개 인스턴스를 허용하고 있다.

이처럼 SG의 소스와 대상에 SG를 지정하면 규칙 관리가 편리하며, 단순한 규칙만으로 다량의 IP를 허용할 수 있다. 그러나 문제는 SG를 사용하는 모든 서비스를 허용한다는 것이다. SG는 1:N 연결 성질이 있기 때문이다.

컴퓨팅 ENI는 반드시 SG를 연결해야 한다(7.2.5). 인스턴스는 생성 단계에서 ENI를 장착하므로 SG 역시 인스턴스 생성 시 함께 선택, 연결토록 설계돼 있다.

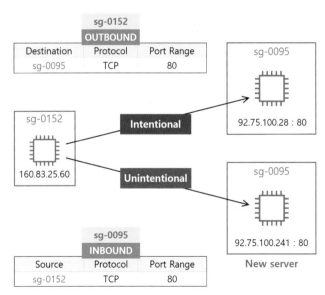

그림 9-10 의도하지 않은 접속 허용

그림 9-10의 `92.75.100.241` 인스턴스를 생성할 때 이전에 생성된 `sg-0095`를 연결했다고 가정하면 새로운 허용 규칙을 입력하지 않아도 의도치 않은 허용 경로가 생긴다. 따라서 불필요 SG는 인스턴스에서 반드시 해제해야 하며, 사용하지 않는 SG는 다른 ENI에 연결할 수 없도록 주기적으로 확인하고 삭제해야 한다.

그러나 SG의 소스나 대상에 SG가 지정된 것은 그 SG를 사용하는 AWS 컴퓨팅 서비스를 허용한다는 뜻이므로 접속 대상도 AWS 내부로 한정된다. 그러므로 IP가 저장된 규칙보다 SG가 저장된 규칙에 좀 더 안심할 수는 있다.

9.1.5. [NACL] 표면적 특징과 다중 연결성(1:N)

네트워크 ACL^{Network Access Control List, NACL}은 VPC의 보안 통제 3요소 중 하나로 서브넷을 통과하는 트래픽 접근을 제어한다.

NACL은 표 3-1, **기본 VPC란**(6.1.6), 그리고 **서브넷 생성 예제**(6.2.4)에서 설명한 바 있다. 지금까지 설명한 NACL의 특징을 다음과 같이 정리한다.

NOTE 🔑

네트워크 ACL(NACL)의 특징
- NACL의 패런트는 VPC이다.
- NACL의 연결 대상은 서브넷이며 수명 주기 동안 다른 서브넷에 연결할 수 있다. 또 어떤 서브넷에도 연결하지 않은 상태로 존재할 수 있다.
- 반대로 서브넷은 수명 주기 동안 반드시 NACL과 연결돼 있어야 한다. 서브넷은 단 하나의 NACL을 사용하지만 다른 NACL로 바꿔 사용할 수도 있다.
- 기본 VPC를 포함한 모든 VPC가 생성될 때 **기본 NACL**도 함께 생성된다. 따라서 기본 NACL과 VPC 개수는 같다.
- 서브넷 생성 단계에서 서브넷에 연결할 NACL을 지정할 수 없다. 서브넷을 생성하면 무조건 기본 NACL에 자동 연결된다.

이 특징을 그림 9-11에서 확인해보자.

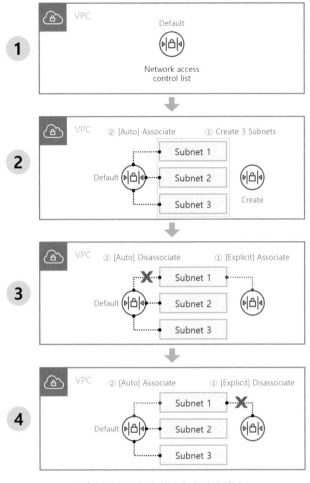

그림 9-11 NACL과 서브넷 간 연결 원리

① VPC 생성 시점에 **기본 NACL**도 함께 생성된다.

② 서브넷을 만들면 **기본 NACL**에 자동 연결된다. 예시는 사용자가 만든 서브넷이 NACL
에 자동 연결된 모습이다.

③ 새로운 NACL을 만들어 Subnet 1 에 연결하면 기존 연결은 자동으로 끊어진다. 서브넷
은 단 하나의 NACL만 연결할 수 있기 때문이다.

④ Subnet 1 에 연결된 NACL을 해제하면 기본 NACL과 자동으로 연결된다. 서브넷은 반

드시 하나의 NACL과 연결돼야 하기 때문이다. 이처럼 NACL 연결이 해제된 모든 서브넷은 **기본 NACL**과 다시 연결된다.

9.1.6. [NACL] 규칙의 형태

NACL 규칙의 형태는 SG와 유사하다. 그러나 NACL은 허용과 거부 규칙을 결합한 제어 방식을 쓰므로 차단 규칙도 적용할 수 있다.

그림 9-12는 NACL의 규칙 예시다. NACL은 SG에게는 없는 **규칙 번호**와 **허용/거부** 속성이 있다. 결합 방식을 사용하므로 **허용/거부** 규칙이 나눠져 있다. 또 규칙 적용 순서가 중요하므로 **규칙 번호** 순서에 따라 트래픽 접근을 제어한다.

인바운드 규칙 (2) 인바운드 규칙

인바운드 규칙 필터링 < 1 >

규칙 번호	유형	프로토콜	포트 범위	소스	허용/거부
100	HTTP(80)	TCP(6)	80	160.83.25.60/32	Allow
*	모든 트래픽	모두	모두	0.0.0.0/0	Deny

그림 9-12 NACL의 규칙

NACL 최하단에는 삭제 불가능한 **모두 차단** 규칙이 적용돼 있다. 따라서 NACL의 기본 형태는 화이트 기반 결합 방식이다.

그럼 NACL을 블랙 기반 결합 방식으로 사용하려면 어떻게 해야 할까? 블랙 방식은 최하단에 **모두 허용** 규칙이 있어야 한다. NACL은 규칙 번호 순서로 트래픽을 제어하므로 그림 9-13처럼 **모두 거부** 규칙 상단에 **모두 허용** 규칙(**200번**)을 적용하면 **모두 거부** 규칙은 무용지물이 되고 블랙 기반 결합 방식으로 활용할 수 있다.

규칙 번호	유형	프로토콜	포트 범위	소스	허용/거부
100	HTTP(80)	TCP(6)	80	160.83.25.60/32	Deny
200	모든 트래픽	모두	모두	0.0.0.0/0	Allow
*	모든 트래픽	모두	모두	0.0.0.0/0	Deny

그림 9-13 NACL 블랙 기반 결합 방식

그림 9-13의 NACL 규칙 적용 순서는 `100` → `200` → `*(모두 거부)` 순이다. 여기서 `200` 번 규칙은 최하단 **모두 거부** 규칙을 무력화하고, 100번에서 차단한 트래픽 외 모든 트래픽을 허용한다.

9.1.7. 접근 제어 방식 비교(2) : Stateful vs. Stateless

TCP 통신은 **3-way handshake** 방식으로 논리적 세션을 형성하고, 클라이언트와 서버 사이 데이터를 주고 받는다. 이때 4가지 통신 요소가 필요한데, 그림 9-14는 이 4개 요소(클라이언트 IP와 PORT, 서버 IP와 PORT)를 나타낸다.

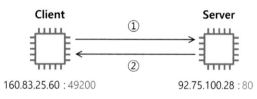

그림 9-14 TCP 세션 형성

① 클라이언트(`160.83.25.60`)는 접속할 포트(`49200`)를 운영체제에게 할당받고 서버(`92.75.100.28`)의 포트(`80`)로 접속한다.

② 서버는 클라이언트가 접속한 포트(`80`)로 클라이언트 포트(`49200`)에 접속해 세션을 형성하고 데이터를 주고 받는다.

이로써 서버 입장에서 SG에 허용할 규칙은 그림 9-15로 요약할 수 있다.

INBOUND			OUTBOUND		
Source	Protocol	Port Range	Destination	Protocol	Port Range
160.83.25.60	TCP	80	160.83.25.60	TCP	49200

그림 9-15 양방향 패킷 허용 규칙

여기서 클라이언트가 운영체제에게 할당받는 `49200` 포트를 **동적 포트**^{Dynamic Port} 또는 **휘발성 포트**^{Ephemeral Port}라 한다. 클라이언트가 접속을 요청할 때마다 동적 포트 번호는 일정 범위 내에서 변한다. 운영체제 종류마다 이 기본 범위가 정해져 있으며, 그 범위를 변경할 수도 있다.

그림 9-16은 윈도우에 기본 설정된 TCP 동적 포트 범위를 나타낸다. 49152부터 16384개를 사용할 수 있으므로 49152~65535 범위 중 하나를 클라이언트에게 할당할 것이다.

```
C:\Users\Administrator>netsh int ipv4 show dynamicport tcp

Protocol tcp Dynamic Port Range
---------------------------------
Start Port      : 49152
Number of Ports : 16384
```

그림 9-16 Windows 동적 포트 확인 방법

그러나 SG는 최초 접속 규칙만 입력해도 통신할 수 있도록 설계돼 있다. 다시 말해 그림 9-15의 2개 규칙 중 인바운드만 있어도 된다. 클라이언트가 SG를 통과해 서버에 접속하는 과정을 그림 9-17에서 확인해보자.

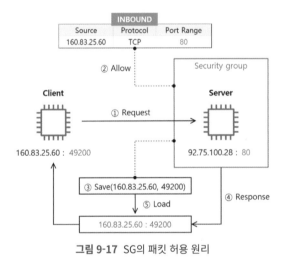

그림 9-17 SG의 패킷 허용 원리

① 클라이언트가 서버에 데이터를 요청한다.

② 서버에 연결된 SG가 요청 트래픽을 확인해 허용 여부를 결정한다.

③ 접속을 요청한 클라이언트의 IP와 포트를 저장한다.

④ 서버는 다시 클라이언트에 응답을 준다.

⑤ 이때 SG는 ③에서 저장한 IP와 포트로 접속을 허용한다.

이처럼 클라이언트의 IP와 포트를 저장하는 기법을 **상태 저장**^{Stateful} 방식이라고 하며 그 반대의 경우를 **상태 비저장**^{Stateless} 방식이라고 한다.

SG는 상태 저장 방식을 사용하고 NACL은 상태 비저장 방식을 사용한다.

그림 9-18은 상태 비저장 방식을 사용하는 NACL의 패킷 허용 원리를 나타낸다. NACL은 클라이언트 정보를 저장하지 않으므로, 서버의 응답이 향하는 목적지(160.83.25.60)와 포트(49200)를 아웃바운드 규칙에 허용해 줘야 한다.

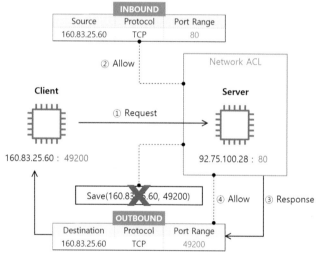

그림 9-18 상태 비저장 방식 접근 제어

그림 9-12를 다시 살펴보자. NACL에 인바운드 규칙만 저장돼 있으므로 통신이 불가능할 것이다. 그럼 아웃바운드 규칙에는 어떤 포트를 허용해야 할까? 앞서 설명한 운영체제의 동적 포트를 그림 9-19와 같이 적용해야 한다.

그림 9-19 필수 적용할 NACL 아웃바운드 허용 규칙

하지만 그림 9-19는 특정 윈도우 버전에 한정된 규칙이다. 또 운영체제 종류마다 동적 포트 범위가 다르다. 서버는 자신에게 접속하는 클라이언트의 운영체제 종류를 모두 알 수 없으므로, 포트 범위를 제한하는 방법으로는 원활한 서비스 제공이 어렵다. 그러므로 모든 포트 허용을 권장한다.

이처럼 NACL을 화이트 방식으로 사용하면 다음과 같은 문제가 발생한다.

- 인바운드 규칙에 허용된 IP를 아웃바운드 규칙에도 적용해야 한다(그림 9-19).

- 이때 클라이언트의 동적 포트를 허용해야 한다.

- SG에 신규 허용 규칙을 등록할 때마다 NACL도 함께 등록해야 한다. 다시 말해 NACL 은 서브넷에 속한 모든 서비스의 접근 제어에 관여해야 한다.

이 문제를 해결하는 접근 제어 방법을 다음의 NOTE에서 정리한다. 그림 9-20을 함께 참조한다.

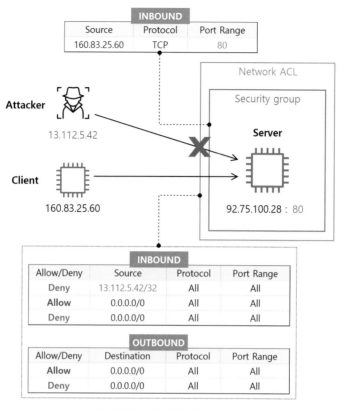

INBOUND		
Source	Protocol	Port Range
160.83.25.60	TCP	80

Network ACL

Security group

Attacker

13.112.5.42

Client

Server

160.83.25.60

92.75.100.28 : 80

INBOUND			
Allow/Deny	Source	Protocol	Port Range
Deny	13.112.5.42/32	All	All
Allow	0.0.0.0/0	All	All
Deny	0.0.0.0/0	All	All

OUTBOUND			
Allow/Deny	Destination	Protocol	Port Range
Allow	0.0.0.0/0	All	All
Deny	0.0.0.0/0	All	All

그림 9-20 효율적 접근 제어 사례

- 개별 인스턴스의 접근 제어는 SG로 관리하고 서브넷 접근은 NACL로 관리한다.
- 이때 NACL은 **블랙 기반 결합** 방식을 사용한다. NACL 최하단에 **모두 허용** 규칙을 적용한 후 블랙 방식 NACL로 변경하고, 서브넷에 속한 인스턴스가 공통으로 차단할 트래픽(13.112.5.42)만 NACL에 적용한다.
- NACL을 **화이트 기반 결합**으로 꾸며 보안 수준을 보다 향상시킬 수도 있다. 단, 클라이언트에게 응답하는 규칙은 모든 포트를 지정해야 한다.
- 화이트 기반 결합 방식은 그림 9-20의 NACL을 그림 9-21로 대체하면 된다.

INBOUND			
Allow/Deny	Source	Protocol	Port Range
Deny	13.112.5.42/32	All	All
Allow	160.83.25.60/32	TCP	80
Deny	0.0.0.0/0	All	All

OUTBOUND			
Allow/Deny	Destination	Protocol	Port Range
Allow	160.83.25.60/32	TCP	All
Deny	0.0.0.0/0	All	All

그림 9-21 NACL 화이트 기반 결합

9.1.8. SG vs. NACL 비교

SG와 NACL의 패런트는 VPC이며 인바운드와 아웃바운드 규칙을 개별 관리한다는 공통점이 있다. 그 외 다른 특징을 표 9-1에서 비교해보자.

표 9-1 SG와 NACL 비교

특징 \ 접근 제어		보안 그룹 (SG)	네트워크 ACL (NACL)
연결(통제) 대상		네트워크 인터페이스(ENI)	서브넷
다중 연결성		1:N, N:1	1:N
접근 제어 방식		화이트 리스트	블랙 기반 결합 또는 화이트 기반 결합
	허용/거부	허용	허용 또는 거부
	규칙 번호	X (없음)	O (있음)
상태 저장		저장(Stateful)	비저장(Stateless)
소스/대상 허용		SG 허용 가능	NACL 허용 불가

9.1.9. SG와 NACL 바르게 사용하기

클라우드는 온프레미스와 달리 외부에 노출돼 있으며, 기업에 따라 차이는 있겠지만 별도 결재나 허가 없이도 쉽게 설정 변경을 할 수 있다. 그러므로 관리자의 보안 의식 수준이 매우 중요하다. 특히 VPC 통제 3요소의 관리 수준은 VPC 보안을 좌우한다.

학습 내용을 기초로 SG와 NACL 보안 유의점을 다음과 같이 정리한다.

보안 그룹(Security Group, SG) 관리 유의점

- SG의 다중 연결성(1:N, N:1)은 VPC 네트워킹 구축과 관리 효율을 높여준다. 그러나 이 특징은 방화벽 정책 복제와 같은 맥락이므로, 반드시 필요한 서비스에만 연결해야 한다.
- 서비스 생성 시점에 서비스와 무관한 SG를 연결할 수 있으므로, 과거에 생성한 미사용 SG는 주기적으로 확인, 삭제해야 한다. ENI가 사용하지 않는 모든 SG가 삭제 대상이다. API를 활용해 미사용 SG를 빠르게 추출할 수 있다.
- 서비스에 불필요하게 연결된 SG를 점검한다. SG가 2개 이상 연결된 서비스는 부주의로 연결됐을 가능성이 크므로 더 세밀히 확인한다.
- 1:N 다중 연결성은 반드시 필요할 때만 활용한다. 서비스마다 허용할 소스와 대상이 다른 데도 운영 편의성만 고려해 소수의 SG에 서비스의 허용 규칙을 다량 적용하면 안 된다. 다시 말해 허용 규칙에 지정된 소스와 대상이 서비스와 일부라도 무관하면 반드시 새로운 SG를 만들어 연결해야 한다.
- 소스와 대상이 SG로 지정되지 않은 규칙을 점검한다. 특히 접속 대상이 퍼블릭 CIDR이면 허용 범위의 적절성과 사용 목적을 확인해야 한다.
- 소스와 대상에 SG를 지정한 규칙은 접속 대상 서비스 규모와 범위가 적절한지 확인한다.
- SG는 **상태 저장 방식(Stateful)**이므로 응답 패킷용 허용 규칙은 불필요하다.
- 특히 아웃바운드에 **모두 허용** 규칙이나 과도한 IP를 허용하는 **모든 TCP, 모든 UDP** 규칙은 반드시 검사해서 불필요하면 삭제한다.

네트워크 ACL(Network ACL, NACL) 관리 유의점

- 서브넷 생성 시점에 자동 연결된 **기본 NACL**은 기존 등록된 규칙 때문에 불필요 트래픽을 허용할 수 있다. 따라서 서브넷 생성 직후 연결된 NACL의 규칙을 반드시 점검해야 한다.
- 서브넷마다 허용 또는 차단할 대상이 일부라도 다르면 반드시 새로운 NACL을 만들어 연결해야 한다.
- 서브넷의 접속 대상이 퍼블릭 CIDR이면 허용 범위의 적절성과 사용 목적을 확인해야 한다.

9.1.10. [실습] SG 생성 예제

모든 컴퓨팅 ENI 생성 단계에서는 SG를 지정, 연결하도록 설계돼 있다. 인스턴스가 생성될 때 ENI가 자동 연결되므로, SG도 반드시 지정해야 한다. 이 내용은 **인스턴스 생성 예제**(7.3.5)에서 확인했다.

이번 실습 목표는 다음과 같다.

- SG 2개(A, B)를 만든다. SG(A) 아웃바운드 대상은 SG(B)를 허용하고, SG(B) 인바운드 소스는 SG(A)를 허용한다. 이로써 SG(A)를 사용하는 인스턴스가 SG(B)를 사용하는 인스턴스에 접속할 수 있다.

- ENI에 SG 2개를 연결해 다중 연결성(N:1)을 확인한다.

실습 시작

① **서비스 › EC2 › 보안 그룹** 메뉴에서 **보안 그룹 생성** 버튼을 클릭한다.

② **보안 그룹 이름**, **설명**을 입력하고 **VPC**를 선택한다.

③ Web Server용이므로 아웃바운드에 저장된 규칙을 삭제하고, 인바운드에서 **규칙 추가** 버튼을 클릭한다.

그림 9-22 SG 기본(Default) 규칙 삭제

④ **유형**은 HTTP를 선택하고, **소스**는 160.83.25.60/32를 입력한다.

그림 9-23 신규 인바운드 규칙 입력

아래 **규칙 추가** 버튼을 클릭해 이전과 같은 방법으로 HTTP 유형과 175.100.203.22/32 소스를 입력한 규칙을 더 생성한다. 완료되면 하단 **보안 그룹 생성** 버튼을 클릭한다.

⑤ 생성한 SG를 클릭해 화면 하단에 **인바운드 규칙** 탭의 내용을 확인하고 SG ID(sg-0e84a04dda5d63c8d)를 복사한다.

인바운드 규칙 (2)   인바운드 규칙 편집

유형	프로토콜	포트 범위	소스	설명 - 선택 사항
HTTP	TCP	80	160.83.25.60/32	–
HTTP	TCP	80	175.100.203.22/32	–

그림 9-24 SG 인바운드 규칙 내용 확인

⑥ 상기 ①~⑤를 반복해 Web Client용 SG(sg-0aed3a94e8aca98ac)를 추가 생성한다. 인바운드 규칙은 비워두고 아웃바운드 규칙 대상을 Web Server용 SG(sg-0e84a04dda5d63c8d)로 지정한다.

아웃바운드 규칙 (1)   아웃바운드 규칙 편집

유형	프로토콜	포트 범위	대상	설명 - 선택 사항
HTTP	TCP	80	sg-0e84a04dda5d63c8d / Web Server	–

그림 9-25 아웃바운드 대상에 SG 지정

⑦ Web Server용 SG(sg-0e84a04dda5d63c8d)의 인바운드 규칙을 편집해 Web Client용 SG(sg-0aed3a94e8aca98ac)를 소스로 지정한 규칙을 추가한다.

인바운드 규칙 (3)   인바운드 규칙 편집

유형	프로토콜	포트 범위	소스	설명 - 선택 사항
HTTP	TCP	80	160.83.25.60/32	–
HTTP	TCP	80	175.100.203.22/32	–
HTTP	TCP	80	sg-0aed3a94e8aca98ac / Web Client	–

그림 9-26 인바운드 소스에 SG 지정

⑧ **ENI 생성 예제**(7.2.8)에서 만든 ENI를 확인한다.

서비스 › EC2 › 네트워크 인터페이스 메뉴에서 해당 ENI를 선택하고 화면 하단에 **네트워크 인터페이스 세부 정보**를 클릭한다.

그림 9-27 ENI 세부 정보 확인

ENI를 생성하면서 연결한 SG를 확인할 수 있다. 이번에 새로 만든 SG를 이 ENI에 추가 연결해본다.

⑨ ENI를 선택한 상태에서 **작업 › 보안 그룹 변경**을 클릭한다.

그림 9-28 SG 변경

⑩ **보안 그룹 선택**을 클릭해 Web Server용 SG를 선택하고, 우측 **보안 그룹 추가** 버튼을 클릭한다.

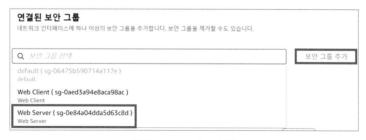

그림 9-29 SG 추가 연결

⑪ 연결 대상 SG 2개를 확인하고 하단 **저장**을 클릭한다.

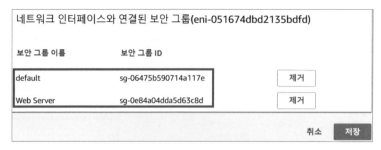

그림 9-30 연결 대상 SG 확인

⑫ ENI에 연결된 2개 SG를 확인할 수 있다.

그림 9-31 ENI 세부 정보 재확인

9.1.11. [실습] NACL 생성 예제

서브넷을 생성하면 사용자 의사와 무관하게 VPC의 **기본 NACL**과 연결된다. 이 내용은 **서브넷 생성 예제**(6.2.4)에서 확인했다(그림 6-33 참조).

이번 실습 목표는 다음과 같다.

● 새로운 NACL을 만들어 클라이언트가 서브넷에 접속할 수 있는 환경을 구현한다.

   – VPC가 생성하면서 만든 기본 NACL은 최하단에 **모두 허용** 규칙이 있지만 임의로 새롭게 생성한 NACL은 **모두 거부** 규칙만 저장돼 있다. 따라서 **모두 허용** 규칙을 적용하지 않으면 화이트 기반 결합 방식이다.

- 이 상태에서 클라이언트가 서브넷에 접속할 수 있도록 허용 규칙을 입력해본다.

- 기본 NACL과 연결을 해제하고 새로운 NACL에 연결한다.

  - **서브넷 생성 예제**(6.2.4)에서 만든 6개 서브넷 중 퍼블릭 서브넷 2개를 앞서 만든 NACL과 연결한다. 이로써 기본 NACL과 연결이 해제된 모습을 확인한다.

실습 시작

① **서브넷 생성 예제**(6.2.4)에서 만든 서브넷 6개를 확인한다. 모두 **기본 NACL**과 연결돼 있다.

메뉴 : 서비스 ＞ VPC ＞ 서브넷

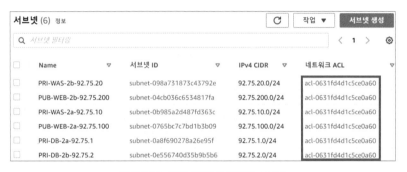

그림 9-32 기본 NACL과 연결된 서브넷

② 그림 9-32에 나타난 NACL 링크를 클릭해 인바운드 규칙을 확인한다.

그림 9-33 기본 NACL의 인바운드 규칙 확인

모두 허용 규칙이 저장돼 있으므로 블랙 기반 결합 방식이다. 아웃바운드 규칙도 이와 같다.

③ 우측 상단 **네트워크 ACL 생성** 버튼을 클릭한다. **이름**과 **VPC**를 입력한 뒤, 우측 하단의 네

트워크 ACL 생성 버튼을 클릭한다.

그림 9-34 새로운 NACL 생성

④ 신규 NACL과 기본 NACL을 비교해본다. 새로 만든 NACL은 연결된 서브넷이 없으며 기본 NACL이 아님을 보여준다.

그림 9-35 새로운 NACL과 기본 NACL 속성 비교

⑤ 새로 생성한 NACL은 **모두 거부** 규칙만 최하단에 저장돼 있어 화이트 기반 결합 방식이다. 아웃바운드 규칙도 이와 같다.

그림 9-36 임의 생성 NACL의 인바운드 규칙 확인

⑥ 인바운드와 아웃바운드 규칙을 편집해 클라이언트 접속을 허용한다. 우선 **인바운드 규칙 편집 〉 새 규칙 추가**를 클릭한다.

그림 9-37과 같이 입력한 뒤 우측 하단 **변경 사항 저장** 버튼을 클릭한다.

그림 9-37 인바운드 규칙 추가

⑦ 아웃바운드 규칙도 ⑥과 같은 방법으로 편집한다. **유형**값이 다르다는 점에 유의하자.

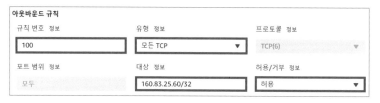

그림 9-38 아웃바운드 규칙 추가

⑧ 변경한 규칙을 확인한다.

그림 9-39 인바운드와 아웃바운드 규칙 변경 결과

⑨ 변경 완료한 NACL을 퍼블릭 서브넷에 연결해보자. **서브넷 연결 편집**을 클릭한다.

그림 9-40 NACL의 서브넷 연결 편집

⑩ NACL을 변경할 서브넷을 선택한 후 **변경 사항 저장** 버튼을 클릭한다.

그림 9-41 변경할 서브넷 선택

⑪ 2개의 퍼브릭 서브넷이 새로운 NACL에 연결됐다. 기본 NACL 연결은 해제돼 4개의 프라이빗 서브넷만 연결된 상태다.

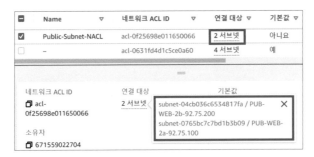

그림 9-42 NACL 연결 서브넷 확인

9.2. 경로 제어 : 라우팅 테이블

경로 제어 Routing Control는 트래픽이 가는 방향을 안내하는 이정표다. 따라서 트래픽 경로에 이정표가 없으면 트래픽은 소멸된다.

이처럼 지극히 수동적인 트래픽은 능동적으로 목적지로 향해 가는 것이 아니며 트래픽 경로에 존재하는 이정표가 끌어 준다고 표현하는 편이 맞다. 트래픽은 앞으로 나아갈 힘만 있을 뿐, 어디로 가야 할지는 이정표가 결정한다. 그러므로 이정표는 네트워킹의 성공과 실패를 좌우한다. 리더가 팀을 지휘하는 그 방향과 자질이 팀을 훌륭하게 이끄는 원동력인 것과 같다.

VPC 네트워킹의 이정표는 라우팅이다. 이 라우팅은 라우팅 테이블에 하나씩 쌓여 트래픽을 안내한다.

9.2.1. 라우팅이란?

부산으로 여행을 가던 중 갈림길에 섰다. 어느 방향으로 가야 할지 몰라 두리번 거리다 다행히 이정표를 발견했다(그림 9-43).

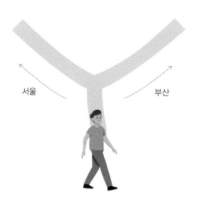

그림 9-43 이정표의 조건 : 방향과 목적지

여행자의 목적지는 부산이라 그 외엔 관심이 없다. 그러니 이정표에서 부산만 찾을 것이다. 이정표는 서울과 부산 두 곳을 안내하고 있고 부산 두 글자를 본 여행자는 안도하며 앞으로 가야 할 방향이 오른쪽임을 인지한다. 그리고 다시 여행길에 오른다.

이처럼 이정표에는 **최종 목적지**와 그 **방향**이 반드시 명기돼 있어야 한다. 갈림길에서 이정표를 찾을 수 없거나 내가 원하는 목적지가 이정표에 없으면 길을 잃고 헤맬 것이다.

트래픽의 이정표는 **라우팅**이다. 트래픽은 라우팅에 명기된 목적지와 방향을 보고 다음 장소로 이동한다. 그림 9-44는 PC(92.75.100.128)를 떠난 트래픽이 목적지(13.246.100.25)를 향해 가는 경로를 나타낸다.

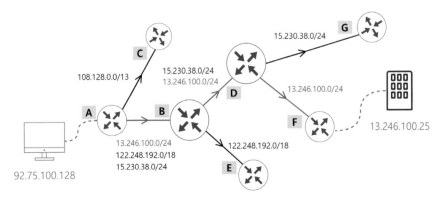

그림 9-44 트래픽의 라우팅 경로

첫 번째 갈림길(A)에서 라우팅을 확인한다. 다행히 13.246.100.25(목적지)를 포함하는 13.246.100.0/24(CIDR)이 있고, 방향은 B(오른쪽)다. 그 이후의 갈림길(B, D)에서도 같은 방법으로 길을 찾으면 빨강 화살표가 트래픽 진행 경로가 된다.

그림 9-44에서 보는 것처럼 라우팅도 목적지와 방향이 있다. AWS에서는 목적지를 **대상**Destination이라 하고 방향을 **타깃**Target 또는 **게이트웨이**Gateway라 한다. **Next Hop**으로 쓸 때도 있다. 대상과 타깃으로 구성된 이 라우팅은 **라우팅 테이블**Route table에 쌓여 트래픽에게 경로를 안내한다.

라우팅 용어 주의

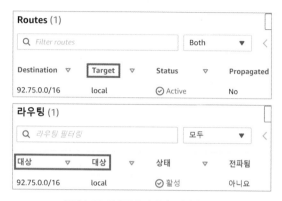

그림 9-45 라우팅 용어 주의 : 대상과 타깃

AWS 콘솔을 '한국어'로 사용하면 라우팅의 대상(Destination)과 타깃(Target) 모두 '대상'으로 번역해 표시한다(그림 9-45). AWS 한글 설명서에도 '대상'으로 번역돼 있으므로, 라우팅 테이블을 참고할 땐 영문 설명 본과 비교하길 바란다.

그림 9-46은 그림 9-44 경로상에 놓인 네트워크 장치의 라우팅 테이블을 나타낸다. A, B, D는 장치 3개 각각에 연결된 인터페이스이며 트래픽이 다음 구간으로 이동할 때 여는 문 (게이트웨이)이다.

A	
Destination	Target
13.246.100.0/24	B
122.248.192.0/18	B
15.230.38.0/24	B
108.128.0.0/13	C

B	
Destination	Target
15.230.38.0/24	D
13.246.100.0/24	D
122.248.192.0/18	E

D	
Destination	Target
13.246.100.0/24	F
15.230.38.0/24	G

그림 9-46 VPC 라우팅 테이블 형식

각 장치의 구간 초입(인터페이스)에 도달한 트래픽은 라우팅 대상을 하나씩 훑어본다. 대상이 자신의 목적지와 일치하거나 목적지를 포함하면 타깃이 안내하는 방향으로 이동한다.

첫 번째 장치(A)의 라우팅은 다음과 같이 안내한다.

대상(Destination)	타깃(Target)
목적지가 13.246.100.0/24 범위에 있으면	B로 이동하시오
목적지가 122.248.192.0/24 범위에 있으면	B로 이동하시오
목적지가 15.230.38.0/24 범위에 있으면	B로 이동하시오
목적지가 108.128.0.0/13 범위에 있으면	C로 이동하시오

최종 목적지는 `13.246.100.25/32`이므로 이것을 포함하는 `13.246.100.0/24`를 찾고 그 대상이 가리키는 `B 인터페이스`(타깃)로 이동한다. `B`에 도착한 트래픽은 다시 라우팅 테이블을 참조해서 움직인다. 테이블에서 자신의 목적지를 찾지 못하면 트래픽은 소멸되고 여행은 종료된다.

9.2.2. 반환 트래픽의 라우팅

위의 라우팅으로써 통신은 성공할까? PC가 보낸 트래픽이 목적지까지 도달하지만 통신은 실패한다. 이유는 무엇일까?

클라이언트가 서버로 TCP 통신을 요청한다고 가정하자. 이때 서버는 응답 패킷을 클라이언트로 반드시 회신해야 한다(9.1.7). 문제는 그림 9-46 라우팅 테이블이 클라이언트로 돌아오는 경로를 안내하진 않는다는 점이다. 돌아오는 이 트래픽을 **응답 트래픽**^{Response traffic} 또는 **반환 트래픽**^{Return traffic}이라 한다.

그림 9-47 빨간 선은 반환 트래픽의 경로다. 초록 표시(H, I, J, K)는 회신 방향에 연결된 라우팅 장치의 네트워크 인터페이스다.

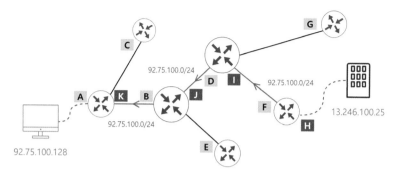

그림 9-47 반환 트래픽의 경로

반환 트래픽의 시작점은 H다. 92.75.100.128 로 가는 트래픽을 I로 보내고 I와 J에서도 동일하게 안내한다. 이를 반영한 라우팅 테이블은 그림 9-48과 같다.

A **K**

Destination	Target
13.246.100.0/24	B
122.248.192.0/18	B
15.230.38.0/24	B
108.128.0.0/13	C

B **J**

Destination	Target
15.230.38.0/24	D
13.246.100.0/24	D
122.248.192.0/18	E
92.75.100.0/24	K

D **I**

Destination	Target
13.246.100.0/24	F
15.230.38.0/24	G
92.75.100.0/24	J

F **H**

Destination	Target
92.75.100.0/24	I

그림 9-48 반환 라우팅을 적용한 라우팅 테이블

이 테이블에서 92.75.100.128 (PC)이 13.246.100.25 (서버) 접속에 필요한 라우팅만 모으면 그림 9-49와 같이 정리할 수 있다.

A **K**

Destination	Target
13.246.100.0/24	B

B **J**

Destination	Target
13.246.100.0/24	D
92.75.100.0/24	K

D **I**

Destination	Target
13.246.100.0/24	F
92.75.100.0/24	J

F **H**

Destination	Target
92.75.100.0/24	I

그림 9-49 필수 라우팅 모음

9.2.3. 서비스의 아지트 : On-link(로컬) 라우팅

PC가 네트워크(CIDR) 내부에서만 통신하려면 어떤 라우팅이 필요할까? 그림 9-50의 `92.75.100.128`과 `92.75.100.145`는 같은 CIDR(`92.75.100.0/24`)의 멤버이므로 특별한 라우팅 없이도 서로 접속할 수 있다.

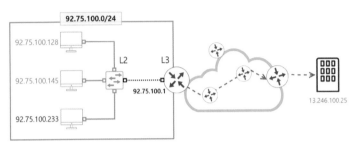

그림 9-50 CIDR 멤버간 통신

PC에 IP를 할당하는 과정부터 살펴보자. 사용자는 CIDR 범위 내 미사용 IP를 찾아 다음 예시처럼 입력할 것이다. 물론 DHCP 방식으로 할당받을 수도 있다.

- IP 주소 : `92.75.100.128`, 서브넷 마스크 : `255.255.255.0`

이와 같이 IP를 할당하면 `92.75.100.128`(PC)이 `92.75.100.0/24`(CIDR)의 정식 멤버가 된 의미로, 그림 9-51과 같은 라우팅을 PC에 자동 생성한다.

Destination	Target
92.75.100.0/24	On-link

그림 9-51 CIDR 라우팅

이 라우팅을 PC에서 확인해보자. 명령 프롬프트에서 **route print**를 입력하면 그림 9-52와 같은 모습을 볼 수 있다.

```
IPv4 경로 테이블
===========================================================================
활성 경로:
네트워크 대상         네트워크 마스크        게이트웨이      인터페이스     메트릭
    92.75.100.0      255.255.255.0          연결됨      92.75.100.128     266
    92.75.100.128    255.255.255.255        연결됨      92.75.100.128     266
    92.75.100.255    255.255.255.255        연결됨      92.75.100.128     266
IPv4 Route Table
===========================================================================
Active Routes:
Network Destination        Netmask          Gateway       Interface  Metric
    92.75.100.0      255.255.255.0         On-link      92.75.100.128    266
    92.75.100.128    255.255.255.255       On-link      92.75.100.128    266
    92.75.100.255    255.255.255.255       On-link      92.75.100.128    266
```

그림 9-52 PC의 CIDR 접속용 라우팅

명시적으로 라우팅을 등록하지 않아도 CIDR 멤버끼리 접속이 가능한 이유는, 라우팅이 불필요해서가 아니라 자동 등록된 CIDR 라우팅이 있기 때문이다. 다시 말해 윈도우 PC에 IP 주소와 서브넷 마스크를 입력하는 행위 자체가 라우팅을 등록하는 과정이라 할 수 있다.

그림 9-52는 PC의 라우팅 테이블을 한글(위)과 영어(아래)로 구분해 출력한 것이다. 빨강 표시된 라우팅을 직역해보자.

> 목적지가 92.75.100.0/24 범위에 있으면 On-link로 이동하시오.

여기서 On-link^{연결됨}란 PC에 연결된 인터페이스를 뜻한다. 즉, 빨강 박스 라우팅 오른쪽 끝에 보이는 92.75.100.128 인터페이스로 트래픽을 전달하라는 의미와 같다. 좀 더 쉽게 말하면 "내 구역(CIDR)은 내 선(인터페이스)에서 해결한다"는 뜻이다. 이로써 라우팅을 다음과 같이 바꿔 해석할 수 있다.

> 목적지가 92.75.100.0/24 범위에 있으면
> 내장된(연결된) 92.75.100.128 인터페이스로 트래픽을 전달하시오.

이처럼 라우팅이 가능한 모든 장치는 **On-link 라우팅**에 저장돼 있다. 따라서 그림 9-47은 그림 9-53으로 바꿔 표현할 수 있다.

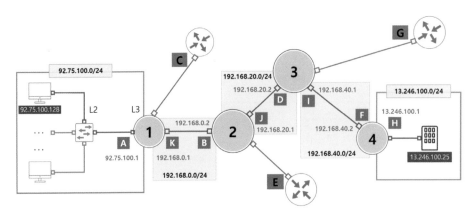

그림 9-53 라우팅 장치에 연결된 모든 인터페이스

그림 9-53에는 트래픽 경로의 라우팅 장치(1~4)와 그 장치에 연결된 모든 인터페이스를 표시했다. 이 인터페이스들이 트래픽의 방향이자 게이트웨이다. A, B, D, F는 가는 방향의 게이트웨이고 H, I, J, K는 돌아오는 방향의 게이트웨이다.

①~④번 각 장치에 연결된 인터페이스들도 IP가 할당돼 있다. 따라서 각 장치마다 On-link 라우팅이 등록돼 있을 것이다.

그림 9-54는 트래픽 경로상의 모든 라우팅 테이블이다. 테이블마다 요청 라우팅, 반환 라우팅, 그리고 On-link 라우팅까지 있으므로 완벽하다. 그럼 PC에서 트래픽을 다시 전송해보자.

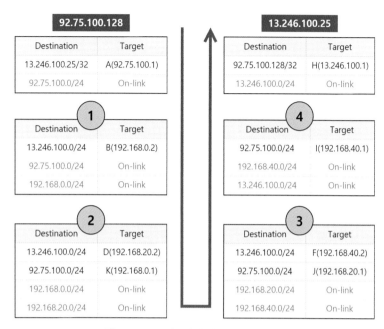

그림 9-54 모든 네트워킹 장치의 라우팅 테이블

① PC는 자신에게 연결된 92.75.100.128 인터페이스에서 13.246.100.25 (서버)로 트래픽을 전달한다.

② 트래픽은 PC의 라우팅 테이블을 확인한다. 13.246.100.25/32 가 라우팅 대상에 있으므로 92.75. 100.1 (A)로 안내한다.

③ 그럼 92.75.100.1 은 어디에 있을까? 라우팅 테이블을 다시 확인한다.

④ 92.75.100.1 을 포함하는 92.75.100.0/24 가 라우팅 대상에 있다. 게이트웨이는 On-link다. 즉, PC에 연결된(On-link) 인터페이스로 트래픽을 전송한다.

이처럼 **게이트웨이**를 열어 새로운 네트워크 구간으로 진입하는 모든 트래픽은 최소 두 번의 라우팅 확인 절차를 거친다.

박스 ①~④의 방법으로 서버까지 트래픽을 전송하고 반환 트래픽도 PC까지 다시 전달해 보자.

9.2.4. VPC의 라우팅

지금까지 온프레미스 환경으로써 라우팅 개념을 설명했다. 라우팅은 네트워킹의 핵심이므로 어느 영역보다 서론이 길었다.

지금부터는 AWS 서비스 중심으로 라우팅을 설명할 것이다. VPC의 모체는 온프레미스이므로 라우팅 기본 개념을 익히기에 손색없다. VPC 라우팅은 온프레미스보다 쉽고 간편하며 다음과 같은 특징이 있다.

VPC 라우팅의 특징
- 라우팅(Routing) 기본 개념은 온프레미스와 같다.
- VPC 라우팅은 **라우팅 테이블(Route table)**로 관리한다.
- **라우팅 테이블**은 서브넷 단위로 사용한다. 즉, 서브넷에 연결해 사용한다.
- 네트워크 경로상에 존재하는 장치는 확인할 수 없을 뿐더러 그 라우팅은 신경쓰지 않아도 된다.
- 인스턴스나 서비스 내부에 라우팅 설정을 하지 않는다. 서비스가 놓인 서브넷의 라우팅이 곧 서비스의 라우팅이다.
- VPC 환경의 **On-link**는 **Local**로 표기하며 **로컬 라우팅**이라 한다. 로컬 라우팅 대상은 VPC CIDR이다.

위 특징을 정리하면 표 9-2와 같다.

표 9-2 VPC와 온프레미스간 라우팅 비교

특징 \ 라우팅 환경	VPC	온프레미스
라우팅 관리	라우팅 테이블	
라우팅 테이블 연결(관리) 대상	서브넷	경로상의 모든 라우팅 장치
중간 경로 라우팅	설정 불필요	장치별 설정 필요
On-link 라우팅	로컬(Local) 라우팅	On-link 라우팅
On-link 단위	VPC	라우팅 장치에 연결된 인터페이스의 CIDR

이 내용으로써 온프레미스 환경을 VPC로 옮겨 구현해보자.

PC와 서버는 인스턴스로, 소규모 네트워크는 서브넷으로 대체한다. 접근 제어(SG, NACL)는 필요한 규칙만 허용된 것으로 가정하고 생략한다.

그림 9-55는 그림 9-53(온프레미스 환경)을 VPC로 변환한 토폴로지다.

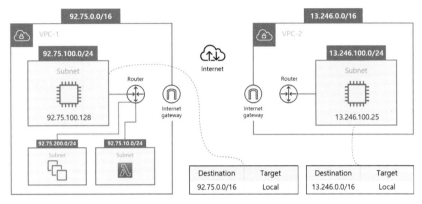

그림 9-55 VPC 환경 구성과 라우팅 테이블

- VPC 토폴로지에서 **Router**와 **라우팅 테이블**을 볼 수 있다. **Router**는 가상 라우팅 장치며 라우팅 테이블 설정이 반영된다.

- `92.75.100.0/24`와 `13.246.100.0/24` 서브넷 모두 라우팅 테이블이 연결돼 있다.

- **Local 라우팅** 대상은 VPC의 CIDR 블록이다. 따라서 `VPC-1`의 3개 서브넷은 Local 라우팅만으로 서로 접속할 수 있다.

9.2.5. 새로운 세상을 여는 문 : 게이트웨이(GW)

그림 9-53 토폴로지를 다시 살펴보자. A부터 K까지의 모든 인터페이스는 트래픽이 다음 네트워크로 이동할 때 두드리는 문이다. 이것을 게이트웨이라고 한다. AWS는 **타깃**Target 또는 **게이트웨이**Gateway라는 용어를 사용한다.

라우팅 타깃으로 설정할 수 있는 게이트웨이 12가지는 표 9-3과 같다. 라우팅을 편집할 때 표시되는 순서대로(그림 9-56) 나열했다.

그림 9-56 라우팅 편집 화면

표 9-3 VPC 게이트웨이의 종류

VPC 게이트웨이	비고
① 캐리어 게이트웨이(Carrier Gateway)	Wavelength Zone 연결용
② 코어 네트워크(Core Network)	글로벌 광역 네트워크 서비스용
③ 외부 전용 인터넷 게이트웨이 (Egress Only Internet Gateway)	IPv6 전용 인터넷 게이트웨이
④ 게이트웨이 로드밸런서 엔드포인트 (Gateway Load Balancer Endpoint)	10장(10.6), 12장(12.3)
⑤ 인스턴스(Instance)	9장(9.2.11)
⑥ 인터넷 게이트웨이(Internet Gateway)	9장(9.2.6)
⑦ 로컬(local)	9장(9.2.3)
⑧ NAT 게이트웨이(NAT Gateway)	9장(9.2.8)
⑨ 네트워크 인터페이스 (Network Interface)	9장(9.2.11)
⑩ Outpost 로컬 게이트웨이 (Outpost Local Gateway)	Outposts 연결용

VPC 게이트웨이	비고
⑪ 피어링 연결(Peering Connection)	11장(11.2)
⑫ Transit Gateway	11장(11.4)
⑬ 가상 프라이빗 게이트웨이 (Virtual Private Gateway)	11장(11.3)

라우팅은 네트워킹의 핵심이다. 따라서 이 책의 마지막까지 계속해서 언급된다. 9장에서는 ⑤~⑨를, 그 외 기타 게이트웨이는 분산 제어(10장)나 연결 서비스(11장, 12장)에서 설명한다. 로컬(⑦)은 On-link 라우팅에서 이미 학습했다.

코어 네트워크(②)와 IPv6(③), AWS 센터 내·외부에 별도 디바이스 설치가 필요한 Wavelength(①), 그리고 Outposts(⑩)는 이 책에서 다루지 않는다.

9.2.6. 인터넷 게이트웨이(IGW)와 NAT 테이블

인터넷 게이트웨이 Internet gateway, IGW는 VPC 내부 서비스가 인터넷으로 접속하게 해주는 리소스다. 쉽게 말해 IGW를 통과한 트래픽은 인터넷으로 전송된다.

IGW의 패런트는 리전이고 연결 대상은 VPC이므로(표 3-1), 수명 주기 동안 리전 내부의 모든 VPC에 1:1로 연결하고 해제할 수 있다(그림 3-21).

그림 9-57은 그림 9-55에 인터넷을 연동해 재구성한 토폴로지다. VPC 서비스가 인터넷에 접속하려면 다음 요건을 만족해야 한다. 그림 9-57을 보며 하나씩 확인한다.

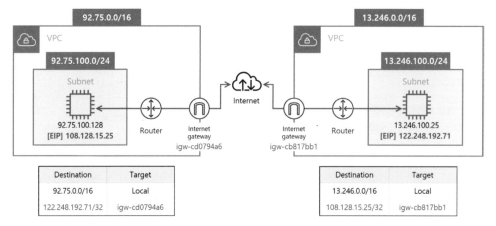

그림 9-57 VPC 인터넷 통신 요건

① VPC에 IGW를 연결해야 한다.

　→ 두 VPC에 `igw-cd0794a6`, `igw-cb817bb1`을 각각 연결했다.

② 서비스가 놓인 서브넷 라우팅에 IGW를 타깃으로 설정해야 한다.

　→ 각 서브넷 라우팅 테이블에 `igw-cd0794a6`과 `igw-cb817bb1`을 타깃으로 설정했다.

③ 서비스에 퍼블릭 IP 또는 탄력적 IP가 할당돼 있어야 한다.

　→ 2개 인스턴스에 각각 탄력적 IP(`108.128.15.25`, `122.248.192.71`)를 할당했다.

IGW를 이용한 `92.75.100.128`(인스턴스)의 트래픽 전달 원리를 그림 9-58에서 확인해보자.

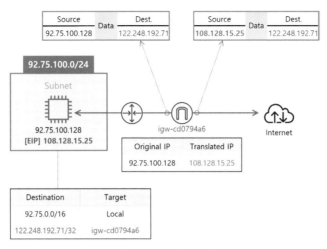

그림 9-58 IGW의 NAT 기능

컴퓨팅 서비스가 **퍼블릭 IP**나 **탄력적 IP**와 연결되면 IGW는 **NAT**^{Network Address Translation} 테이블에 서비스의 주소 매핑 정보를 저장한다. 예컨대 그림 9-58의 인스턴스에 연결된 ENI의 프라이빗 IP(92.75.100.128)와 퍼블릭 IP(108.125.15.25)의 매핑 정보를 보관해 뒀다가, 서비스가 인터넷 접속을 시도하면 프라이빗 IP를 퍼블릭 IP로 변환해 인터넷으로 보낸다. 따라서 NAT 테이블에 프라이빗 IP와 매핑되는 퍼블릭 IP(또는 탄력적 IP)가 없으면 트래픽을 보낼 수 없다.

그림 9-58에서 IGW가 작동하는 순서는 다음과 같다.

① 92.75.100.128 인스턴스가 108.128.15.25 (탄력적 IP)와 연결되면 IGW는 두 IP를 NAT 테이블에 저장(Original IP, Translated IP)한다.

② 92.75.100.128 인스턴스가 122.248.192.71 에게 트래픽을 전달한다.

③ IGW는 92.75.100.128 (소스 IP)을 NAT 테이블에서 찾아, 그 IP와 매핑된 108.128.15.25 로 변환해 트래픽을 전송한다.

9.2.7. 퍼블릭과 프라이빗 서브넷의 경계 : IGW

위 예시처럼 IGW를 활용하면 인터넷으로 아웃바운드 요청을 보내거나 인터넷에서 들어오는 인바운드 요청을 직접 수신할 수 있다. 이렇게 양방향 요청이 가능한 서브넷을 **퍼블릭 서브넷**^{Public subnet}이라 한다. 쉽게 말해 IGW가 연결된 서브넷은 퍼블릭 서브넷이다.

그림 9-59는 퍼블릭 서브넷(`92.75.100.0/24`)과 프라이빗 서브넷(`92.75.20.0/24`)의 예시다.

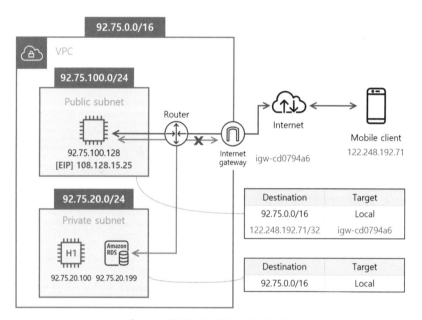

그림 9-59 퍼블릭 서브넷과 프라이빗 서브넷

동영상 스트리밍 서비스를 예로 들어보자. 휴대폰(`122.248.192.71`)으로 스트리밍 앱에 접속해 사용자 인증을 한 뒤, 보고 싶은 드라마를 선택하면 재생이 시작된다. 앱 UI 서버(`108.128.15.25`)는 인터넷 사용자의 요청(인바운드 트래픽)을 처리해야 하므로 퍼블릭 서브넷에 구축돼 있을 것이다.

그러나 영상 콘텐츠 서버(`92.75.20.100`)나 영상 목록, 사용자 정보가 담긴 데이터베이스(`92.75.20.199`)는 높은 보안 수준으로 관리해야 하고, 미인증 사용자가 직접 접근할 수 없어야 하므로 서브넷에 IGW를 연결하면 안 된다. 이런 용도의 서브넷을 **프라이빗 서브넷**

Private subnet이라 한다.

사용자는 프라이빗 서브넷에 직접 접근할 수 없지만, 퍼블릭 서브넷은 프라이빗 서브넷과 서로 통신할 수 있다. 따라서 사용자 인증 절차는 이 둘 사이에 수행하며 퍼블릭 서브넷은 인증 결과를 인터넷 사용자에게 회신한다.

9.2.8. NAT 게이트웨이

그럼 프라이빗 인스턴스가 인터넷에 접속하려면 어떻게 해야 할까? 그림 9-60은 프라이빗 인스턴스가 NAT 게이트웨이를 경유해 `122.248.192.71`(인터넷 서버)에 접속하는 토폴로지다.

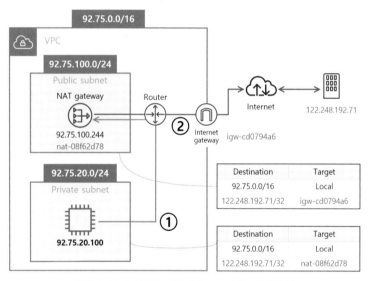

그림 9-60 프라이빗 서브넷의 NAT 게이트웨이 연동

먼저 다음과 같이 NAT 게이트웨이의 특징을 살펴보자.

NAT 게이트웨이의 특징

- NAT 게이트웨이는 소스 IP 변환이 주목적이다. **퍼블릭 유형**과 **프라이빗 유형**이 있다.

- **퍼블릭 유형**은 프라이빗 IP만 소유한 서비스가 인터넷 접속이 필요할 때 사용하고, **프라이빗 유형**은 인터넷 접속과 관계없이 소스 주소 변환의 목적으로만 사용한다.

- NAT 게이트웨이의 패런트는 서브넷이다(표 3-1).

- NAT 게이트웨이는 **라우팅 ENI**를 사용하는 서비스다(7.2.2).

- **라우팅 ENI**는 SG를 사용하지 않으며(7.2.5) **소스/대상 확인** 옵션이 꺼져 있다(7.2.3). 즉, 트래픽을 단순 포워딩한다.

- NAT 게이트웨이의 ENI는 요청자 관리형(7.2.4)이다. 그러므로 ENI 화면에서 옵션 변경이 불가능하다.

- 퍼블릭 유형의 NAT 게이트웨이를 생성하려면 인터넷 접속에 필요한 **탄력적 IP**를 연결해야 한다. 연결할 시점에 리전에 할당된 탄력적 IP가 없으면 NAT 게이트웨이 생성 단계에서 탄력적 IP 할당과 동시에 연결할 수도 있다.

- NAT 게이트웨이를 라우팅 타깃으로 설정하면 라우팅 대상의 모든 트래픽은 NAT 게이트웨이로 전달된다.

- 퍼블릭 유형의 NAT 게이트웨이로 진입한 트래픽은 탄력적 IP로써 인터넷에 전송된다.

그림 9-60의 `92.75.20.100`(프라이빗 인스턴스)의 인터넷 접속 순서는 다음과 같다.

① `92.75.20.0/24`(프라이빗 서브넷) 라우팅 테이블은 `nat-08f62d78`(NAT 게이트웨이)을 타깃으로 설정했다. `122.248.192.71`에 접속하는 트래픽은 `nat-08f62d78`으로 전달된다.

② `92.75.100.0/24`(퍼블릭 서브넷) 라우팅 테이블은 `igw-cd0794a6`을 타깃으로 설정했다. `122.248.192.71`에 접속하는 트래픽은 `igw-cd0794a6`으로 전달돼 인터넷으로 나간다.

①~② 과정에서 트래픽 IP가 변환되는 모습은 그림 9-61과 같다.

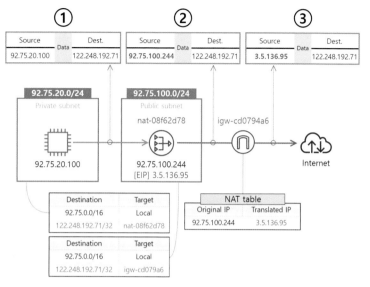

그림 9-61 NAT 게이트웨이와 IGW의 주소 변환 프로세스

① 92.75.20.100 (프라이빗 인스턴스)이 122.248.192.71 (인터넷 서버)을 향하는 트래픽을 생성하면 라우팅은 nat-08f62d78 (92.75.100.244)로 안내한다. 92.75.100.244 는 로 컬 라우팅(92.75.0.0/16) 대상이므로 트래픽은 인스턴스에 연결된 92.75.20.100 ENI로 전달된다.

② NAT 게이트웨이에 도착한 트래픽의 소스 IP(92.75.20.100)는 NAT 게이트웨이 의 프라이빗 IP 주소(92.75.100.244)로 변환되고 이 트래픽은 라우팅에 따라 igw-cd0794a6 으로 전달된다.

③ IGW는 NAT 테이블에서 소스 IP(92.75.100.244)를 찾고, 그 IP와 매핑되는 3.5.136.95 로 변환해 트래픽을 전송한다.

7장 그림 7-11에서 소스 IP 주소 변환 시점을 NAT 게이트웨이 통과 이후로 표현했다. IGW와 NAT 게이트웨이 세부 학습 전 독자의 이해를 돕기 위한 의도였으니 참고한다. 실제 소스 IP의 퍼블릭 IP 변환은 IGW 통과 시점에 발생한다.

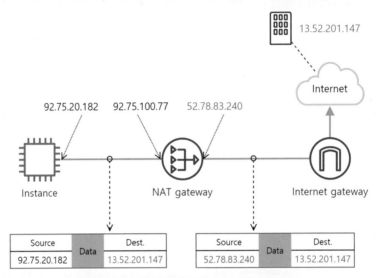

그림 7-11 <소스/대상 확인> 속성별 ENI 작동 방식 차이

9.2.9. 라우팅의 솔로몬 : Longest Prefix Match

인스턴스의 접속 대상 IP가 인터넷과 VPC에 공존하는 상황을 가정해보자.

그림 9-62는 인스턴스(92.75.100.128)가 접속할 대상(13.246.100.25)이 인터넷과 2번 VPC에 모두 존재하는 상황을 나타낸다.

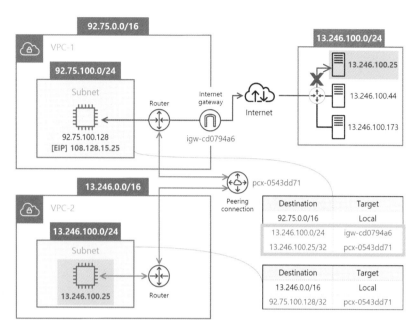

그림 9-62 중첩된 CIDR

`92.75.100.0/24` 서브넷의 라우팅 테이블을 보자. 노랑 박스에 CIDR이 중첩된 라우팅 2 개가 있다. 첫 번째는 트래픽의 목적지가 `13.246.100.0/24`에 속하면 `igw-cd0794a6`(인터 넷)으로 보내는 라우팅이고 두 번째는 목적지가 `13.246.100.25/32`이면 **피어링 연결**Peering connection된 VPC(`13.246.0.0/16`)로 안내하는 라우팅이다. 그럼 트래픽은 둘 중 어느 라우 팅을 선택해 움직일까?

신규 라우팅 등록 요청이 들어오면 라우팅 테이블은 라우팅 저장 순서에 따른 오동작을 방 지하고자 내부적으로 그림 9-63과 같은 프로세스를 수행한다.

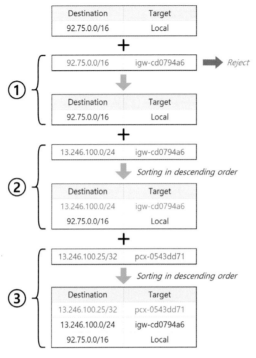

그림 9-63 라우팅 Longest Prefix Match 기법

① 사용자가 신규 라우팅(`92.75.0.0/16`) 등록을 요청하면 기존의 모든 라우팅 대상 (`92.75.0.0/16`)과 일치 여부를 검사한다. 대상은 같은데 타깃이 다르면 방향 안내가 불가하므로 요청 시점에 거부한다. 즉, 일치하지 않을 때만 등록한다.

② 두 번째 신규 라우팅(`13.246.100.0/24`) 등록을 요청하면 다시 ①을 수행한다. 대상이 서로 불일치하므로 테이블 저장 조건을 만족한다. 테이블에 기존 라우팅 (`92.75.0.0/16`)이 있으므로 서브넷 마스크를 비교(24 ↔ 16)해 내림차순으로 정렬한다.

③ 세 번째 신규 라우팅(`13.246.100.25/32`) 등록을 요청하면 ①을 수행한다. 대상이 서로 불일치하므로 테이블 저장 조건을 만족한다. 테이블에 정렬된 기존 라우팅 (`13.246.100.0/24`)이 있으므로 서브넷 마스크를 비교(32 ↔ 24)해 내림차순으로 정렬한다.

정렬 이후 트래픽이 유입되면 ③에 표시된 라우팅 순으로 대상을 비교한다. 결과적으로 `13.246.100.25`가 대상인 트래픽은 `pcx-0543dd71`을 타깃으로 전송된다. 이 기법을 Longest Prefix Match라 한다.

Prefix란 라우팅 대상을 뜻한다. 다시 말해 Longest Prefix Match는 가장 긴 서브넷 마스크 비트 순으로 라우팅을 정렬, 비교해 트래픽을 안내하는 것이다. 그림 9-62의 `13.246.100.44`와 `13.246.100.173`으로 향하는 트래픽은 `igw-cd0794a6`(인터넷)으로 전달될 것이다.

다음부터 설명할 모든 라우팅 테이블은 내림차순 정렬해 표기한다.

9.2.10. VPC 라우팅 구체화 : East-West 트래픽 검사

그림 Longest Prefix Match 기법은 로컬 라우팅에서도 통할까? 예컨대 `92.75.0.0/16`이 포함하는 `92.75.100.145/32`나 `92.75.100.0/24`를 라우팅 대상으로 적용하는 것이다.

그림 9-64의 왼쪽 테이블은 VPC CIDR(`92.75.0.0/16`)보다 더 구체화된 라우팅 2개를 적용했고 오른쪽 테이블에는 VPC CIDR을 포함하는 더 넓은 범위의 라우팅 2개를 적용했다.

2021년 9월 이전에는 왼쪽 테이블처럼 라우팅 등록을 시도하면 오류가 발생했다. 다시 말해 VPC CIDR이 포함하는 영역은 라우팅 대상으로 허용하지 않았다.

32, 24 >= 16
(Equal to or more specific)

Destination	Target
92.75.100.145/32	eni-00cfb6fa
92.75.100.0/24	eni-0e8a7f1d
92.75.0.0/16	Local

13, 8 < 16

Destination	Target
92.75.0.0/16	Local
92.72.0.0/13	pcx-0543dd71
92.0.0.0/8	igw-cd0794a6

그림 9-64 로컬 라우팅과 중첩된 라우팅

반면 오른쪽 테이블은 `92.75.0.0/16`을 포함하는 더 넓은 영역(`92.72.0.0/13, 92.0.0.0/8`)이므로 변함없이 대상으로 적용할 수 있다. 트래픽의 목적지가 `92.5.12.108`이라면

Longest Prefix Match 기법에 따라 `igw-cd0794a6`으로 전송될 것이다.

그러나 2021년 9월부터 VPC CIDR보다 더 구체화된 라우팅을 적용할 수 있게 됐다. 단, 다음 조건을 만족해야 한다.

- 라우팅 타깃에는 인스턴스와 ENI만 지정할 수 있다. 인스턴스를 지정하면 어차피 인스턴스에 연결된 ENI로 바꿔 저장되므로, 결론적으로 ENI를 적용한다고 보면 된다.

- 라우팅 대상에는 VPC의 서브넷 CIDR만 지정할 수 있다.

그림 9-65 라우팅 예시를 살펴보자. VPC는 `92.75.0.0/16` CIDR을 사용하고 2개 서브넷 (`92.75.1.0/24`, `92.75.100.0/24`)이 생성돼 있다고 가정한다.

Destination	Target
92.75.100.145/32	eni-00cfb6fa
92.75.1.0/24	pcx-0543dd71
92.75.50.0/24	eni-0e8a7f1d
92.75.0.0/16	Local

East-West Traffic Routing	
Destination	Target
92.75.1.0/24	eni-00cfb6fa
92.75.100.0/24	eni-0e8a7f1d
13.246.0.0/16	igw-cd0794a6
92.75.0.0/16	Local

그림 9-65 VPC 라우팅 구체화 사례

왼쪽 라우팅 테이블은 적용 불가 예시다. 이유는 다음과 같다.

- 첫 번째 라우팅 대상(`92.75.100.145/32`)과 세 번째 라우팅 대상(`92.75.50.0/24`)은 VPC CIDR에 속한 영역이지만 서브넷 CIDR이 아니다.

- 두 번째 라우팅 대상(`92.75.1.0/24`)은 서브넷 CIDR이지만 ENI를 타깃으로 지정하지 않았다.

반면 오른쪽 라우팅 테이블은 상기 모든 조건을 만족한다. VPC CIDR(`92.75.0.0/16`)과 무관한 대상(`13.246.0.0/16`)도 적용할 수 있다. 이 특징은 9.2.11에서 학습할 엣지 연결과는 대조된다.

East-West 트래픽이란 수평으로 흐르는 트래픽이다. 예컨대 VPC 내부 인스턴스간 통신이나 Transit Gateway, Direct Connect 등을 이용한 하이브리드 네트워킹도 East-West 트래픽으로 볼 수 있다. 여기서 주목할 만한 점은 VPC CIDR보다 구체화된 라우팅 적용을 할 수 있게 되면서, East-West 트래픽 검사가 가능하게 됐다는 점이다.

그림 9-66은 VPC 내부 East-West 트래픽 라우팅 예시다. Subnet-1 인스턴스가 Subnet-2 서비스와 통신할 때 반드시 eni-0af41d50 을 경유하도록 설계된 아키텍처다.

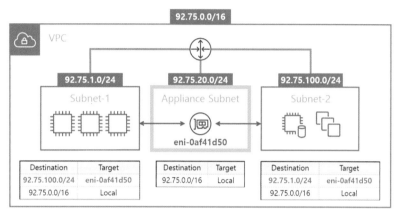

그림 9-66 East-West 트래픽 검사

예시처럼 Appliance Subnet에 보안 어플라이언스나 모니터링 솔루션을 설치하면 트래픽이 최종 목적지에 도달 전 미리 검사를 받고 반드시 필요한 패킷만 중요 인스턴스로 전달하게 된다.

9.2.11. 엣지 연결과 Ingress Routing : North-South 트래픽 검사

East-West와 반대되는 개념으로 North-South 트래픽이 있다. 네트워크 아키텍처상 수직으로 흐르는 트래픽을 생각하면 된다. IGW를 통과하는 트래픽이 그 예다.

그림 9-67은 VPC CIDR보다 작은 규모의 CIDR(92.75.20.0/24)을 라우팅 대상에 등록한 예시다. 이처럼 North-South 트래픽도 VPC CIDR보다 구체화된 라우팅 적용을 할 수 있다.

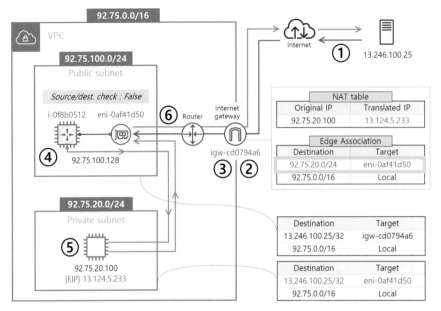

그림 9-67 엣지에 연결된 라우팅 테이블

엣지 연결의 개념과 사용법 설명 전에 그림 9-67을 먼저 해석해본다. 순서는 그림에 표시된 번호와 같다.

NOTE 🔑

① **트래픽 전송** : 인터넷 서버(13.246.100.25)가 13.124.5.233 인스턴스로 트래픽을 전송한다.

② **NAT 변환** : IGW의 NAT 테이블은 트래픽의 목적지 IP를 변환(13.124.5.233 → 92.75.20.100)한다.

③ **엣지 라우팅** : IGW에 연결된 게이트웨이 라우팅 테이블을 확인한다. 목적지(92.75.20.100)를 포함하는 라우팅 대상(92.75.20.0/24)을 찾고, eni-0af41d50 으로 트래픽을 전달한다. ENI를 소유한 i-0f8 b0512 (인스턴스)가 수신한다.

④ **소스/대상 확인이 해제된 인스턴스의 트래픽 포워딩** : i-0f8b0512 (인스턴스)는 **소스/대상 확인**이 해제돼 있으므로 수신한 트래픽의 목적지(92.75.20.100)가 자신(92.75.100.128)과 달라도 트래픽을 수용한다. 라우팅 기능이 설치된 인스턴스는 92.75.100.0/24 서브넷의 로컬 라우팅에 따라 92.75.20.100 인스턴스로 트래픽을 포워딩한다.

참고 : 예시의 윈도우 인스턴스에는 라우팅 기능을 설치했다. 실습이 필요하면 9.2.11 끝 박스 NOTE 내용을 참고해 설치하면 된다.

⑤ **반환 트래픽 회신** : 트래픽을 수신한 `92.75.20.100` 인스턴스는 `92.75.20.0/24` 서브넷의 첫 번째 라우팅에 따라 반환 트래픽을 `eni-0af41d50` 으로 전달한다.

⑥ **트래픽 포워딩과 NAT 변환** : 반환 트래픽을 수신한 인스턴스는 **소스/대상 확인**이 해제돼 있으므로 반환 트래픽의 목적지(`13.246.100.25`)가 자신(`92.75.100.128`)과 달라도 트래픽을 수용한다. 곧이어 서브넷의 첫 번째 라우팅에 따라 `igw-cd0794a6` 으로 전달된다. 반환 트래픽의 출발지 IP(`92.75.20.100`)는 NAT 테이블에서 소스 변환(`13.124.5.233`)돼 전송된다.

①~⑥ 과정 중 ③번(엣지 라우팅) 내용을 그림 9-68 예시를 참조해 자세히 살펴보자.

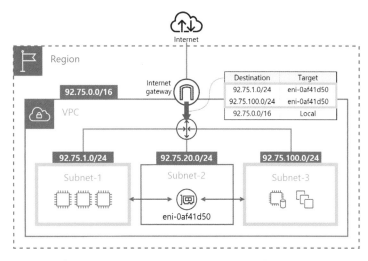

그림 9-68 게이트웨이 라우팅 테이블을 경유하는 인바운드 트래픽

- **엣지**^Edge란 IGW와 **가상 프라이빗 게이트웨이**^Virtual Private Gateway, VGW를 통틀어 지칭하는 용어다.

- 이 2가지 엣지의 패런트는 리전이며 연결 대상은 VPC다(표 3-1). 따라서 엣지는 VPC에 연결돼 VPC 내부와 외부 사이 트래픽을 중계한다.

- 라우팅 테이블을 엣지(IGW, VGW)에 연결한 것을 **엣지 연결**^Edge association이라 한다. 엣지

연결은 선택이다.

- 라우팅 테이블 1개만 엣지에 연결할 수 있다. 서브넷에 연결된 라우팅 테이블도 엣지 연결을 할 수 있다.

- 엣지 연결 상태의 라우팅 테이블을 **게이트웨이 라우팅 테이블**^{Gateway route table}이라 한다. 2 가지 엣지(IGW, VGW) 모두 게이트웨이이기 때문일 것이다.

- 게이트웨이 라우팅 테이블은 VPC 인바운드 트래픽만 관여한다. 그래서 이 테이블의 라우팅을 **내부 라우팅**^{Ingress Routing}이라 부르기도 한다.

- 따라서 라우팅 대상도 VPC CIDR로 한정해야 하고, 라우팅 대상의 합도 VPC CIDR이어야 한다. 그래야 엣지로 유입되는 트래픽을 서브넷 곳곳에 빈틈없이 전달할 수 있다.

- 이로써 라우팅 타깃도 VPC 내부 리소스라 추측할 수 있다. 대개 서브넷 라우팅은 그 대상을 VPC CIDR로 한정하지 않으므로 VPC CIDR로 한정한 엣지용 라우팅 테이블은 서브넷 라우팅 테이블과 구분해서 사용해야 한다.

- 게이트웨이 라우팅 테이블의 대상과 타깃은 다음 조건을 따른다.

게이트웨이 라우팅 테이블의 조건

● **라우팅 대상** : 대상이 VPC CIDR인 라우팅은 삭제할 수 없으며 VPC CIDR 외 다른 라우팅을 새로 추가하려면 VPC 내부의 서브넷 단위로만 지정할 수 있다. 즉, 호스트 단위로는 적용할 수 없다.

그림 9-68의 게이트웨이 라우팅 테이블을 보자. VPC CIDR(92.75.0.0/16)을 대상으로 지정한 기본 **로컬 라우팅**이 있다. 추가된 라우팅 2개는 VPC에 속한 서브넷(92.75.1.0/24, 92.75.100.0/24)을 대상으로 지정했다.

위 조건을 참고해 엣지 연결이 가능한 테이블을 그림 9-69 예시로 확인해보자.

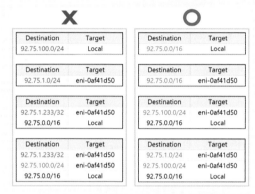

그림 9-69 엣지 연결이 가능한 라우팅 테이블 예시

서브넷용 라우팅 테이블은 92.75.0.0/16(VPC CIDR)을 포함하는 더 넓은 범위나 겹치지 않는 CIDR도 대상으로 지정할 수 있지만 엣지 연결의 라우팅 대상은 VPC 내부 서브넷으로 한정된다는 점에 유의하자.

● **라우팅 타깃**은 다음 3종류만 가능하다.

① ENI 또는 인스턴스

(참고) 인스턴스를 타깃으로 지정하면 인스턴스가 소유한 ENI로 변경 적용된다. 따라서 ENI를 2개 이상 소유한 인스턴스는 특정 ENI를 타깃으로 지정해야 하며 그렇지 않으면 오류가 발생한다.

② 게이트웨이 로드밸런서 엔드포인트(10장)

③ 로컬(Local)

그림 9-70 게이트웨이 라우팅 테이블의 타깃

위의 내용을 종합해서 게이트웨이 라우팅 테이블 작동 순서를 다음과 같이 정리할 수 있다. 예시로 사용한 엣지는 IGW다. 그림 9-67이나 그림 9-68을 참조한다.

NOTE 🔑

IGW에 연결된 게이트웨이 라우팅 테이블 작동 순서

(1) 인바운드 트래픽이 IGW(Internet gateway)로 유입되면 NAT 변환(퍼블릭 → 프라이빗)을 수행한다.

(2-1) 엣지 연결(게이트웨이 라우팅 테이블)이 없으면 (1)에서 변환한 프라이빗 IP로 트래픽을 전달한다.

(2-2) 엣지 연결이 있으면 (1)에서 변환된 프라이빗 IP를 게이트웨이 라우팅 테이블에서 확인한 후 관련 타깃으로 트래픽을 전달한다.

이상으로 엣지 연결과 게이트웨이 라우팅 테이블을 학습했다. 여기서 몇 가지 흥미로운 사실을 알 수 있다.

- 첫째, 연결된 게이트웨이 라우팅 테이블이 없더라도, 엣지는 자신에게 유입된 트래픽을 VPC CIDR로 전달한다. 따라서 기본 로컬 라우팅만 저장된 게이트웨이 라우팅 테이블을 엣지에 연결한 것과 똑같이 작동한다.

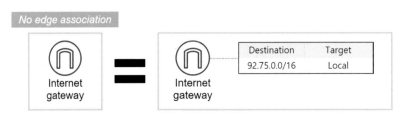

그림 9-71 엣지 연결과 무관한 VPC CIDR 대상 라우팅

다시 말해 VPC에 연결된 IGW^Internet gateway는 VPC CIDR(92.75.0.0/16)을 대상으로 하는 Local 라우팅을 묵시적으로 적용한다고 볼 수 있다. 그러므로 그림 9-71 오른쪽 IGW처럼 기본 로컬 라우팅만 저장된 게이트웨이 라우팅 테이블을 명시적으로 연결하지 않아도 된다.

- 둘째, 그림 9-67에 표시된 퍼블릭 서브넷(92.75.100.0/24)의 인스턴스(92.75.100.128)는 퍼블릭 IP가 할당돼 있지 않고 오히려 프라이빗 서브넷(92.75.20.0/24)의 인스턴

스(92.75.20.100)는 탄력적 IP(13.124.5.233)가 연결돼 있다. 서로 반대인 상황이다. 이 내용으로 두가지 사실을 알 수 있다.

(1) 엣지 연결을 사용하면 퍼블릭 인스턴스(13.124.5.233)가 프라이빗 서브넷에 놓여도 인터넷 통신이 된다. 이는 탄력적 IP(또는 퍼블릭 IP)의 주소 변환(NAT) 프로세스를 서브넷이 아닌 IGW에서 처리하기 때문이기도 하다.

(2) 이 같은 네트워크 설계로 인터넷의 인바운드 직접 접속을 차단할 수 있다. 즉, 트래픽을 포워딩하는 경유지(92.75.100.128)만 인터넷에 열어 놓고 중요 인스턴스(92.75.20.100)는 프라이빗 서브넷에 두고 보호하는 것이다.

92.75.100.128 인스턴스 위치에 보안 어플라이언스를 설치하면 트래픽이 최종 목적지(92.75.20.100)에 도달하기 전에 미리 검사해 꼭 필요한 패킷만 중요 인스턴스로 전달토록 설계할 수 있다.

이 목적으로 출시된 서비스가 **게이트웨이 로드밸런서**Gateway Load Balancer, GWLB다. 따라서 GWLB도 엣지 연결에서 비롯된다. GWLB는 AWS 파트너 어플라이언스에 최적화돼 있으나, 일반 운영체제 AMI가 설치된 인스턴스에서도 GENEVE를 지원하면 사용할 수 있다. GWLB는 10장과 12장에서 설명한다.

윈도우 서버 2019 라우팅 기능 설치 방법 – 그림 9-67 예시 실습용

1. 윈도우 시작 버튼 > **서버 관리자(Server Manager)** 선택

2. 우측 상단 **Manage** 클릭

3. **Add Roles and Features** 선택

4. **Before You Begin** 단계 : **Next** 클릭

5. **Installation Type** 단계 : 기본 옵션(Role-based or feature-based installation)을 그대로 두고 **Next**

6. **Server Selection** 단계 : 기본 옵션(Select a server from the server pool)을 그대로 두고 **Next**

7. **Server Roles** 단계 : **Remote Access**를 선택하고 **Next**

8. **Features** 단계 : 아무것도 선택하지 않고 **Next**

9. **Remote Access** 단계 : **Next**

10. **Role Services** 단계 : **Routing**을 선택하고 **Next**

11. 팝업창이 뜨면 **Add Features**

12. **Role Services** 단계 : **Next**

13. **Web Server Role (IIS)** 단계 : **Next**

14. **Roles Services** 단계 : 기본값을 그대로 두고 **Next**

15. **Confirmation** 단계 : **Install**

16. 설치가 완료되면 **Close** 버튼을 클릭하고 빠져 나온다.

17. 윈도우 시작 버튼 클릭 > **Windows Administrative Tools** > **Routing and Remote Access** 선택

18. 좌측 콘솔 트리(Console tree)에 아래 방향 빨강 화살표로 된 서버가 뜨면 마우스 오른쪽 버튼을 클릭한 후
    Configure and Enable Routing and Remote Access 클릭

    (참고) 메뉴 진입 시 콘솔 트리에 서버가 나타나지 않으면 Routing and Remote Access에서 마우스 오른쪽 버튼을 클릭해 Add Server > This computer > OK를 차례로 선택한다.

19. 첫 화면에서 **Next**

20. 5개 옵션 중 **Custom configuration** 선택

21. **LAN routing** 선택 > **Next**

22. **Finish** 버튼 클릭

23. **Start the service** 팝업창이 뜨면 **Start service** 버튼 클릭

23. **Start the service** 팝업창이 뜨면 **Start service** 버튼 클릭

24. 서비스가 시작되면 아래 방향 빨강 화살표가 윗방향 초록색으로 변경되고 라우팅 기능이 시작된다.

〈유의사항〉

1. 그림 9-67의 최종 목적지(92.75.20.100)용으로 사용할 인스턴스의 서브넷은 원격 접속용 실습 PC의 IP
   도 ENI를 타깃으로 하는 라우팅을 설정해야 한다.

2. 그림 9-67의 트래픽 경유지(92.75.100.128)는 **소스/대상 확인** 옵션을 해제해야 한다.

9.2.12. 기본 게이트웨이와 그 위험성

그림 9-72처럼 VPC 인스턴스가 다수 인터넷 서버와 연동하는 상황을 가정해보자.

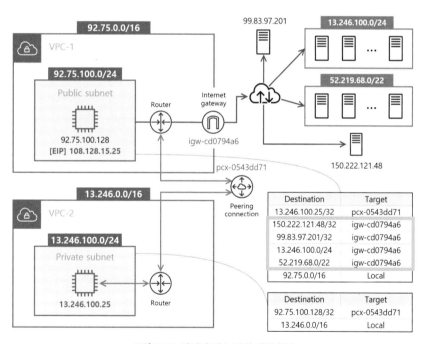

그림 9-72 인터넷 접속 대상 서버 확장

92.75.100.128 인스턴스의 인터넷 접속 대상은 2개 대역(13.246.100.0/24, 52.219.
68.0/22)과 2개 서버(99.83.97.201, 150.222.121.48)다. 이에 필요한 모든 라우팅도 적용

했다. 접속 대상이 이같이 한정돼 있다면 몰라도 IP 주소가 변경되거나 더 늘어나면 라우팅을 매번 변경하거나 신규로 등록해야 하므로 번거롭다. 라우팅을 수정해서 이 문제를 해결해보자.

그림 9-73의 왼쪽 노랑 박스처럼 타깃(`igw-cd0794a6`)은 같지만 대상이 일정하지 않고 불규칙한 CIDR을 사용한다면 이를 모든 IP(`0.0.0.0/0`)로 바꿔 사용할 수 있다. 즉, 오른쪽 테이블처럼 `0.0.0.0/0`을 **대상**으로 지정한 라우팅의 **타깃**(`igw-cd0794a6`)을 **기본 게이트웨이**Default gateway라 하며 이 라우팅(`0.0.0.0/0`, `igw-cd0794a6`)을 **기본 라우팅**Default route이라 한다.

그림 9-73 기본 게이트웨이 라우팅 사용

기본 라우팅은 가장 짧은 비트 마스크(/0)를 사용하므로 **Longest Prefix Match** 기법에 따라 그 어떤 라우팅보다 후순위로 탐색된다. 다시 말해 트래픽이 기본 게이트웨이를 타깃으로 채택했다면 앞선 모든 라우팅의 대상 매칭에 실패했다는 뜻이 된다.

예컨대 위 예시에서 트래픽 목적지가 `52.219.68.150`이라면 단순히 놓고 봤을 때 왼쪽 테이블 사용 시 5번의 비교 작업을 수행해야 한다. 이는 4번의 매칭 실패를 의미한다. 그러나 오른쪽 테이블처럼 기본 라우팅을 사용하면 3번만에 타깃을 찾을 것이다.

이처럼 기본 라우팅을 사용하면 라우팅 개수를 현저히 줄일 수 있으므로 라우팅 탐색 시간을 절약해 VPC 네트워크 성능을 향상시킬 수 있다. 위의 예시처럼 피어링 연결(`pcx-0543dd71`)같은 예외 통신만 라우팅 테이블에 등록하고, 접속량이 많거나 주 경로로 사용하는 타깃을 기본 게이트웨이로 활용하면 효율적이다.

반대로 기본 라우팅은 그림 9-74처럼 모든 IP와 통신할 수 있는 길을 열어 놓은 것이다. 이는 악성 트래픽이 서브넷이나 서비스 문 앞에서 자신을 허용(SG, NACL)해 주길 기다리고 있는 것과 같다.

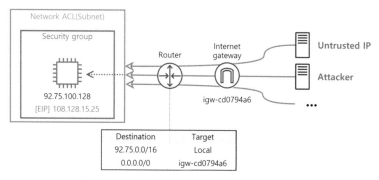

그림 9-74 서비스 전단에서 접근을 시도하는 악성 트래픽

따라서 접속 대상 CIDR이 명확하거나 마스크 비트를 한정할 수 있다면 기본 라우팅을 사용하면 안 된다. 9.2절의 모든 라우팅 예시는 기본 라우팅을 사용하지 않았다. IGW를 타깃으로 하는 기본 라우팅 자체가 문제라기보다는 검토없이 무분별하게 적용하는 것에 유의해야 한다.

9.2.13. 라우팅 테이블의 표면적 특징과 다중 연결성(1:N)

앞서 라우팅 테이블 원리와 특징을 학습했다. 지금부터는 라우팅 테이블을 어떤 방식으로 서브넷에 연결하고 사용하는지 살펴보자.

서브넷 생성 시점에 기본 NACL이 연결되는 것처럼(9.1.5), 기본 라우팅 테이블도 서브넷에 자동 연결된다(6.2.4 서브넷 생성 예제 - 그림 6-33). 서브넷 연결 측면에서 라우팅 테이블과 NACL의 특징은 같다. 즉, 다음 정리한 라우팅 테이블의 특징은 NACL의 특징이기도 하다.

라우팅 테이블의 특징

- 라우팅 테이블(Route table)의 패런트는 VPC다(표 3-1).

- 라우팅 테이블의 연결 대상은 서브넷이며 수명 주기 동안 다른 서브넷에 연결할 수 있다. 또 어떤 서브넷에 도 연결하지 않은 상태로 존재할 수 있다.

- 반대로 서브넷은 수명 주기 동안 라우팅 테이블과 반드시 연결돼야 한다. 서브넷은 단 하나의 라우팅 테이블 을 사용하지만 다른 라우팅 테이블로 바꿔 사용할 수도 있다.

- 기본 VPC를 포함한 모든 VPC가 생성될 때 기본 라우팅 테이블도 함께 생성된다. 따라서 기본 라우팅 테이 블과 VPC 개수는 같다.

- VPC 내부에 서브넷을 생성하는 시점에, 연결 대상 라우팅 테이블을 바로 지정할 수 없다. 서브넷을 생성하 면 일단 기본 라우팅 테이블에 자동 연결된다.

라우팅 테이블의 특징을 그림 9-75에서 확인해보자.

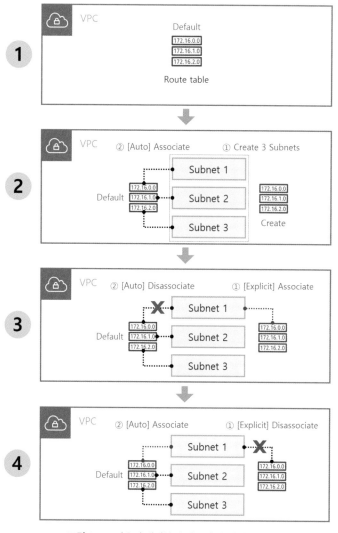

그림 9-75 라우팅 테이블과 서브넷 간 연결 원리

① VPC 생성 시점에 기본 라우팅 테이블도 함께 생성된다.

② 서브넷을 만들면 기본 라우팅 테이블에 자동 연결된다. 예시는 사용자가 만든 서브넷이 라우팅 테이블에 자동 연결된 모습을 보여준다.

③ 새로운 라우팅 테이블을 만들어 Subnet 1 에 연결하면 기존 연결은 자동으로 끊어진

다. 서브넷은 단 하나의 라우팅 테이블만 연결할 수 있기 때문이다.

④ **Subnet 1** 에 연결된 라우팅 테이블을 해제하면 기본 라우팅 테이블과 자동 연결된다. 서브넷은 반드시 하나의 라우팅 테이블과 연결돼야 하기 때문이다. 이처럼 라우팅 테이블 연결이 해제된 모든 서브넷은 기본 라우팅 테이블과 다시 연결된다.

다음으로 그림 9-76은 엣지 연결의 특징을 나타낸다.

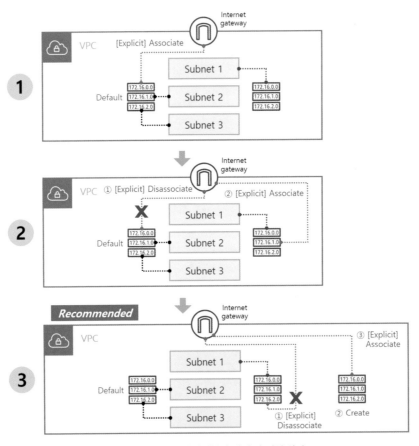

그림 9-76 라우팅 테이블과 엣지 간 연결 원리

① 서브넷에 연결된 라우팅 테이블도 엣지에 연결할 수 있다. 하지만 9.2.11에서 설명했듯, 엣지 라우팅 대상은 VPC CIDR로 한정해야 하며 최소 단위가 서브넷 CIDR이다. 따라서 서브넷 라우팅 테이블을 엣지와 함께 사용하는 것은 비현실적이다.

② 엣지를 다른 라우팅 테이블에 연결하려면 우선 기존 연결을 명시적으로 해제해야 한다.

③ ①에서 설명한 대로 엣지 연결용 게이트웨이 라우팅 테이블을 별도로 만들고 연결해 사용해야 한다.

9.2.14. [실습 1] 라우팅 테이블 생성 및 서브넷 연결

새로운 라우팅 테이블을 생성하고 서브넷에 연결해보자.

6장 **서브넷 생성 예제**(6.2.4)에서 서브넷 6개를 생성한 후, VPC의 기본 라우팅 테이블이 모든 서브넷에 자동 연결된 것을 확인했다. 이 중 퍼블릭 용도로 만든 서브넷 2개(PUB-WEB-2a-92.75.100, PUB-WEB-2b-92.75.200)는 새로운 라우팅 테이블을 만들어 연결해보자.

실습 시작

① **서비스 › VPC › 라우팅 테이블** 메뉴에서 **라우팅 테이블 생성**을 클릭한다.

② **이름**을 입력하고 라우팅 테이블을 생성할 **VPC**를 선택한 후, 우측 하단 **라우팅 테이블 생성**을 클릭한다.

그림 9-77 라우팅 테이블 생성 화면

③ 목록에서 라우팅 테이블을 확인한다.

Name ▽	라우팅 테이블 ID ▽	명시적 서브넷 연결	엣지 연결	기본 ▽
Pub-RTB	rtb-0cf660693516e59a0	–	–	아니요
–	rtb-068c3c3d56e83e7c7	–	–	예

그림 9-78 VPC의 라우팅 테이블 목록

새로 생성한 테이블과 기본 라우팅 테이블이 보인다. **명시적 서브넷 연결** 필드에 아무런 값도 없으므로 모두 기본 라우팅 테이블에 연결돼 있음을 알 수 있다.

④ **Pub-RTB** 를 선택한 후 우측 상단 **작업** 메뉴에서 **서브넷 연결 편집**을 클릭한다.

이용 가능한 서브넷 (2/6)

	이름 ▽	IPv4 CIDR ▽	라우팅 테이블 ID
☐	PRI-WAS-2b-92.75.20	92.75.20.0/24	기본 (rtb-068c3c3d56e83e7c7)
☑	PUB-WEB-2b-92.75.200	92.75.200.0/24	기본 (rtb-068c3c3d56e83e7c7)
☐	PRI-WAS-2a-92.75.10	92.75.10.0/24	기본 (rtb-068c3c3d56e83e7c7)
☑	PUB-WEB-2a-92.75.100	92.75.100.0/24	기본 (rtb-068c3c3d56e83e7c7)
☐	PRI-DB-2a-92.75.1	92.75.1.0/24	기본 (rtb-068c3c3d56e83e7c7)
☐	PRI-DB-2b-92.75.2	92.75.2.0/24	기본 (rtb-068c3c3d56e83e7c7)

그림 9-79 서브넷 연결 편집

퍼블릭 용도로 만든 서브넷 2개를 선택하고 하단의 **연결 저장**을 클릭한다.

⑤ **명시적 서브넷 연결** 필드에 '2 서브넷' 표시가 나타난다.

Name ▽	라우팅 테이블 ID ▽	명시적 서브넷 연결	엣지 연결	기본
Pub-RTB	rtb-0cf660693516e59a0	2 서브넷	–	아니요
–	rtb-068c3c3d56e83e7c7	–	–	예

그림 9-80 서브넷 연결 결과

9.2.15. [실습 2] 라우팅 추가 및 Blackhole 상태 확인

실습을 계속 이어 나간다. 서브넷 2개에 연결한 라우팅 테이블에 IGW 라우팅을 추가해 퍼블릭 서브넷으로 바꿔보자.

IGW는 다음 방법으로 미리 생성한 뒤 VPC에 연결^{Attach}해 놓는다.

실습 시작

- IGW 생성 방법 : **서비스 › VPC › 인터넷 게이트웨이 › (우측 상단) 인터넷 게이트웨이 생성 › 이름 지정 › 인터넷 게이트웨이 생성 클릭**

- IGW를 VPC에 연결하는 방법 : 연결할 IGW를 선택한 후 우측 상단 **작업** 메뉴에서 **VPC 에 연결**을 클릭

① `Pub-RTB` 라우팅 테이블을 선택하고 하단 **라우팅** 탭과 **라우팅 편집**을 차례로 클릭한다.

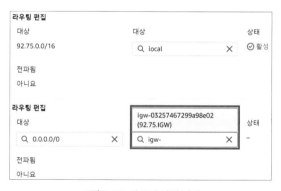

그림 9-81 라우팅 타깃 지정

대상(타깃)을 클릭해서 **인터넷 게이트웨이**를 선택하면 VPC에 연결된 IGW를 볼 수 있다. IGW를 선택한 뒤 하단 **변경 사항 저장**을 클릭한다.

그림 9-82 라우팅 편집 결과

② 라우팅 1개를 더 추가해보자. **라우팅 편집**을 클릭한 후 **ENI 생성 예제**(7.2.8)에서 만든 ENI 를 타깃으로 지정하고 **변경 사항 저장**을 클릭한다.

그림 9-83 ENI 라우팅 추가

③ **Longest Prefix Match** 기법에 따라 대상의 서브넷 마스크 비트 순으로 정렬됐다.

그림 9-84 라우팅 정렬과 블랙홀 상태 표시

또 타깃을 ENI로 지정한 라우팅의 상태가 **블랙홀**^{Blackhole}인 것을 볼 수 있다. 그 이유는 ENI 가 그 어떤 컴퓨팅 서비스에도 연결되지 않아 트래픽 수신이 불가한 상태이기 때문이다. 이 처럼 트래픽을 수신할 수 없거나 라우팅보다 게이트웨이 리소스가 먼저 삭제되면 **블랙홀** 상 태가 된다.

④ 라우팅을 그대로 둔 채 타깃 리소스를 삭제 또는 분리해도 **블랙홀** 상태로 변한다. 그림 9-84에서 IGW를 VPC에서 분리(Detach)한 뒤, 라우팅을 확인해보자.

그림 9-85 블랙홀 상태로 변경된 IGW 라우팅

이 라우팅 테이블을 사용하는 서브넷이 있다면 어떻게 될까? 소스나 대상이 92.75.0.0/16 이 아닌 모든 트래픽은 라우팅 장치에서 방향을 잃고 소멸된다.

9.2.16. [실습 3] 엣지 연결

실습을 계속 이어 나간다.

① VPC에서 분리한 IGW를 다시 연결한다.

② `Pub-RTB` 라우팅 테이블을 선택하고 **작업 > 라우팅 편집**을 클릭해 IGW 라우팅을 삭제하고 **변경 사항 저장**을 클릭한다.

③ `Pub-RTB` 라우팅 테이블이 선택된 상태에서 **엣지 연결** 탭과 **엣지 연결 편집**을 차례로 클릭한다.

그림 9-86 엣지(IGW) 연결 편집

VPC에 연결된 IGW를 선택하고 **변경 사항 저장**을 클릭하면 그림 9-87과 같은 오류가 발생한다.

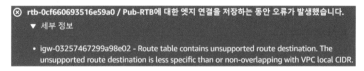

그림 9-87 엣지 연결 오류 메시지

엣지 라우팅 대상을 VPC CIDR로 한정하지 않아 발생한 메시지다. 이 상태에서 ENI의 라우팅 대상(`13.246.100.25/32`)을 `92.75.20.0/24` 로 변경하면 어떻게 될까? `Pub-RTB` 라우팅 테이블은 서브넷 2개에 연결돼 있으므로, VPC CIDR보다 작은 규모의 네트워크를 대상으로 등록할 수 없다. 따라서 명시적으로 연결한 라우팅 테이블을 해제해 모든 서브넷이 기본 라우팅 테이블과 연결되도록 수정한다.

④ 위 작업을 마치면 라우팅 테이블을 그림 9-88과 같이 수정할 수 있다.

그림 9-88 라우팅 대상을 서브넷으로 변경

⑤ 실패한 엣지 연결 단계(③)를 다시 수행한다. 라우팅 테이블이 IGW에 연결된 모습을 볼 수 있다.

그림 9-89 엣지 연결 결과 화면

9.2.17. Destination : 라우팅 전파 → Target : 11장

그림 9-90에 표시된 **라우팅 전파** 개념은 11장에서 설명한다.

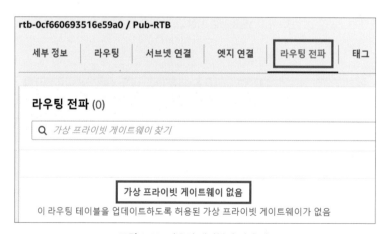

그림 9-90 라우팅 테이블의 전파 탭

9장에서는 연결 제어의 첫 번째 주제인 VPC 통제 3요소를 소개했다. 주요 내용은 다음과 같다.

- VPC 통제 3요소는 **네트워크 인터페이스**를 보호(접근 제어)하고 트래픽의 방향을 안내(경로 제어)한다. SG와 NACL이 접근 제어를 담당하고, 라우팅 테이블은 경로 제어를 담당하고 있다.

- SG는 화이트 리스트 방식을 사용하고 NACL은 결합 방식을 사용한다. 특히 NACL은 화이트 기반 결합 또는 블랙 기반 결합 방식을 모두 구현할 수 있다.

- SG는 상태 저장 방식을 채택하고 NACL은 상태 비저장 방식을 채택했다. 따라서 NACL은 반환 트래픽의 규칙도 허용해야 통신할 수 있다.

- 라우팅은 트래픽의 목적지(대상)와 그 방향(타깃)으로 구성된다. 타깃을 게이트웨이라고도 한다.

- 퍼블릭 IP나 탄력적 IP에 대한 NAT 테이블은 NAT 게이트웨이가 아닌 IGW가 소유하고 있다. NAT 게이트웨이는 VPC 서비스의 프라이빗 IP를 소스로 변환해 전송할 뿐이다.

- 퍼블릭과 프라이빗 서브넷 여부는 라우팅 타깃의 IGW 지정 유무로 구분한다.

- 트래픽이 라우팅을 선택할 때 Longest Prefix Match 기법을 사용한다. 라우팅 테이블에서 트래픽 목적지를 찾지 못하면 트래픽은 소멸된다.

- 인터넷을 타깃으로 지정한 기본 게이트웨이 라우팅은 반드시 필요할 때만 사용해야 한다.

10

연결 제어 II : 분산 제어

10.1. 서버 로드밸런싱(SLB) 개요

분산 제어란 클라이언트 요청을 수신한 서버가 그 요청 트래픽을 다시 여러 서버로 분산해 전달함을 의미한다. 그런데 트래픽을 왜 분산할까?

단일 서버의 처리량^{Capacity}을 초과한 대량 요청 트래픽은 속도 저하나 서비스 지연 또는 장애를 유발한다. 이 상황을 대비해 **부하**^{Load}를 다수 서버로 **분산**^{Balancing}하는 것이다. 이것을 **서버 로드밸런싱**$^{Server\ Load\ Balancing,\ SLB}$이라 한다.

10.1.1. 온프레미스의 SLB 제어 : L4 스위치

먼저 온프레미스의 SLB를 살펴보자.

부하를 분산한다는 것은 클라이언트 요청을 어디선가 수신하고 있단 뜻이다. 그리고 그 요청을 여러 서버가 나눠 처리토록 배분해야 할 것이다. 이와 같이 클라이언트 트래픽을 가장 처음 수신하는 서버를 **가상 서버**$^{Virtual\ Server}$라 한다. 그림 10-1은 온프레미스의 SLB 예시다.

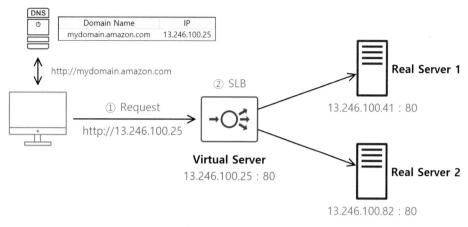

그림 10-1 온프레미스의 SLB

사용자가 웹 브라우저로 서비스 URL을 요청하면 PC에 설정된 DNS와 그 쿼리로써 가상 서버에 접속(http://13.246.100.25)한다. 가상 서버(13.246.100.25)는 웹페이지 요청(http)을 처리하기 위해 가상 서비스 포트(80)를 열어놓고 수신을 기다린다[Listen, 리슨]. 이렇듯 가상 서버는 **가상 IP**[Virtual IP, vip]와 **가상 포트**[Virtual Port, vport]로 구성된다.

요청을 받은 가상 서버는 웹이 구동 중인 2개의 **리얼 서버**[Real Server]와 **리얼 포트**[Real Port, rport] 쌍으로 부하를 분산한다. 이때 리얼 서버 두 대는 웹 페이지 요청을 처리할 **Nginx**나 **Apache** 등의 웹 서버를 구동해 80 포트(rport)를 리슨하고 있을 것이다. 가상 서버의 부하 분산은 다음과 같이 해석할 수 있다.

> 13.246.100.25:80 으로 요청이 들어오면
> → 13.246.100.41:80 또는 13.246.100.82:80 으로 분산한다.

이같은 가상 서버의 포트 분산 기능은 4계층 이상에서 처리할 수 있으므로, 최소 Layer 4 또는 Layer 7 네트워크 장치가 필요하다. 이 장치를 **L4 스위치, L7 스위치**라 한다.

네트워크 상위 계층 장비는 하위 계층 기능을 수행할 수 있다. 따라서 부하 분산(L4)과 더불어 HTTP와 같은 애플리케이션 프로토콜(L7) 헤더 분석이 필요하면 L7 스위치를 사용하고 헤더 분석 필요없이 IP와 포트 쌍을 단순히 분산한다면 L4 스위치를 사용한다. 그러나 이

두 가지 모두 4계층 레벨을 기반으로 트래픽을 처리하므로 대표해 L4 스위치라 부르기도 한다.

10.1.2. L4 스위치의 특징

L4 스위치는 다음과 같은 특징이 있다. 그림 10-1을 참고하자.

L4 스위치의 특징

- L4 스위치 내부에 다수 가상 서버를 생성할 수 있다. 그림 10-1 예시는 가상 서버 1개(13.246.100.25:80) 만 생성했다.

- L4 스위치를 경계로 외부망(인터넷)과 내부망을 분리할 수 있다. 이는 보안과 직결된다. 쉽게 말해 L4 스위치만 퍼블릭 IP를 할당하고 리얼 서버는 프라이빗 IP만 할당해 서비스한다. 이 구성으로써 L4 스위치를 통과하지 않으면 인터넷의 리얼 서버 접근이 불가하므로 안전하다. 그림 10-1 예시는 내·외부 구분이 없다. 즉, L4 스위치와 리얼 서버 모두 13.246.100.0/24 (퍼블릭) 네트워크를 사용한다.

- 가상 서버가 트래픽을 분산하는 리얼 서버의 모음을 대상 그룹(Target Group) 이라 한다. 그림 10-1은 1개 그룹에 2개 리얼 서버가 속해있다.

- vport와 rport가 서로 달라도 된다. vport로써 rport를 추측하기 어려워질수록 보안은 향상된다. 그림 10-1은 이 두 포트가 일치(80)한다.

- 가상 서버가 대상 그룹의 멤버(리얼 서버)로 트래픽을 분산하는 방식은 매우 다양하다. 또 대상 그룹마다 분산 방식을 선택할 수 있다. 여기서는 3가지 방식을 설명한다.

  ① **라운드 로빈(Round Robin)** : 대상 그룹에 포함된 리얼 서버에 순차적으로 분산하는 방식이다.
  ② **IP 해시(Hash)** : 클라이언트 IP 주소를 해시 함수의 변수로 활용하고, 고정된 리얼 서버로 분산하는 방식이다. 가령 그림 10-1 예시로 보면 모든 부하가 1번 또는 2번 서버로 집중될 수도 있고 배분 비율이 불균등할 수도 있다.
  ③ **Least Connection(최소 연결)** : 클라이언트의 신규 요청 시점에 리얼 서버별 기존 연결(분산) 수를 분석해 그 수가 가장 적은 서버(부하가 덜한 서버)로 분산하는 방식이다.

그림 10-2는 위의 특징을 반영한 예시다.

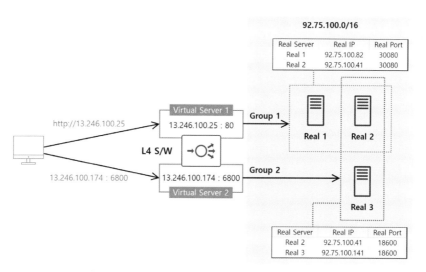

그림 10-2 L4 스위치 SLB 예시

- L4 스위치에 2개의 가상 서버(13.246.100.25:80 , 13.246.100.174:6800)를 둬 클라이언 트 요청을 리슨한다.

- 가상 서버가 트래픽을 분산하는 대상은 내부(92.75.100.0/16)에 위치한다.

- 리얼 서버는 여러 그룹(Group 1 , Group 2)이 중복 사용할 수 있다. 예컨대 2번 리얼 서버 가 두 개 그룹에 속해 있다.

- 가상 서버의 vport(80, 6800) 는 리얼 서버의 rport(30080, 18600) 와 상이하게 설정했다.

그림 10-2의 트래픽 요청과 분산 경로는 다음과 같이 표현할 수 있다.

사용자 요청	Virtual Server IP	Virtual Port	요청 전달	Target Group	요청 분산	Real Server IP	Real Port
→	13.246.100.25	80	→	1	→	92.75.100.82	30080
					→	92.75.100.41	30080
→	13.246.100.174	6800	→	2	→	92.75.100.41	18600
					→	92.75.100.141	18600

10.1.3. L4 스위치 Config 예시 : Alteon

대표 L4 스위치 중 하나인 Alteon 장비에 설정값을 입력해 10.1.2 예시처럼 작동하는 환경을 구성해보자. 장비 운영에 필요한 기본 설정(계정, SNMP, 물리적 포트, 인터페이스, 게이트웨이, VRRP 등)은 생략하고 SLB 설정만 다뤄본다.

설정값 입력 방법은 이렇다. 다음 설정 예시에 보이는 첫 슬래시(/)는 메뉴 최상위 경로를 뜻한다. 하위 메뉴로 이동하려면 메뉴명 다음에 슬래시(/)를 입력하고 원하는 메뉴에 진입하고 세부 설정값을 넣으면 된다. 전체 경로로써 한 번만에 메뉴로 진입할 수도 있다. 또 **Enter**를 여러 번 눌러도 된다.

- (예) /c/slb/real 1 = 메인에서 c + **Enter** + slb + **Enter** + real 1

Config 입력 순서는 다음과 같다.

① SLB 설정 켜기
- **CONFIG 설명** c : configuration, **slb** : server load balancing

```
/c/slb
        on
```

② 리얼 서버 IP 지정
- 리얼 서버 3개를 정의하고 각 IP를 지정한다.
- **CONFIG 설명** real : 리얼 서버 정의, ena : 활성화, ipver v4 : IPv4 사용,
                  rip : 리얼 서버 IP 지정

```
/c/slb/real 1
        ena
        ipver v4
        rip 92.75.100.82
/c/slb/real 2
        ena
        ipver v4
        rip 92.75.100.41
/c/slb/real 3
        ena
        ipver v4
        rip 92.75.100.141
```

③ 대상 그룹 정의와 멤버 지정
- 1번 그룹에 1번과 2번 서버를 추가하고, 2번 그룹에는 2번과 3번 서버를 추가한다.
- **CONFIG 설명** **group** : 대상 그룹 정의, **metric** : 분산 방식 선택,
  add : 그룹에 멤버 추가

```
/c/slb/group 1
      ipver v4
      metric roundrobin
      add 1
      add 2
/c/slb/group 2
      ipver v4
      metric roundrobin
      add 2
      add 3
```

④ 가상 서버 설정
- 가상 서버 2개(virt 1, virt 2)를 각각 정의한다.
- 가상 서버마다 사용자 요청을 수신할 서비스 vport(http, 6800)를 지정하고 vport로 들어온 요청을
  분산할 대상 그룹과 rport를 지정한다.
- **CONFIG 설명** **virt** : 가상 서버 정의, **vip** : 가상 서버의 IP 지정,
  service : 서비스 포트 지정, **group** : 분산 대상 그룹 지정,
  rport : 분산 대상 리얼 포트 지정

```
/c/slb/virt 1
      ena
      ipver v4
      vip 13.246.100.25
/c/slb/virt 1/service http
      group 1
      rport 30080
/c/slb/virt 2
      ena
      ipver v4
      vip 13.246.100.174
/c/slb/virt 2/service 6800
      group 2
      rport 18600
```

10.2. AWS의 SLB 제어 : 로드밸런서(ELB)

AWS도 온프레미스와 비슷한 용어를 사용한다. AWS의 SLB를 Elastic Load Balancing^{탄력}적 로드밸런싱 또는 로드밸런싱이라 하고, 이 기능을 제공하는 서비스를 **로드밸런서**^{Elastic Load Balancer,} ^{ELB}라 한다.

10.2.1. L4 스위치 vs. 로드밸런서(ELB)

표 10-1은 온프레미스의 L4 스위치와 ELB 각 구성 요소를 비교한 것이다.

표 10-1 L4 스위치와 ELB 비교

구분 \ 제어 요소	L4 / L7 스위치	ELB
요청 수신	가상 서버 (Virtual Server)	ELB의 IP + 리스너(Listener)
가상 서버(리스너) 구성 요소	가상 IP + 프로토콜과 포트	리스너의 프로토콜과 포트
VIP 개수	가상 서버당 1개	ELB당 1개 도메인
포함 관계	가상 서버의 모음 ⊂ L4 스위치	리스너의 모음 ⊂ ELB
요청 전달 대상	대상 그룹(Target Group) + 대상 그룹의 프로토콜과 포트	
요청 분산 대상	리얼 서버 IP + 리얼 서버의 프로토콜과 포트	대상(Target) + 대상의 프로토콜과 포트
다중화	장비 다중화 가능	ELB 다중화 불가

표 10-1에서 제시한 7가지 비교 항목을 그림 10-3에서 확인해보자.

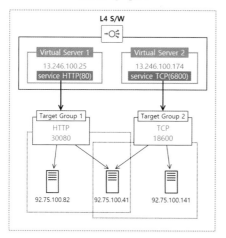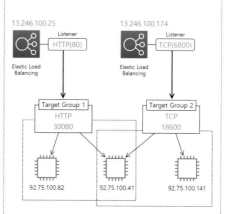

그림 10-3 L4 스위치와 ELB의 비교

L4 스위치와 ELB는 구조나 생김새가 매우 유사하다. 굳이 차이점을 꼽는다면 L4 스위치는 내부에 가상 서버(가상 IP)를 여러 개 만들 수 있다는 점이다. AWS에서는 여러 ELB를 생성하는 것으로 대체한다.

하지만 가상 서버마다 다수 서비스(프로토콜과 포트)를 생성할 수 있듯이 ELB도 내부에 다수리스너를 생성할 수 있다.

10.2.2. ELB 학습 순서

비교를 마쳤으니 지금부터 ELB 학습을 본격적으로 시작한다. 학습 순서는 이렇다.

① ELB 4개 유형을 한눈에 살펴보고 비교한다(10.2.3).

② 그림 10-4에 표현된 ELB를 경계로, 로드밸런싱 처리부(A)와 요청 수신부(B)로 나눠 파악한다.

먼저 10.3절에서는 ELB 구조와 로드밸런싱 처리 방식(A)을 알아봄으로써 ELB 큰 틀을 이해하고 10.4절에서는 수신 트래픽 전달 방식(B)을 통해 트래픽 흐름 과정을 이해한다.

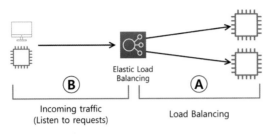

그림 10-4 요청 수신부와 로드밸런싱 처리부

- ELB 특징은 1개 유형을 대표로 설명하되, 유형별 특징 비교표를 제공한다.

- **게이트웨이 로드밸런서**^{Gateway Load Balancer, GWLB}는 다른 3개 유형과 쓰임과 특징이 다르므로 10.6절에서 개별 학습한다. 단, 비교표는 제공한다.

③ 요청 수신부터 로드밸런싱까지 전체 과정상 특징을 10.5절에서 분석한다.

10.2.3. ELB 유형 비교 : ALB, NLB, CLB, GWLB

AWS는 다음 4개 ELB 유형을 제공한다.

① **애플리케이션 로드밸런서**^{Application Load Balancer, ALB}

② **네트워크 로드밸런서**^{Network Load Balancer, NLB}

③ **클래식 로드밸런서**^{Classic Load Balancer, CLB}

④ **게이트웨이 로드밸런서**^{Gateway Load Balancer, GWLB}

그림 10-5는 4개 유형을 비교하기 쉽게 표현한 토폴로지다.

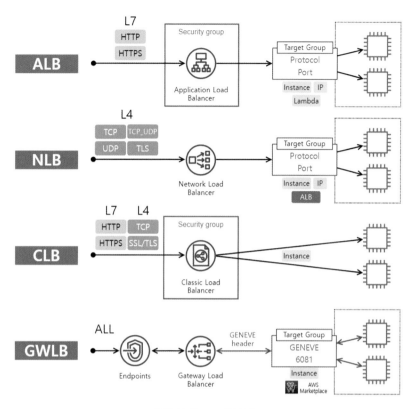

그림 10-5 ELB 유형 비교

4개의 ELB 유형의 특징은 다음과 같다.

- ALB와 CLB만 SG를 사용한다.

- CLB는 대상 그룹을 사용하지 않는다.

- ALB는 L7, NLB는 L4, 그리고 CLB는 L4와 L7 모두 지원한다.

- ALB, NLB, CLB의 목적은 ELB에 등록된 대상으로 로드밸런싱하는 것이다.

- GWLB의 목적도 이와 같지만, 대상이 트래픽의 최종 목적지는 아니다. GWLB는 IPS나 방화벽 같은 **어플라이언스(Appliance)**로 로드밸런싱한다. 즉, 로드밸런싱 대상(어플라이언스)은 트래픽 검사나 필터링을 위한 중간 경유지며, 트래픽 최종 목적지는 아니다. 따라서 모든 트래픽을 수용해야 한다.

- ALB의 대상 그룹 유형은 인스턴스, IP, Lambda를 지원하고 NLB는 인스턴스, IP, ALB, 그리고 CLB는 인스턴스만 지원한다.

이 내용을 표 10-2로 정리한다.

표 10-2 로드밸런서 유형별 특징 비교

특징 \ ELB 유형	ALB	NLB	CLB	GWLB
보안 그룹(SG) 사용	O	X	O	X
대상 그룹 사용	O	O	X	O
대상(그룹) 유형	인스턴스, IP, Lambda	인스턴스, IP, ALB	인스턴스	GENEVE 지원 어플라이언스
계층	L7	L4	L4 / L7	L3 / L4
리스너 프로토콜	HTTP, HTTPS	TCP, UDP, TCP_UDP, TLS	HTTP, HTTPS, TCP, SSL/TLS	IP

ELB 특징 비교로써 로드밸런싱 목적에 맞는 유형을 선택할 수 있다.

ALB는 HTTP와 HTTPS 서비스에 최적화돼 있다. 4계층의 대용량, 고성능 트래픽을 분산하려면 NLB를 사용한다. CLB는 VPC가 아닌 EC2-Classic 플랫폼에서도 사용할 수 있으나 2013년 12월 이후 생성된 AWS 계정은 EC2-Classic 플랫폼 지원이 안 되므로 참고한다. 추가 참고 사항으로 EC2-Classic은 2022년 8월부로 공식 지원이 종료됐다.

SG는 ALB와 CLB의 필수 요소이므로, 이후의 토폴로지에는 SG를 별도 표시하지 않을 수도 있다.

10.3. 로드밸런싱 처리부

학습 순서(10.2.2)에 제시한대로 ELB 로드밸런싱 파트를 먼저 살펴본다.

10.3.1. ELB 가용 영역과 노드

먼저 ELB의 특징은 다음과 같다.

ELB의 특징

- [표 3-1 참조] ELB의 패런트는 VPC다. 또 ELB 유형에 따라 수명 주기 동안 연결 특성이 달라진다. ALB 와 CLB는 다른 요소에 연결할 수 없으며 NLB와 GWLB는 엔드포인트 서비스에 연결할 수 있다. 이 내용 은 12장에서 다룬다.

- ELB 생성과 동시에 ELB용 ENI가 생성된다. 이것을 **로드밸런서 노드(Load Balancer Node)**라 한다.

- 노드 생성 위치는 ELB 생성 시 선택한 가용 영역의 서브넷이다.

- 가용 영역별 1개 서브넷만 선택할 수 있다. 즉, 가용 영역별 1개 노드가 생성된다.

- ELB의 실제 역할은 노드가 수행한다. 노드는 각 가용 영역에서 활동하는 ELB의 특파원으로 비유할 수 있다. 클라이언트 요청을 받은 ELB는 각 가용 영역에 대기중인 노드로 명령을 내려 로드밸런싱을 수행토록 한다.

- 각 가용 영역의 노드는 가용 영역의 모든 서브넷으로 로드밸런싱할 수 있다.

- 모든 가용 영역을 선택하지 않아도 된다. 단, 선택한 가용 영역으로만 로드밸런싱을 할 수 있다.

- 클라이언트가 실제 접속하는 ELB의 IP는 엄밀히 말해 노드의 IP다.

- ALB는 반드시 2개 이상의 가용 영역을 선택해야 한다.

위의 특징을 그림 10-6에서 확인해보자.

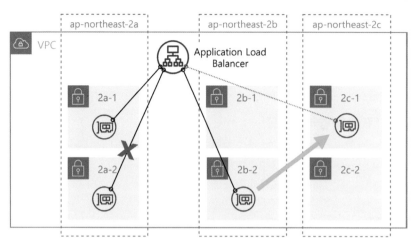

그림 10-6 가용 영역 전체를 관할하는 ELB 노드

- ALB는 최소 2개 가용 영역을 선택해야 한다. 예시는 2a 와 2b 를 선택했다.

- 각 가용 영역(2a , 2b)에 1개 서브넷만 선택할 수 있다. 선택한 2a-1 과 2b-2 서브넷에 노드가 생성되고, 이 노드들이 로드밸런싱을 수행한다.

- 선택하지 않은 가용 영역(2c)으로는 로드밸런싱이 불가능하다.

- 노드가 생성된 서브넷과 로드밸런싱 대상 서브넷이 서로 달라도 된다. 즉, 2a-1 에 생성된 노드는 2a-1 과 2a-2 에 놓인 서비스로 로드밸런싱할 수 있다.

- ALB는 가용 영역을 추가(2c)하거나 변경(2b → 2c)할 수도 있다. 단, 최소 2개 가용 영역은 유지해야 한다.

이 내용을 정리하면 표 10-3과 같다.

표 10-3 ELB 유형별 가용 영역의 특징

특징　　　ELB 유형	ALB	NLB	CLB	GWLB
가용 영역 선택 조건	최소 2개	최소 1개		

ELB 유형 특징	ALB	NLB	CLB	GWLB
가용 영역별 선택 가능한 서브넷 개수	1개(=가용 영역별 노드 개수)			
가용 영역 변경 범위	모두 가능 (추가, 변경, 삭제)	추가만 가능 (변경, 삭제 불가)	모두 가능 (추가, 변경, 삭제)	변경 불가

10.3.2. ELB 중복 구현 : 교차 영역 로드밸런싱

온프레미스에서는 L4 스위치 장비를 다중화해 장애를 대비하지만, ELB는 다중화가 불가능했다(표 10-1). 그럼 ELB 다중화는 어떻게 구현할까?

그림 10-7은 다중 가용 영역(2a, 2c)을 지정한 NLB의 모습이다.

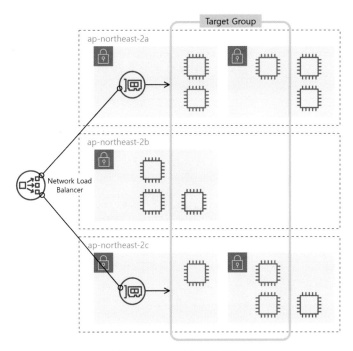

그림 10-7 NLB 가용 영역 다중화

사실 NLB는 가용 영역 1개만 지정해도 되는데(표 10-3) 예시는 2개를 지정했다. 2b는 가용 영역에서 제외했으므로 생성된 노드가 없다. 따라서 2b에 놓인 인스턴스로는 로드밸런싱이 불가능하다. 즉, 2a와 2c 가용 영역의 대상 그룹에 속한 주황색 인스턴스로만 로드밸런싱할 수 있다.

문제는 2a 노드가 장애면 2a에 놓인 인스턴스로는 로드밸런싱이 불가능하다는 것이다. 이 문제는 **교차 영역 로드밸런싱**Cross-zone load balancing으로 해결할 수 있다. 그림 10-8은 교차 영역 로드밸런싱 속성을 활성화(아래)한 것과 그렇지 않은(위) NLB를 나타낸다.

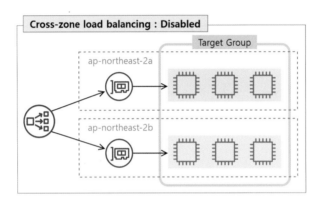

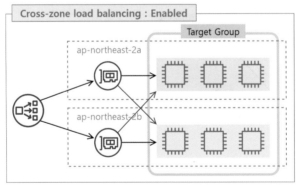

그림 10-8 교차 영역 로드밸런싱 작동 방식

이 옵션을 활성화하면 2a는 2a와 2b의 모든 인스턴스로 로드밸런싱한다. 2b도 마찬가지다. 2c에도 노드를 생성한다면 3개의 각 노드는 노드가 존재하는 모든 가용 영역(2a, 2b, 2c)의 인스턴스로 로드밸런싱할 것이다. 이 말은 노드가 없는 가용 영역으로는 로드밸런싱이 불가능하다는 뜻과 같다. 예컨대 ELB 노드를 2a와 2b에만 생성했다면 옵션값과 무관하게 2c에 놓인 대상 인스턴스는 로드밸런싱 트래픽을 수신할 수 없다.

이처럼 교차 영역 로드밸런싱을 활성화하면 각 노드가 다른 가용 영역으로도 로드밸런싱하므로 단 하나의 ELB로 다중화를 구현할 수 있다.

ELB 유형별 기능 차이는 표 10-4와 같다.

표 10-4 ELB 유형별 교차 영역 로드밸런싱 속성 비교

ELB 유형 특징	ALB	NLB	CLB	GWLB
교차 영역 로드밸런싱 속성 기본값	활성화	비활성화	·API, CLI : 비활성화 ·콘솔 : 활성화	비활성화
속성 변경	불가	가능	가능	가능

ALB는 항상 활성화 상태로 사용해야 하며 NLB와 CLB는 설정 변경을 할 수 있다. 따라서 그림 10-8의 비활성화 토폴로지는 ALB로 연출할 수 없다.

특히 CLB는 생성 방식에 따라 차이가 있다. API 호출로써 CLB를 생성하면 교차 영역 로드밸런싱은 비활성화된다.

10.3.3. 대상 그룹과 대상

대상 그룹^{Target Group}은 ELB가 로드밸런싱하는 **대상**^{Target}의 모음이다. 대상 그룹의 특징은 다음과 같다.

NOTE

대상 그룹(Target Group)의 특징 : 표 3-1 참조

- 대상 그룹의 패런트는 VPC다. 수명 주기 동안 VPC를 변경할 수 없다.
- 대상 그룹은 수명 주기 동안 다른 요소에 연결할 수 있다. 연결 대상은 ELB다.
- 연결 종속성으로 인해 기존 연결된 ELB를 해제해야 다른 ELB에 연결할 수 있다. 즉, 하나의 대상 그룹을 여러 ELB에 연결할 수 없다. 단일 ELB의 제어를 받기 때문이다.
- 그러나 다중 연결 가능성(N:1)이 있으므로 여러 대상 그룹을 하나의 ELB에 연결할 수 있다.

위의 특징을 정리하면 ELB가 특정 대상 그룹을 사용하는 동안, 다른 ELB가 그 대상 그룹을 사용하지 못한다. 이처럼 대상 그룹은 ENI와 유사하다. ENI는 인스턴스의 통제 하에 있기 때문에 ENI 1개를 여러 인스턴스에 연결할 수는 없지만 여러 ENI를 하나의 인스턴스에 연결할 수는 있었다. 이같은 대상 그룹의 특징을 그림 10-9에 표현했다.

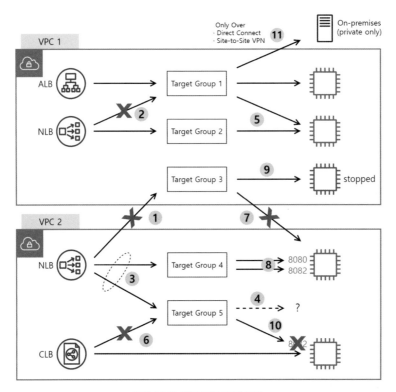

그림 10-9 대상 그룹 연결 특징

다음의 각 특징은 그림 10-9에 표시된 번호와 일치한다.

① 대상 그룹의 패런트는 VPC다. 따라서 다른 VPC의 ELB에 연결할 수 없다. 또 `Target Group 3`처럼 그 어떤 ELB에 연결되지 않고 홀로 존재할 수 있다.

② 대상 그룹과 ELB는 1:N 관계가 불가능하다. 단, 기존 ELB와 연결을 해제하면 다른 ELB에 연결할 수 있다.

③ 대상 그룹과 ELB는 N:1 관계가 가능하다. 하나의 ELB가 여러 대상 그룹으로 라우팅할 수 있다.

④ 대상 그룹이 그 어떤 대상도 포함하지 않을 수 있다.

⑤ `Target Group 1`이 포함하는 대상을 `Target Group 2`가 포함해도 된다.

⑥ CLB는 대상 그룹으로 로드밸런싱할 수 없다. 인스턴스로 직접 로드밸런싱한다.

⑦ `VPC 1`에 속한 `Target Group 3`이 `VPC 2`에 속한 대상 인스턴스를 포함할 수 없다. 단, VPC 간 피어링이 연결되면 인스턴스 ID 대신 IP 주소를 등록할 수 있다.

⑧ 동일 대상(인스턴스)의 다른 포트로 로드밸런싱을 할 수 있다.

⑨ 중지된 인스턴스도 대상으로 지정할 수 있다.

⑩ 포트가 중지된 인스턴스도 대상으로 지정할 수 있다.

⑪ 온프레미스의 프라이빗 IP를 대상으로 지정할 수 있다. 단, **IP 유형**을 지원하는 ALB와 NLB만 가능하며 Direct Connect(11장)와 사이트 간 VPN 연결(11장)상에서만 대상 지정을 할 수 있다.

10.3.4. 가변 노드를 장착한 ELB : ALB, CLB

ELB는 유형에 따라 노드 생성 방식이 다르다. NLB 생성 시 3개(2a, 2b, 2c)의 가용 영역을 선택했다면 정확히 노드 3개(2a, 2b, 2c)가 생성된다. 그러나 ALB와 CLB는 그렇지 않다. 이 둘은 노드를 가변적으로 조정한다. 즉, 트래픽 부하나 로드밸런싱 대상 상태에 따라 노드를 확장하고 삭제한다.

예컨대 ALB 생성 시 3개(2a, 2b, 2c) 가용 영역을 선택하고, 대상이 없는 대상 그룹을 ALB에 연결했다고 가정하자. 로드밸런싱 대상이 없음을 인지한 ALB는 랜덤 가용 영역 한 곳(2b)에서만 노드를 생성한다. 그러다 로드밸런싱 대상 인스턴스(2a)가 등록되면 2a에 추가 노드를 생성한다. 또 트래픽 부하가 늘어나면 2c에도 노드를 만든다. 대상 인스턴스가 중지되면 노드를 삭제하기도 한다.

한편 가용 영역에 있던 기존 노드를 제거하고 새 노드를 만들어 교체하기도 한다. 교체 과정에서 동일한 가용 영역에 2개 이상의 노드가 공존할 때도 있다. 물론 일정 시간이 지나면 가용 영역별 단 하나의 노드만 남는다.

반면 NLB는 로드밸런싱 대상 유무와 관계없이 모든 가용 영역에 노드 1개씩을 생성해 둔다. 수명 주기 동안 노드 변경도 없다. 이 특성은 NLB에만 탄력적 IP를 할당할 수 있는 근거가 된다. 모든 노드(ENI)가 고정적이기 때문이다. 탄력적 IP는 프라이빗 IP 단위로 할당되므로, 프라이빗 IP가 ENI에서 해제되면 탄력적 IP 연결도 해제된다(8.1.7 참조). 따라서 프라이빗 IP가 바뀌지 않는 NLB만 탄력적 IP를 연결하도록 설계했을 것이다.

10.3.5. NLB 대상 그룹에 ALB 연결하기

이처럼 가변 노드를 사용하는 ALB와 CLB는 탄력적 IP가 아닌 동적 퍼블릭 IP만 사용할 수 있다. ALB와 CLB의 DNS 이름(도메인)을 쿼리하면 상황에 따라 노드의 IP와 그 개수가 달라진 것을 확인할 수 있을 것이다. 따라서 접근 제어 적용 시 어려움을 겪는다.

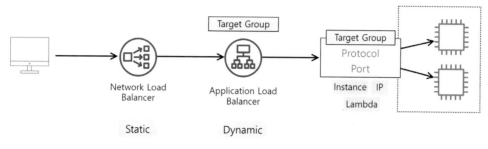

그림 10-10 ALB 유형 대상 그룹

이 같은 가변 노드의 단점을 보완하기 위해 2021년 9월부터 NLB에 ALB 유형 대상 그룹 연결을 지원하고 있다(그림 10-10). 쉽게 말해 클라이언트는 NLB의 고정 노드 특성만 고려해 트래픽을 요청하고 NLB 후면에 장착된 ALB의 노드나 IP 변화는 NLB가 자동 감지해서 라우팅한다. 이 내용은 NLB를 사용하는 엔드포인트 서비스(12장)에도 똑같이 적용된다.

10.4. 요청 수신부

10.4절에서는 클라이언트 요청을 수신하는 ELB 수신부를 학습한다.

10.4.1. ELB 체계와 DNS 이름

무엇이든 ELB 요청 주체가 될 수 있다. 이를테면 일반 사용자(PC, 모바일)나 온프레미스 시스템, 그리고 AWS 서비스 등 모든 컴퓨팅이 ELB 클라이언트다.

이렇듯 ELB는 어떤 클라이언트라도 쉽게 액세스하도록 다음 기능을 제공한다.

- ELB 전용 **DNS 이름**$^{\text{DNS name}}$을 사용한다. DNS 이름은 ELB마다 유일하며 변하지 않는다. ELB의 DNS 이름과 ELB가 소유한 모든 노드 IP 간 매핑 정보가 DNS에 저장되므로, 클라이언트는 모든 노드의 IP를 일일이 몰라도 DNS 이름만으로 ELB에 접속할 수 있다. DNS 매핑 정보는 그림 10-11을 참조한다.

- ELB는 2가지 요청 유형을 제공한다. 이를 **체계**Scheme라 한다.

① **인터넷**Internet **체계** : 인터넷상의 클라이언트가 IGW를 통과해 ELB로 접속 시 사용한다. 따라서 IGW의 NAT 테이블에 등록될 퍼블릭 IP(또는 탄력적 IP)가 노드에 할당돼 있어야 한다.

② **내부**Internal **체계** : 클라이언트가 IGW를 통과하지 않고 ELB로 접속할 때 사용한다. 그러므로 퍼블릭 IP(또는 탄력적 IP)는 없다. 클라이언트는 리전 위치와 무관하며 VPC 내부 또는 동일 계정의 다른 VPC나 다른 계정의 VPC에 존재할 수도 있다. 또 Direct Connect, VPN 등 VGW를 경유해 접속할 때도 사용한다. 이처럼 VPC 네트워킹을 사용하지 않는 클라이언트도 내부 체계 ELB로 트래픽을 요청할 수 있다.

정리하면 이 2가지 체계의 구분 기준은 클라이언트 트래픽의 IGW 통과 여부다. 그러나 **DNS 이름**은 이 체계와 관계없이 트래픽 요청 과정을 매우 단순하게 한다. 그림 10-11은 인터넷 체계 ALB의 트래픽 처리 과정이다.

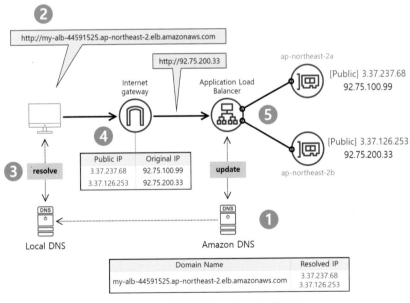

그림 10-11 인터넷 체계 ALB의 DNS 이름 호출

ALB의 트래픽 순서는 다음과 같다.

① 인터넷 ALB 노드는 2개 가용 영역(2a, 2b)에 있다. ALB 노드를 생성하거나 변동을 감지하면 Amazon DNS에 레코드가 갱신된다. 인터넷 체계를 사용하므로 퍼블릭 IP `3.37.237.68`, `3.37.126.253`)를 저장하고 전파한다.

② 클라이언트가 ELB의 DNS 이름으로 웹 트래픽을 요청한다.

③ 클라이언트는 DNS에 도메인을 쿼리해 IP를 불러온다. 이 때 ELB가 사용하는 2개 노드의 IP가 번갈아가며 선택된다.

④ 2b 가용 영역의 노드가 선택되면 `http://3.37.126.253`으로 접속한다. 이 접속 트래픽은 IGW의 NAT 테이블을 참조해 IP를 변환한다. 웹 요청은 `http://92.75.200.33`으로 변경된다.

⑤ ALB는 웹 트래픽을 수신하고 대상 그룹으로 로드밸런싱한다.

그럼 내부 체계는 어떨까? 그림 10-12는 내부 ALB로 웹 트래픽을 요청하는 과정을 나타낸다.

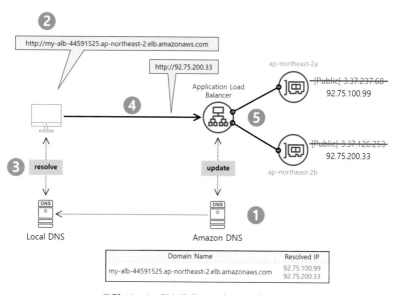

그림 10-12 내부 체계 ALB의 DNS 이름 호출

내부 ALB는 퍼블릭 IP(또는 탄력적 IP)가 없으므로 노드의 프라이빗 IP가 DNS 레코드로 저장된다. 즉, DNS 이름을 요청하면 `http://92.75.200.33`으로 접속하므로 인터넷 체계와 다르지 않다. 다시 말해 ALB 입장에서는 체계 종류가 중요치 않다는 얘기다. 퍼블릭 IP로 접속한다는 점에서만 인터넷 ALB와 다를 뿐 그 이후의 프로세스는 같다.

인터넷 체계 ELB를 사용한다는 것은 ELB 노드에 퍼블릭 IP(또는 탄력적 IP)가 할당됐음을 뜻한다. ALB, NLB, CLB는 인터넷 체계를 사용할 수 있으며 GWLB는 VPC 엔드포인트로만 접근하므로 내부 체계만 제공한다.

앞서 언급한 대로(10.3.4 참조) NLB는 고정 노드를 사용하므로 탄력적 IP를 연결할 수 있다. 반면 ALB나 CLB는 동적 퍼블릭 IP를 할당받아 사용한다.

이 내용을 표 10-5로 정리한다.

표 10-5 ELB 유형별 인터넷 체계 속성 비교

특징 \ ELB 유형	ALB	NLB	CLB	GWLB
인터넷 체계 사용 가능		O		X
노드에 탄력적 IP 연결 가능	X	O	X	

10.4.2. 리스너

클라이언트 요청이 자극이라면 로드밸런싱은 반응이다. 이 자극을 기다리고 반응하는 것 모두 리스너의 역할이다.

리스너Listener는 포트를 열어 놓고 대기한다. 클라이언트 요청이 대기 중인 ELB 리스너의 IP 및 프로토콜(포트) 쌍과 일치하면 대상(그룹)으로 로드밸런싱한다. 즉, 리스너마다 로드밸런싱하는 대상(그룹)을 지정할 수 있다.

리스너의 동작 방식을 다음과 같이 요약한다. 10.2.1의 그림 10-3을 함께 참조한다.

① ELB 리스너는 설정된 프로토콜(포트)을 리슨한다. 그림 10-3 예시는 HTTP(80)와 TCP(6800) 포트를 리슨한다.

② 리스너가 대기하는 프로토콜(포트)로 요청이 들어오면 ELB는 리스너에 등록된 대상 그룹의 포트로 로드밸런싱한다. 다시 말해 리스너마다 로드밸런싱하는 대상 그룹이 정해 져 있다.

그림 10-13은 웹 요청을 수신한 ALB가 대상 그룹으로 트래픽을 로드밸런싱하는 예를 보 여준다.

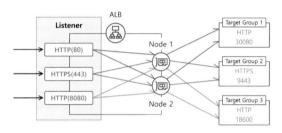

그림 10-13 ALB 리스너 라우팅

처리 순서는 다음과 같다.

① 클라이언트가 ALB의 DNS 이름과 프로토콜(포트)로 요청한다.

② 트래픽을 받은 리스너는 로드밸런싱 대상 그룹의 프로토콜(포트)로 라우팅한다. 이는 그 림 10-13의 화살표 색상으로 구분한다.

표 10-6 ALB 리스너의 로드밸런싱

사용자 요청	리스너 프로토콜(포트)	로드밸런싱	대상 그룹의 프로토콜(포트)	타깃 그룹
→	HTTP(80)	→	HTTP(30080)	1
→	HTTPS(443)	→	HTTPS(9443)	2

사용자 요청	리스너 프로토콜(포트)	로드밸런싱	대상 그룹의 프로토콜(포트)	타깃 그룹
→	HTTP(8080)	→	HTTP(18600)	3

10.5. 요청 수신부터 로드밸런싱 처리까지

로드밸런싱 처리부(10.3)와 요청 수신부(10.4)로 나눠 ELB 특징을 학습했다. 지금부터 이 둘을 연결해서 함께 살펴보자.

10.5.1. 리스너와 대상 그룹

리스너(10.4.2)를 계속 이어 설명하겠다. 표 10-6을 보면 리스너 프로토콜(HTTP, HTTPS)과 대상 그룹의 프로토콜(HTTP, HTTPS)이 일치함을 알 수 있다. 즉, TCP나 UDP 대상 그룹은 연결할 수 없다. 그림 10-14는 이를 잘 표현하고 있다.

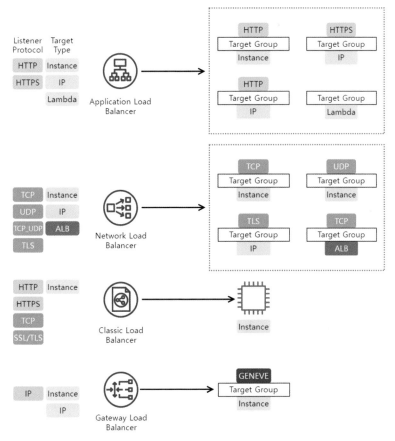

그림 10-14 ELB 유형별 라우팅 가능한 대상 그룹 유형

참고로 대상 그룹 유형은 일부만 표현했다. 예컨대 ALB는 HTTPS 프로토콜을 사용하는 인스턴스 유형 대상 그룹도 만들 수 있지만 그림에 표현하진 않았다.

이 그림을 요약하면 다음과 같다.

① ELB 유형마다 사용할 수 있는 리스너 프로토콜이 정해져 있다. 따라서 대상 그룹 프로토콜도 ELB가 지원하는 프로토콜과 일치해야 한다.

→ ALB 리스너는 HTTP와 HTTPS 프로토콜만 지원한다. 따라서 ALB 리스너는 HTTP와 HTTPS 프로토콜 대상 그룹으로만 라우팅할 수 있다.

② ELB 유형마다 라우팅할 수 있는 대상 그룹 유형이 정해져 있다.

→ ALB는 인스턴스, IP, Lambda 유형으로만 라우팅할 수 있다.

③ 리스너(①) 프로토콜과 대상 그룹 유형(②) 모두 ELB 유형이 지원해야 한다.

→ ALB는 TCP 프로토콜을 사용하는 인스턴스 대상 그룹은 선택할 수 없다. 인스턴스는 지원하지만 TCP 프로토콜은 지원하지 않기 때문이다.

④ CLB는 대상 그룹 라우팅이 불가능하다. 인스턴스로만 로드밸런싱할 수 있다.

ELB 유형별 사용 가능한 리스너 프로토콜은 표 10-7과 같다. 이 내용은 ELB 4개 유형을 비교한 10.2.3의 그림 10-5와 표 10-2에서도 찾아볼 수 있다.

표 10-7 ELB 유형별 리스너 프로토콜과 대상 유형

ELB 유형 특징	ALB	NLB	CLB	GWLB
리스너 프로토콜 = 대상 그룹 프로토콜	HTTP, HTTPS	TCP, UDP, TCP_UDP, TLS	HTTP, HTTPS, TCP, SSL/TLS	IP
계층	L7	L4	L4 / L7	L3 / L4
대상(그룹) 유형	인스턴스, IP, Lambda	인스턴스, IP, ALB	인스턴스	GENEVE 지원 어플라이언스 (인스턴스)

10.5.2. 상태 검사 결과가 ELB에 미치는 영향

로드밸런싱 대상의 **정상**^{Healthy} 여부를 모니터링하는 기능이 있다. 이것을 **상태 검사**^{Health checks}라 한다.

대상 그룹을 사용하는 3가지 유형(ALB, NLB, GWLB)은 그림 10-15처럼 **서비스 › EC2 › 대상 그룹** 메뉴의 **대상** 탭에서 **상태 확인** 속성을 볼 수 있다. 또 상태 검사 옵션은 **상태 검사** 탭에서

설정한다.

그림 10-15 ALB 대상 상태 확인

반면 대상 그룹이 없는 CLB는 그림 10-16처럼 **서비스 ❯ EC2 ❯ 로드밸런서** 메뉴의 **인스턴스** 탭에서 상태를 확인하고 **상태 검사** 탭에서 검사 옵션을 설정한다.

그림 10-16 CLB 대상 상태 확인

그림 10-15 ALB의 대상 그룹에는 **healthy** 대상 2개와 **unhealthy** 대상 1개가 보인다. 그림 10-16 CLB 대상 인스턴스는 **InService**와 **OutOfService** 인스턴스가 각각 1개씩이다. 표현 방법만 다를 뿐 순서대로 '정상'과 '비정상'을 뜻한다. 상태가 '정상'으로 표시되면 실제 서비스도 '정상'일까? 그래서 로드밸런싱이 가능할까?

그림 10-17은 ELB 노드가 대상 그룹으로 로드밸런싱하는 3개의 예시다. 편의상 대상 그룹에는 인스턴스 1개만 있다고 가정한다.

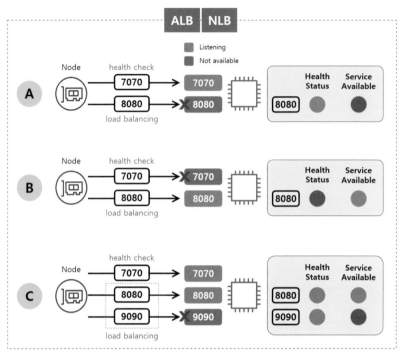

그림 10-17 대상 그룹의 상태 검사(ALB, NLB)

상태 검사 포트와 로드밸런싱(트래픽) 포트를 같게 하거나 예시처럼 다르게 지정할 수도 있다. 포트가 같다면 상태 검사 결과(Health Status)를 신뢰할 수 있으므로 별도로 표현하진 않았다. 또 상태 검사 및 로드밸런싱용 접근 제어는 설정됐다고 가정한다.

A 예시는 `HTTP 7070`으로 상태 검사를 하고 `HTTP 8080`으로 로드밸런싱한다. 인스턴스는 `8080`을 리슨하지 않아 서비스가 불가능한 상태다. 그러나 상태 검사용 포트(`7070`)는 리슨하므로 대상 상태는 '정상'이다.

반면 **B**는 상태 검사 포트(`7070`)를 리슨하지 않아 '비정상'으로 뜨지만, 로드밸런싱 포트(`8080`)는 리슨하므로 서비스를 할 수 있는 상태다.

마지막으로 **C**는 1개 인스턴스에 2개 포트(`8080`, `9090`)를 대상으로 지정했다. 로드밸런싱 포트 1개(`9090`)는 리슨 상태가 아니지만 상태 검사 포트(`7070`)를 리슨한다. 따라서 서비스가 불가한 `9090` 포트조차도 '정상'을 표시한다.

이처럼 상태 검사만으론 ELB 서비스 상태를 신뢰하기 어렵다. CLB 예시는 그림 10-18에서 확인해보자.

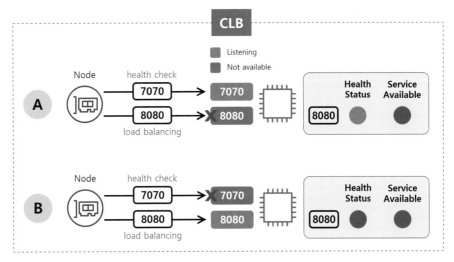

그림 10-18 CLB 대상의 상태 검사

모든 조건은 그림 10-17과 같다. CLB는 상태 검사 결과가 로드밸런싱 여부를 결정한다. B처럼 상태 검사를 통과하지 못하면 아무리 서비스 포트(8080)가 정상이라 해도 로드밸런싱은 실패한다.

10.5.3. 컴퓨팅 노드와 라우팅 노드 비교 : ALB vs. NLB

7.2절에서 학습한 ENI 2가지 유형(컴퓨팅 ENI, 라우팅 ENI)을 복습한다. ENI 유형은 다음 2가지 차이점이 있었다.

① **소스/대상 확인** : 라우팅 ENI는 소스/대상 확인 설정이 해제된 상태로 생성되며 트래픽을 수신하면 데이터 변경 없이 포워딩한다.

② **SG 강제 적용** : 컴퓨팅 ENI는 SG를 사용하고, 라우팅 ENI는 사용하지 않는다.

ELB 노드도 ENI를 기반하므로 2가지 유형 중 하나일 것이다. ELB 유형을 비교한 그림 10-5를 보면 ALB와 CLB에는 SG가 연결돼 있다. 즉, 이 2개 유형은 컴퓨팅 ENI를 사용한다고 추측할 수 있다.

ELB 노드가 컴퓨팅 ENI를 사용하면 **컴퓨팅 노드**를 정의하고, 라우팅 ENI를 사용하면 **라우팅 노드**라 정의하자. 정리하면 다음처럼 분류할 수 있다.

- 컴퓨팅 노드 : ALB, CLB

- 라우팅 노드 : NLB, GWLB

각 유형을 대표하는 ALB와 NLB 예시로써 2가지 차이점을 비교해보자. 단, 상태 검사를 위한 SG 규칙은 고려하지 않겠다. 먼저 SG 강제 적용을 알아보자. 그림 10-19는 ALB와 라우팅 대상에 연결된 SG 모습이다.

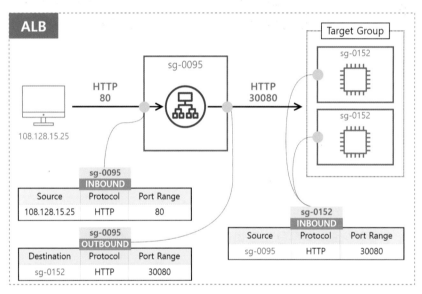

그림 10-19 ALB의 SG 사용법

ELB에 연결된 SG는 다음 접근만 허용해야 한다.

- 인바운드 : 클라이언트 IP와 ELB 리스너 프로토콜(포트)

- 아웃바운드 : ELB가 로드밸런싱할 대상 IP와 프로토콜(포트)

로드밸런싱 대상 인스턴스 모두 VPC 내부에 있으므로 SG 대상에 라우팅 목적지 IP를 입력하기보다 예시처럼 SG(sg-0152) 적용을 권장한다. 또한 대상 인스턴스의 SG(sg-0152) 인바운드 소스도 ELB 노드의 IP를 일일이 지정하기보다는 ELB가 사용하는 SG(sg-0095)를 지정하면 편리하다. SG의 소스나 대상에 SG를 지정함으로써 접근 허용 대상이 AWS 내부 리소스라는 것을 확신할 수 있으며 보안 점검 시간도 단축된다.

그림 10-20은 라우팅 노드를 사용하는 NLB의 모습이다.

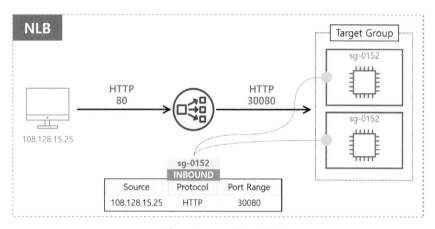

그림 10-20 NLB의 SG 사용법

NLB는 ALB와 다르게 SG를 사용하지 않는다. 그러므로 로드밸런싱 대상 2개가 클라이언트 접근을 직접 제어한다. 예시처럼 인터넷 체계를 사용하면 각 대상들이 인터넷 클라이언트 접속을 직접 상대해야 하므로 접근 제어에 특히 유의해야 한다.

소스/대상 확인을 하지 않는 NLB는 유입 트래픽의 데이터 조작없이 즉시 로드밸런싱하지만 ALB는 별도 데이터 처리 과정을 거친 뒤 로드밸런싱한다. 어찌보면 SG와 **소스/대상 확인** 설정은 유입된 트래픽을 ELB에서 한 템포 쉬게 해주는 것과 같다.

그럼 로드밸런싱만 관여할 것 같던 ALB는 어떤 데이터 처리 과정이 있을까? 그림 10-21은 ALB와 NLB 리스너의 라우팅 방법을 선택하는 화면이다. 참고로 라우팅 방법은 ELB 생성 이후 **편집** 기능으로 변경할 수 있으며 생성 단계에서는 **전달 대상**이 기본 선택된다.

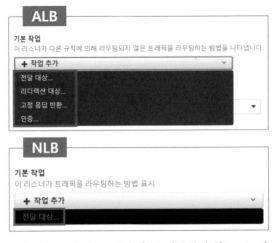

그림 10-21 유형별 로드밸런싱(라우팅) 옵션 차이(ALB, NLB)

전달 대상 옵션만 선택할 수 있는 NLB와는 달리 ALB는 다음 4가지 옵션이 있다.

① **전달 대상** : 앞서 학습한 일반적인 로드밸런싱이다.

② **리디렉션** : 클라이언트에게 다른 라우팅을 제시한다.
  (예) `http://92.75.200.33` 요청을 `https://92.75.200.33`으로 변경 처리한다.

③ **고정 응답 반환** : 클라이언트 요청 데이터와 관계없이 단 하나의 응답만 제공한다. 정기 PM 작업, 리뉴얼 페이지 전환 안내 시 유용하다.

④ **인증** : Amazon Cognito나 OIDC^OpenID Connect로 사용자를 인증할 수 있다. 리스너 프로토콜이 HTTPS일 때만 사용한다.

②, ③, ④는 ALB만 사용 가능한 옵션이다. 이 옵션들은 한 가지 공통점이 있다. 7계층에서만 처리할 수 있다는 점이다. 즉, 클라이언트 트래픽을 단순 포워딩하지 않고 별도 처리 시간을 가진다. 트래픽 부하가 늘어나면 이 시간의 갭도 벌어지므로, 단순 대용량 로드밸런싱은 반드시 NLB를 사용해야 한다.

①번 옵션도 차이가 있다. ALB는 HTTP와 HTTPS를 처리하므로 4계층(TCP, UDP, TLS)만 관여하는 NLB와 다르다. 따라서 트래픽이 노드를 경유 수단으로만 활용하는 NLB와 노드

에서 7계층 작업을 수행하는 ALB는 세션 형태도 같을리 없다. 그림 10-22는 ALB에 맺어진 세션의 모습이다.

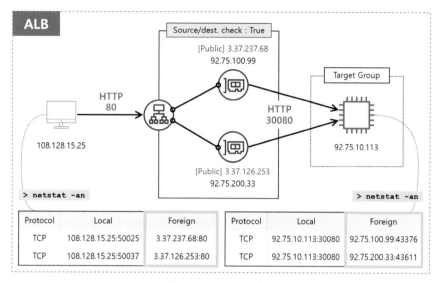

그림 10-22 ALB 라우팅 세션

클라이언트(108.128.15.25)는 ELB 노드의 퍼블릭 IP(3.37.237.68 , 3.37.126.253)와 연결돼 있고 내부 인스턴스(92.75.10.113)는 ELB 노드의 프라이빗 IP(92.75.100.99 , 92.75.200.33)와 연결된 모습을 볼 수 있다. 이를 NLB와 비교해보자. 그림 10-23은 NLB에 접속한 클라이언트와 대상의 세션이다.

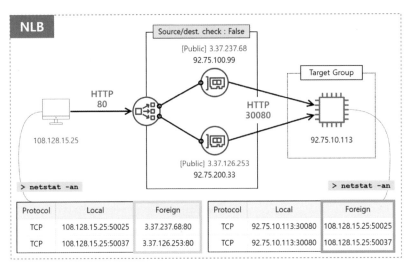

그림 10-23 NLB 라우팅 세션

클라이언트 세션은 ALB와 같지만 대상 인스턴스에서 확인한 세션은 다른 모습을 나타낸다. 내부 인스턴스(92.75.10.113)는 ELB 노드의 프라이빗 IP가 아닌 클라이언트 IP(108.128.15.25)와 연결돼 있다.

NLB는 **클라이언트 IP 보존**^{Preserve client IP addresses} 설정으로 이를 조절할 수 있다. 그림 10-23은 이 설정을 활성화한 사례다. 비활성화하면 그림 10-22와 같다. 정리하면 NLB는 2가지 세션 형태를 모두 연출할 수 있다. 단, 인스턴스의 접근 제어(SG, NACL)는 인스턴스와 세션을 맺을 상대편 IP에 맞게 설정해야 한다.

클라이언트 IP 보존 설정은 NLB에 연결된 대상 그룹을 선택해서 변경하면 된다.

10.6. 게이트웨이 로드밸런서(GWLB)

GWLB도 로드밸런싱을 한다. 그러나 로드밸런싱 형태가 다른 3개 유형과 확연히 구분된다. 클라이언트가 이 3개 ELB(ALB, NLB, CLB)로 요청하면 분산 대상 중 하나가 클라이언트의 요청을 처리하고 회신한다. 다시 말해 대상이 클라이언트 트래픽의 최종 목적지다. 예컨대 클라이언트가 ALB에 웹을 요청하면 대상 그룹에 속한 대상 2개 중 하나가 웹 페이지를 응답하는 식이다.

그러나 GWLB의 대상은 클라이언트의 최종 목적지가 아니다. 클라이언트의 요청 트래픽은 GWLB가 로드밸런싱하는 대상에 잠깐 들린 후 최종 목적지로 다시 이동한다. 그럼 잠깐 들려서 무엇을 할까?

예를 들어 클라이언트가 요청하는 트래픽의 접근 제어에 관여할 수 있다. 가상 방화벽을 뒤 악성 트래픽은 차단하고 허용 클라이언트만 통과시키는 것이다. 이 기능을 하는 방화벽이나 IPS 또는 패킷 검사를 하는 가상 어플라이언스를 대상으로 등록해 로드밸런싱한다. 필터링 정책에 따라 차단된 트래픽은 소실될 것이고 통과된 트래픽은 클라이언트의 최종 목적지로 다시 향해 간다.

그림 10-24는 GWLB의 트래픽 처리 과정이다. GWLB는 엔드포인트를 기반으로 하는 ELB다. 엔드포인트의 기본 개념을 이해하려면 12장을 먼저 학습하길 바란다.

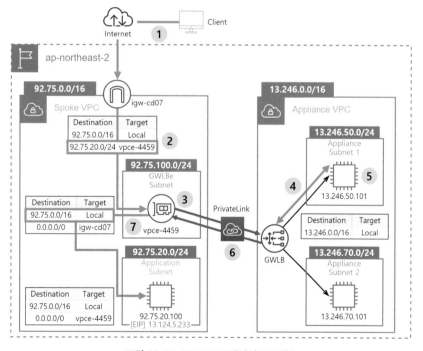

그림 10-24 GWLB 로드밸런싱 프로세스

GWLB의 로드밸런싱 프로세스는 다음과 같다.

① 인터넷 클라이언트가 `92.75.20.100`(EIP : `13.124.5.233`)으로 FTP 접속을 시도한다.

② IGW에 유입된 트래픽은 엣지 라우팅 테이블의 안내를 받아 엔드포인트(`vpce-4459`)로 이동한다.

③ 엔드포인트에 유입된 트래픽은 **엔드포인트 서비스**(AWS PrivateLink)를 통과해 Appliance VPC의 GWLB로 액세스한다.

④ 로드밸런싱 알고리듬에 따라 2개 어플라이언스(13.246.50.101, 13.246.70.101) 중 `13.246.50.101`을 채택한다. GWLB는 클라이언트가 보낸 트래픽을 **GENEVE** 헤더로 **캡슐화** Encaptulation해 `13.246.50.101`로 전달한다. 전송 시 `UDP 6081` 포트를 사용한다.

⑤ 가상 어플라이언스에 도착한 **GENEVE** 패킷은 **역캡슐화** Decaptulation를 거쳐 원본 패킷으로 변환된다. 어플라이언스가 방화벽이라면 정책에 적용된 규칙 검사를 수행한다. 통과 패킷은 다시 **GENEVE** 헤더로 **캡슐화**돼 GWLB로 전달된다.

⑥ GWLB는 전달된 트래픽의 GENEVE 헤더를 다시 분해(역캡슐화)한다. 또 GWLB는 처음 자신을 호출한 엔드포인트(`vpce-4459`)를 찾아 원본 트래픽을 회신한다.

⑦ 엔드포인트에 도착한 원본 트래픽은 최초 목적지(`92.75.20.100`)를 찾아간다.

이 과정과 반대로 `92.75.20.100` 인스턴스가 인터넷으로 접속하는 과정은 어떨까? 라우팅 테이블이 준비돼 있으니 어렵지 않을 것이다. ①~⑦을 참고해 직접 따라가 보자.

GWLB를 사용하려면 다음 조건을 만족해야 한다.

- 로드밸런싱 대상은 GENEVE 프로토콜(UDP 6081)을 지원하는 가상 어플라이언스여야 한다.

- GWLB 엔드포인트 서비스(AWS PrivateLink)와 엔드포인트를 생성해야 한다. 클라이언트 트래픽의 첫 진입점은 이 엔드포인트(그림 10-24 예시의 vpce-4459)다. 엔드포인트 개념은 12장을 참고한다.

10.7. [실습] ALB 생성 과제

ALB 생성 실습으로 10장을 마무리한다. 그림 10-24 표시 순서에 따라 실습해보자.

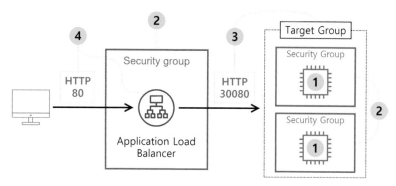

그림 10-25 ALB 생성 순서

① 로드밸런싱 대상 인스턴스 2개를 만든다. 윈도우라면 서버 관리자에서 IIS를 설치하고 HTTP 페이지를 30080 포트로 바인딩한다.

② 규칙없는 SG 2개를 만든다. ALB에 연결할 SG를 `sg-0123` 이라고 하고 대상에 연결할 SG를 `sg-0987` 이라 하자.

• sg-0123 인바운드 : 소스는 클라이언트의 IP를 입력하고 포트는 `HTTP 80` 을 입력한다.

• sg-0123 아웃바운드 : 목적지는 sg-0987을 입력하고 포트는 `HTTP 30080` 을 입력한다.

• sg-0987 인바운드 : 소스는 sg-0123을 입력하고 포트는 `HTTP 30080` 을 입력한다.

③ **서비스 › EC2 › 대상 그룹** 메뉴에서 대상 그룹을 만든다.

④ **서비스 › EC2 › 로드밸런서** 메뉴에서 Application Load Balancer를 생성한다.

10장 정리

10장에서는 연결 제어의 두 번째 주제인 분산 제어를 소개했다. 모든 유형의 ELB를 비교하며 10장을 마친다.

표 10-8 로드밸런서 유형별 특징 비교

특징 \ ELB 유형	ALB	NLB	CLB	GWLB
클라이언트의 요청부터 → 리스너(노드)가 요청을 수신하기까지				
계층	L7	L4	L4 / L7	L3 / L4
인터넷 체계 사용 가능		O		
탄력적 IP 연결 가능 (고정 노드)	X	O	X	X
SG 연결(컴퓨팅 노드)	O	X	O	X
리스너의 역량				
프로토콜	HTTP, HTTPS	TCP, UDP, TCP_UDP, TLS	HTTP, HTTPS, TCP, SSL/TLS	IP
리스너가 수신한 트래픽이 → 가용 영역에 전달되기까지				
가용 영역 선택 조건	최소 2개	최소 1개		
가용 영역 변경 범위	모두 가능 (추가, 변경, 삭제)	추가만 가능 (변경, 삭제 불가)	모두 가능 (추가, 변경, 삭제)	불가
교차 영역 로드밸런싱 기본 속성	활성화	비활성화	·API, CLI : 비활성화 ·콘솔 : 활성화	비활성화
교차 영역 로드밸런싱 속성 변경	불가	가능	가능	가능
가용 영역에 전달된 트래픽이 → 대상 그룹에 전달되기까지				
대상 그룹 사용	O	O	X	O
대상(그룹) 유형	인스턴스, IP, Lambda	인스턴스, IP, ALB	인스턴스	GENEVE 지원 어플라이언스
대상(그룹) 포트 지정	인스턴스별 지정 가능	인스턴스별 지정 가능	리스너별 1개	고정 (UDP 6081)
상태 검사 단위	대상 그룹	대상 그룹	로드밸런서	대상 그룹
상태 검사 결과	서비스 정상 확신 불가	서비스 정상 확신 불가	·실패 : 서비스 불가 ·성공 : 서비스 정상 확신 불가	서비스 정상 확신 불가

11

연결 서비스 I
: 공간과 공간 연결(양방향)

11장에서 다루는 내용

11장과 12장에 걸쳐 연결 서비스를 소개한다. 먼저 11장에서는 공간과 공간을 연결하는
서비스를 학습한다.

11.1. 연결 서비스 개요

10장까지 내용을 돌아보면 공간 사이를 연결하는 수단이 없지 않았다.

- VPC 내부 서브넷을 서로 연결하는 로컬 라우팅

- VPC와 인터넷을 연결하는 IGW

이 유형들은 연결에 필요한 별도 서비스를 만들지 않아도 된다. 복습 겸 하나씩 살펴보자. 우선 VPC 내부의 서브넷 간 네트워킹은 그림 11-1과 같다.

11.1.1. 기본(Implicit) 연결 서비스 : 로컬 라우팅, IGW

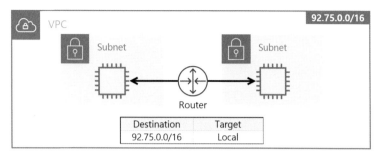

그림 11-1 VPC 내부 연결

콘솔에서 확인할 순 없지만 VPC에는 가상 **라우터**^{Router} 장치가 존재한다. 우리는 지금까지
이 라우터에서 작동할 라우팅 테이블을 학습해 왔다. 라우팅 규칙을 테이블에 입력하고 서
브넷에 연결하면 끝이다.

VPC 내부 통신은 그 어떤 준비도 필요없다. 모든 서브넷은 생성과 동시에 로컬 라우팅이
저장된 기본 라우팅 테이블과 자동 연결되기 때문이다. VPC 공간 내부의 모든 리소스는
이 로컬 라우팅만으로 상호 통신한다. 기본 라우팅 테이블을 사용하지 않더라도 최소 1개
라우팅 테이블은 서브넷과 연결돼야 하며 어떤 라우팅 테이블도 로컬 라우팅은 기본 저장
돼 있다.

다음으로 그림 11-2에서 인터넷 연결을 확인해보자.

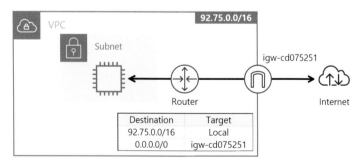

그림 11-2 VPC 인터넷 연결

인터넷은 조금 다르다. IGW라는 별도 리소스를 생성하고 VPC에 연결해야 인터넷에 접속할 수 있다. 별도 생성할 연결 서비스는 없다.

이제 어떤 공간들이 남았는가? VPC와 연결 가능할 것 같은 모든 네트워크를 상상해보자. 유연하게도 AWS는 모든 네트워크 공간과 연결할 수 있다. 이 공간들을 표 11-1로 분류한다.

11.1.2. 명시적(Explicit) 연결 서비스 : PCX, VPN, DX, TGW

표 11-1 VPC 연결 대상별 게이트웨이와 연결 서비스 분류

구분	VPC 내부 서브넷 (그림 11-1)	VPC 외부		
		인터넷 (그림 11-2)	인터넷 외	
VPC 연결 대상			AWS 내부 (다른VPC)	AWS 외부 (온프레미스)
게이트웨이(타깃)	로컬	IGW	PCX TGW	VGW TGW
게이트웨이 생성	불필요	필요 (기본 VPC 제외)	필요(Explicit)	
연결 서비스 생성	불필요(Implicit)			

VPC가 연결할 대상 공간은 크게 VPC 내부와 외부로 분류한다. VPC 내부와 인터넷은 그림 11-1과 그림 11-2에서 설명했다. 이들은 별도 서비스가 필요없다.

남은 것은 VPC 외부 공간 중 AWS 내부 공간과 AWS 외부 공간이다. 이 공간들과 VPC를 연결하려면 인위적인(explicit) 별도의 게이트웨이와 연결 서비스가 필요하다. 11장에서는 이 공간들과 VPC를 연결해 봤으며 11장 내용은 파랑 박스로 표시했다.

- AWS 내부 공간 : 다른 VPC를 뜻한다. 서로 다른 VPC끼리 연결하려면 **피어링 연결**[Peering Connection, PCX] 또는 **전송 게이트웨이**[Transit Gateway, TGW]가 필요하다. 피어링 연결과 전송 게이트웨이는 연결 서비스면서도 라우팅 게이트웨이(타깃)로도 활용한다.

- AWS 외부 공간 : 온프레미스 공간이다. **VPN 연결**^{VPN Connection}이나 **Direct Connect**^{DX} 또는 **전송 게이트웨이**로 VPC와 연결한다. 이때 AWS와 온프레미스를 중계하는 **가상 프라이빗 게이트웨이**^{Virtual Private Gateway, VGW}를 VPC에 반드시 연결해야 한다. 단, 전송 게이트웨이를 사용할 경우는 예외다.

방금 소개한 용어를 다음처럼 줄여 쓰겠다.

- PCX, TGW, DX, VGW

표 11-2는 앞으로 학습할 4가지 연결 서비스와 연결 대상 공간을 매칭한 결과다.

표 11-2 연결 서비스별 연결 대상과 게이트웨이

학습 위치	11.2절	11.3절		11.4절
특징 ＼ 연결 서비스	PCX	VPN 연결	DX	TGW
연결 대상	VPC	온프레미스		VPC, 온프레미스
게이트웨이	PCX	VGW 또는 TGW		TGW

PCX와 TGW는 연결 서비스이지만 게이트웨이 역할도 한다. 반면 온프레미스 전용 연결 서비스인 VPN 연결과 DX는 연결 서비스와 게이트웨이가 분리돼 있다. 서브넷 라우팅 타깃은 VGW나 TGW이고, 이를 통과한 트래픽은 연결 서비스를 지나 온프레미스 공간으로 이동한다.

한편 TGW는 3개(PCX, VPN연결, DX) 서비스를 통합 연결하는 중앙 라우터다. VPC와 온프레미스 모두 TGW에 연결해 서로 접속할 수 있다. 또 VPC와 온프레미스를 중계하는 VGW조차 불필요하다는 장점이 있다. 어쩌면 VGW의 기능이 TGW에 내장돼 있다고 보는 편이 맞겠다.

4가지 연결 서비스를 간략히 표현하면 그림 11-3과 같다.

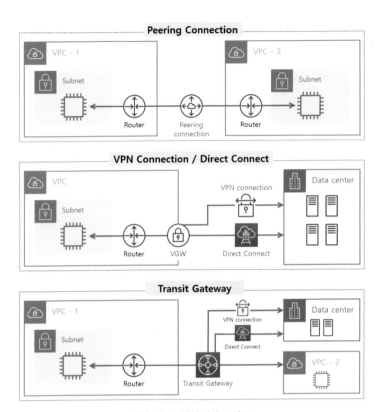

그림 11-3 연결 서비스 비교

그림 11-3에 표현된 3개 유형을 다음 순서대로 설명한다.

- 11.2절 - VPC와 VPC의 연결 : PCX

- 11.3절 - VPC와 온프레미스의 연결(하이브리드 네트워킹) : VPN 연결, DX

- 11.4절 - VPC와 온프레미스의 중앙 라우터 : TGW

11.2. VPC와 VPC의 연결 : PCX

서로 다른 VPC 간 연결을 **피어링**Peering이라 하고, 그 서비스를 **피어링 연결**Peering Connection, PCX이라 한다.

VPC가 연결 가능한 상대측 VPC는 계정과 리전을 가리지 않는다. CIDR 조건만 만족하면 모든 VPC와 연결할 수 있다.

PCX는 명시적 연결 서비스 중 가장 쉽고 단순명료하다.

11.2.1. [실습] PCX 생성 예제

개념 학습 전 서로 다른 리전의 VPC를 연결하는 실습을 해본다. 실습 환경은 다음과 같다.

- 소스 VPC(`92.75.0.0/16`)는 `671559022704` 계정의 `서울 리전`에 있다. 6장 서브넷 실습 으로 생성한 서브넷(6개)을 활용한다.

- 연결 대상 VPC(`37.120.0.0/16`)는 같은 계정의 `버지니아 리전`에 있다. 이 VPC와 서브넷 2 개[`37.120.100.0/24(us-east-1b)`, `37.120.20.0/24(us-east-1e)`]를 미리 생성한다.

이번 실습을 마치면 그림 11-4와 같은 토폴로지가 완성된다.

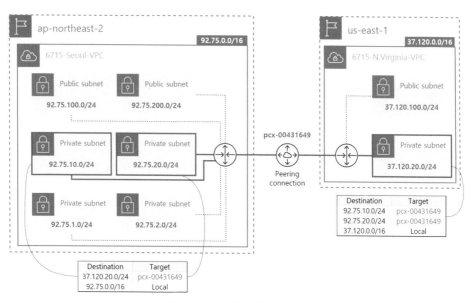

그림 11-4 PCX 실습 결과 토폴로지

서울 리전과 버지니아 북부 리전의 VPC 현황은 다음과 같다.

Name ▽	VPC ID ▽	IPv4 CIDR	소유자 ID
6715-Seoul-VPC	vpc-0514155126c806195	92.75.0.0/16	671559022704

Name ▽	VPC ID ▽	IPv4 CIDR	소유자 ID
6715-N.Virginia-VPC	vpc-0e86ceebc5c86a16c	37.120.0.0/16	671559022704

그림 11-5 서울 리전의 소스 VPC와 연결 대상 VPC

실습 시작

① **서비스 › VPC › 피어링 연결** 메뉴에서 **피어링 연결 생성** 버튼을 클릭한다.

② 피어링을 요청하는 소스 VPC와 연결 대상 VPC 정보를 선택한다.

그림 11-6 PCX 생성 – 세부 정보 설정

내 계정, 다른 리전, 미국 동부(버지니아 북부)(us-east-1)를 차례로 선택하고 VPC ID를 입력한다.

③ PCX 화면에 **수락 대기 중** 상태가 보인다. 연결 대상 VPC(6715-N.Virginia-VPC)는 소스 VPC가 요청한 연결의 수락 여부를 선택할 수 있다.

그림 11-7 PCX 생성 결과

④ 수락하려면 **버지니아 북부 리전**으로 이동한다. 수락 대기 중인 PCX가 보인다.

메뉴 : '버지니아 북부' 리전 선택 > 서비스 > VPC > 피어링 연결

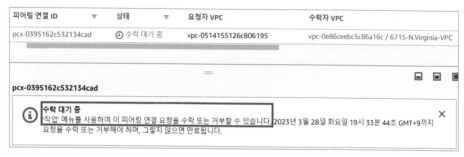

그림 11-8 PCX 요청 수락 대기

⑤ **작업** 메뉴에서 **요청 수락** 버튼을 클릭하고 다음 화면에서 **요청 수락**을 또 한 번 클릭하면 PCX 연결이 완료된다.

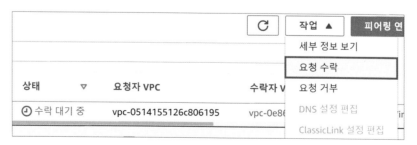

그림 11-9 PCX 요청 수락

⑥ 각 VPC에 신규 라우팅 테이블을 만들어 다음 그림과 같이 수정하고 그림에 표시된 서브넷에 연결한다.

6715-Seoul-VPC <92.75.10.0/24, 92.75.20.0/24>

대상	대상	상태	전파됨
37.120.20.0/24	pcx-0043164948629f8a7	⊘ 활성	아니요
92.75.0.0/16	local	⊘ 활성	아니요

6715-N.Virginia-VPC <37.120.20.0/24>

대상	대상	상태	전파됨
92.75.10.0/24	pcx-0043164948629f8a7	⊘ 활성	아니요
92.75.20.0/24	pcx-0043164948629f8a7	⊘ 활성	아니요
37.120.0.0/16	local	⊘ 활성	아니요

그림 11-10 라우팅 테이블 편집

이상으로 실습을 마치면 그림 11-4 토폴로지가 완성된다. 그림 11-10처럼 PCX 게이트웨이를 지정한 서브넷만 상대측 VPC와 통신할 수 있다.

11.2.2. CIDR이 겹치는 VPC 간 피어링 - 불가

피어링할 VPC의 CIDR이 중첩되면 어떻게 될까? 11.2.2 실습을 유지한 상태에서 다음 실습 시나리오로 확인해보겠다.

- 신규 VPC 생성 계정은 860453071873 이다.

- 신규 VPC의 CIDR은 92.75.128.0/18 이며 런던 리전 에 위치한다.

- 671559022704 계정의 서울 리전 VPC(92.75.0.0/16)에서 860453071873 계정의 런던 리전 VPC(92.75.128.0/18)로 피어링을 요청해본다.

결과는 그림 11-11과 같다.

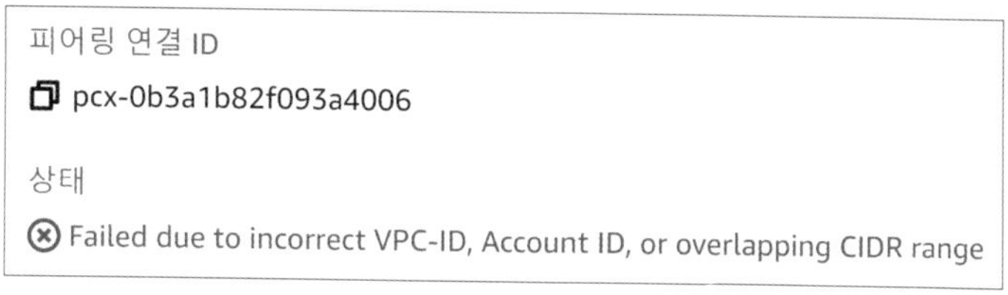

피어링 연결 ID

📋 pcx-0b3a1b82f093a4006

상태

⊗ Failed due to incorrect VPC-ID, Account ID, or overlapping CIDR range

그림 11-11 CIDR이 겹치는 VPC 피어링 요청 오류

이처럼 CIDR이 겹치면(`92.75.0.0/16` ↔ `92.75.128.0/18`) 피어링이 불가능하다. VPC 간 피어링을 계획한다면 네트워크 설계 시 VPC의 CIDR 범위를 반드시 고려해야 한다.

또 그림 11-11 에러 메시지로써 VPC ID나 계정 ID를 잘못 입력할 때도 피어링이 실패함을 알 수 있다.

11.2.3. 전이적 VPC 피어링 - 불가

PCX 생성 예제(11.2.1)를 참조해 다른 계정(`860453071873`)에 새로운 VPC(`25.183.0.0/16`)를 생성하고 피어링을 연결해보자. 앞선 실습과 동일한 계정(`671559022704`)이라도 상관없다. 그림 11-12 토폴로지가 완성되도록 PCX 환경 구성을 해본다.

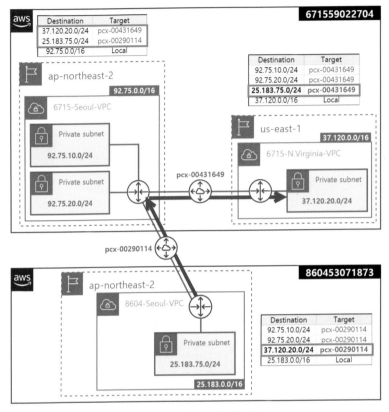

그림 11-12 전이적 라우팅 시도

그림 예시는 `25.183.75.0/24` 서브넷이 `92.75.0.0/16` VPC를 경유해 `37.120.20.0/24` 서브넷으로 접속할 의도를 표현한다. 양 끝단에 요청 라우팅(`37.120.20.0/24`, `pcx-00290114`)과 반환 라우팅(`25.183.75.0/24`, `pcx-00431649`)도 알맞게 입력했다. 중간에 위치한 `92.75.0.0/16` VPC의 라우팅 테이블 또한 양측을 철저히 중계하고 있다. 이를 **전이적 피어링** Transitive Peering이라 한다.

그러나 이 시나리오는 통하지 않는다. PCX는 두 VPC만의 전용 연결 통로이며 둘을 제외한 그 어떤 VPC 트래픽도 이 PCX에 접근하지 못한다. 예컨대 `pcx-00290114`에 유입된 트래픽은, 소스가 `25.183.0.0/16`일 때 대상은 반드시 `92.75.0.0/16`여야만 한다. 반대도 마찬가지다.

따라서 두 VPC가 네트워킹하려면 그림 11-12와 같은 형태로 구축해야 한다. 즉, 네트워킹 주체 VPC끼리 직접 피어링을 맺어야 한다.

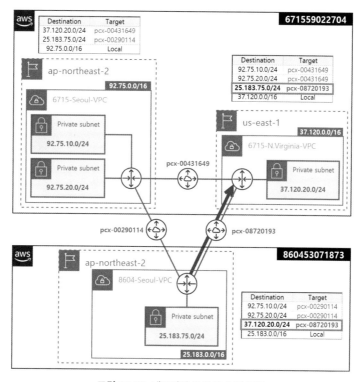

그림 11-13 네트워킹 주체 간 PCX 통신

11.2.4. Full-mesh 피어링

이처럼 PCX는 단순명료한 장점이 있는 반면 네트워킹할 VPC가 많아질수록 그림 11-14 처럼 구성이 복잡해진다.

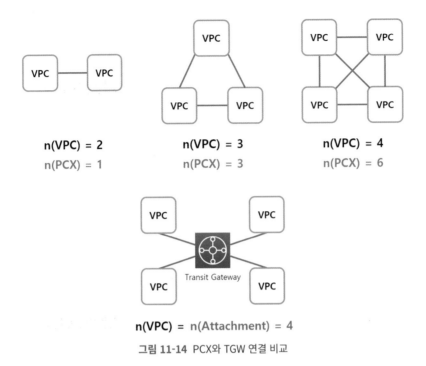

그림 11-14 PCX와 TGW 연결 비교

모든 VPC가 서로 통신하려면 그림 11-14 상단처럼 Full-mesh 형태를 갖춰야 한다. VPC 개수가 N일 때 PCX는 **N(N-1)/2**개가 필요하다. VPC 규모가 커질수록 PCX 수도 눈덩이처럼 불어날 것이다. 두 VPC 전용 통신 구간이라는 점에서 보안은 강화할 수 있지만 PCX 생성이나 라우팅 테이블 관리 측면에서는 매우 비효율적이다.

AWS는 이 단점을 보완하고자 TGW를 출시했다('18년 12월). 중앙 라우터 기능을 하는 TGW는 자신에게 연결된 모든 공간들을 서로 이어주므로 Full-mesh 구성이 불필요하다 (그림 11-14 하단). 생성할 **연결**Attachment 개수는 VPC 개수만큼이다. VPC가 5개일 때 생성할 PCX는 10개지만 TGW는 5개 연결만 생성하면 된다.

그러나 트래픽 전송 비용과 별개로 TGW 연결Attachment 유지 비용이 시간당 0.05~0.09 USD(리전별 상이)가 부과되므로 소수의 VPC 간 연결이나 네트워크 추가 확장 계획이 없다면 PCX를 권장한다. TGW는 11.4절에서 자세히 소개한다.

11.2.5. PCX 특징 정리

PCX의 주요 특징을 살피며 PCX 학습을 마친다.

PCX의 특징과 기능

- VPC 피어링 가능한 대상 VPC의 위치는 계정 및 리전과 무관하다.

- PCX는 두 VPC만의 전용 통로다. 다른 VPC의 트래픽이 PCX를 통과하지 못한다. 즉, VPC 트래픽은 PCX 를 경유해 제 3의 공간으로 이동할 수 없다.

- 두 VPC를 제외한 다른 모든 VPC는 둘만의 PCX를 라우팅 타깃으로 사용할 수 없다.

- 3개 이상의 VPC를 하나의 PCX로 연결할 수 없다.

- 두 VPC 간 서로 다른 PCX를 생성할 수 없다. VPC 사이 PCX는 유일하다.

- 소스 VPC를 **요청자(Requester)** VPC라 하고 연결을 수락한 VPC를 **수락자(Accepter)** VPC라 한다. 누가 먼저 요청했냐의 차이일 뿐 통신 기능상의 우열은 없다.

- 요청자와 수락자 모두 PCX를 삭제할 수 있다. 한 쪽에서 PCX를 삭제하면 그 피어링은 더 이상 유효하지 않다.

- PCX로 연결된 두 VPC의 계정과 리전이 같으면, SG의 소스/대상에 SG를 허용(9.1.4)할 수 있다.

- 피어링이 형성되더라도 서브넷 라우팅을 지정해야 네트워킹이 가능하다.

- 따라서 보안을 강화하려면 네트워킹이 필요한 서브넷만 PCX 게이트웨이를 타깃으로 지정한다.

- 또 라우팅 대상을 넓은 범위(VPC CIDR)로 설정하면 안된다. 네트워킹이 필요한 영역(CIDR)으로만 한정 한다.

11.3. VPC와 온프레미스의 연결(하이브리드 네트워킹) : VPN, DX

이번 절에서는 VPN 연결과 DX를 살펴본다. 이 둘은 온프레미스와 AWS를 한 공간으로 이어주는 **하이브리드 네트워킹** 서비스다. 즉, 인터넷을 중심으로 분리된(망분리) 네트워크를 다시 하나의 네트워크로 통합하는 기술이다. 따라서 망분리 철회로 잇따르는 보안성 저하 측면을 주의깊게 살펴봐야 한다.

11장에서 소개하는 모든 서비스의 목적은 '인터넷과 격리된, 안전하고 편리한 접근'이다. 두 공간 사이 VPN 터널링이나 전용 회선으로 트래픽을 전달함으로써 데이터 교환에 따르는 부담을 한층 덜 수 있다. 트래픽 경로 제어나 접근 제어에서 좀 더 자유롭고 민감 데이터의 전송 제약도 완화되기 때문이다. 모두 비인터넷이라 가능한 이야기다.

그러나 여기서 말하는 '안전'은 네트워킹 경로상의 트래픽 보호일 뿐 접근 주체의 안전을 뜻하진 않는다. 다시 말해 하나로 통합할 대상 공간 각각의 보안성 보장이 선행돼야 한다.

예컨대 외부에 무분별하게 노출된 VPC가 민감 데이터를 보관하는 온프레미스와 통합한다면 기업 데이터베이스 보안이 위협받는다. 반대로 AWS와 하이브리드를 구성할 사무공간이 외부 공격에 노출돼 장악되면 VPN이나 DX로 클라우드에 얼마든지 액세스할 수 있다.

- 따라서 하이브리드 네트워킹 대상 공간의 안전성을 사전 검토해야 한다. 데이터센터나 사무공간 그리고 AWS 영역 각각이 인터넷 외부 공격에 취약하지 않은지 점검한다.

- 온프레미스 초입에는 가급적 연동 전용 네트워크를 둬 필요한 트래픽만 유입될 수 있도록 별도 프록시를 구성한다.

- 또 온프레미스 연동 라우터 후면에는 방화벽을 설치해 반드시 필요한 트래픽만 허용한다.

- 종단간 라우팅과 접근 제어를 최소화한다.

11.3.1. VPN 연결 개요

VPN은 Virtual Private Network의 약어로 **가상 프라이빗 네트워크**다. VPN은 물리적으로 격리된 두 공간을 마치 동일한 네트워크에 있는 것처럼 이어준다.

VPN 트래픽은 DX와 달리 인터넷을 기반한다. 표 11-1에서 VPN을 '인터넷 외'로 분류한 이유는 IGW를 사용하지 않기 때문이었다. 또 인터넷 기반 네트워킹일지라도 터널 암호화로 안전하게 통신하므로 일반적으로 인터넷 네트워킹과는 구분하고 있다.

11.3.2. [실습] Site-to-Site(사이트 간) VPN 연결 생성 과제

여기서 소개할 **사이트 간**^{Site-to-Site} **VPN 연결**은 **IPsec 터널링**으로 종단간 데이터를 암호화해 온프레미스와 VPC 간 암호화된 네트워크를 형성한다. 또한 1.25Gbps의 대역폭을 사용하며 2개의 터널로 가용성을 확보한다. 그림 11-15는 VPN 연결에 필요한 3가지 요소를 보여준다.

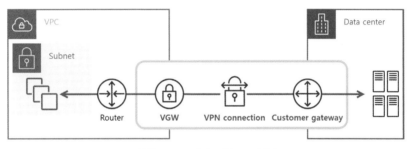

그림 11-15 사이트 간 VPN 연결

온프레미스에 설치하는 VPN 장치를 **고객 게이트웨이 디바이스**^{Customer gateway device}라 한다. 그림 11-15에 표현된 3가지 리소스를 생성하고 고객 게이트웨이 디바이스와 연동하면 사이트 간 VPN 연결이 성립된다. 각 리소스의 목적과 특징은 다음과 같다.

① **VGW**^{Virtual private gateway, 가상 프라이빗 게이트웨이}는 온프레미스 네트워크 정보(CIDR)를 수신해 온프레미스로 전송할 VPC 트래픽의 게이트웨이다. VGW의 패런트는 리전이며 수명 주기 동안 리전 내 다른 VPC에 연결할 수 있다(표 3-1). 이 특징은 IGW와 유사하다.

② **CGW**^{Customer gateway, 고객 게이트웨이}는 온프레미스에 설치된 고객 게이트웨이 디바이스를 의미한다. CGW를 생성할 때 고객 게이트웨이 디바이스 IP를 입력하도록 돼 있다. 그림 11-17의 CGW는 실존하는 고객 게이트웨이 디바이스(VPN Device)를 의미하므로 하나로 표현해도 되지만, 별도 설정이 필요함을 전달하기 위해 구분해서 표현했다. 반드

시 정적 인터넷 IP여야 한다.

③ **VPN 연결**^{VPN connection}은 ①과 ② 사이를 연결한다. 즉, VPC와 온프레미스의 고객 게이트웨이 디바이스를 잇는 리소스다. AWS 콘솔에서 VGW(①)와 CGW(②)를 생성한 후, VPN 연결(③) 생성 시 이 둘을 지정하면 된다.

사이트 간 VPN 연결 개념을 익히기 가장 좋은 방법은 Windows 서버로 VPN을 구축해 보는 것이다. 물론 Windows는 동적 라우팅(BGP) 기능이 없어 라우팅 정보가 자동 전파되진 않는다.

그림 11-16 라우팅 전파

Windows 2008 R2와 2012 R2는 VPN 서비스를 제공한다. 고객 게이트웨이 디바이스로 활용 가능하단 뜻이다. 또 VPN은 인터넷을 기반하므로, 온프레미스 실습 환경이 여의치 않다면 VPC를 온프레미스라 가정하고 EC2 인스턴스를 VPN 디바이스로 꾸며도 된다.

이제 Windows 2012 R2 서버 기반 VPN 구축 실습을 해보자. Windows 서버는 VPC 기반 인스턴스며 VPN 서비스 구성이 완료됐다고 가정한다. 아래 AWS 설명서에서 Windows 서버의 VPN 서비스 구성 방법을 자세히 확인할 수 있다.

- VPC와 온프레미스 각 영역의 접근 제어 설정 : 구글에서 '고객 게이트웨이 디바이스'를 검색해 내용 확인.

- Windows 서버의 VPN 서비스 구성 방법 : 구글에서 'Windows Server를 고객 게이

트웨이 디바이스로 구성'을 검색해 내용 확인.

실습을 마치면 그림 11-17과 같은 토폴로지가 완성된다.

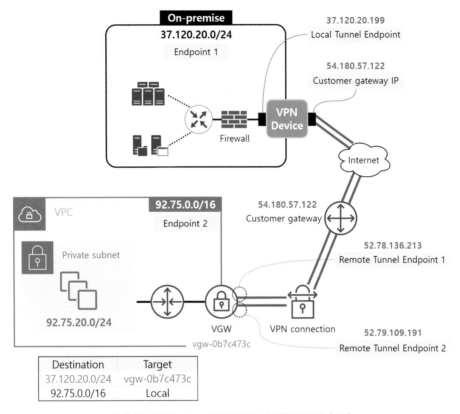

그림 11-17 Windows 2012 R2를 이용한 VPN 연결 구축

실습 환경은 다음과 같다.

- 온프레미스를 대체할 `37.120.0.0/16` VPC와 `37.120.20.0/24` 서브넷을 생성한다. 11.2.1 실습에서 버지니아 리전에 생성한 VPC를 활용해도 된다.

- `37.120.20.0/24` 서브넷에 Windows 2012 R2 인스턴스를 생성하고 설명서를 참조해 VPN 서비스를 설치한다. 고정 퍼블릭 IP가 필요하므로 탄력적 IP를 할당받아 인스턴스에 연결한다. IP는 다음과 같다고 가정한다.

— Windows 인스턴스 IP : `37.120.20.199`(프라이빗 IP), `54.180.57.122`(탄력적 IP)

— VPN을 연결할 AWS 공간은 `92.75.0.0/16` VPC다. `92.75.20.0/24` 서브넷에 VPN 접속 테스트용 인스턴스(`92.75.20.11`)를 만든다.

실습 시작

① `92.75.20.0/24` 서브넷 라우팅 타깃으로 지정할 VGW를 만든다.

서비스 › VPC › 가상 프라이빗 게이트웨이 메뉴에서 **가상 프라이빗 게이트웨이 생성** 버튼을 클릭하고 **Amazon 기본 ASN**을 선택한다. 마지막으로 **가상 프라이빗 게이트웨이 생성** 버튼을 클릭한다.

그림 11-18 가상 프라이빗 게이트웨이 생성

② **연결 해제**detached 상태의 VGW가 보인다. **작업 › VPC에 연결** 메뉴에서 `92.75.0.0/16` VPC를 선택하면 **연결**attached 상태로 변한다.

그림 11-19 가상 프라이빗 게이트웨이 생성 – 연결 해제 상태

③ 다음으로 CGW를 생성한다.

서비스 › VPC › 고객 게이트웨이 메뉴에서 **고객 게이트웨이 생성** 버튼을 클릭한다.

Windows 인스턴스에 연결한 탄력적 IP를 입력한다. **고객 게이트웨이 생성** 버튼을 클릭한다.

그림 11-20 고객 게이트웨이 생성

④ 마지막으로 **VPN 연결**을 생성한다.

서비스 › VPC › Site-to-Site VPN 연결 메뉴에서 **VPN 연결 생성** 버튼을 클릭한다.

그림 11-21 Site-to-Site VPN 연결 생성

그림 11-21과 같이 설정한다. 그림에 보이지 않는 터널 옵션은 그대로 둔다.

Windows VPN은 동적 라우팅을 제공하지 않는다. BGP 기능(동적 라우팅)을 탑재한 VPN 디바이스를 설정한다면 **고정 IP 접두사**(온프레미스 네트워크)를 입력하지 않아도 된다.

이때 라우팅 테이블의 **라우팅 전파 편집** 설정(그림 11-16)을 활성화하면 온프레미스 네트워크(**37.120.20.0/24**)가 VPC 라우팅 테이블에 자동 전파되므로 라우팅을 별도 지정하지 않아도 온프레미스와 네트워킹할 수 있다.

⑤ **구성 다운로드**를 클릭하고 **Windows Server 2012 R2**를 선택한다. **다운로드**를 클릭해 설정 파일을 내려 받는다.

그림 11-22 VPN 연결 구성 다운로드

⑥ 구성 파일 스크립트(예제 11-1)의 파랑 표시 부분을 그림 11-17 토폴로지를 참조해 편집한다. VPN을 구성한 Windows 서버에 접속한 뒤, 편집한 구성 설정 스크립트를 명

령 프롬프트(cmd)에서 실행한다.

```
! Script for Tunnel 1:
netsh advfirewall consec add rule Name="vgw-0b7c473ccd60fb1f8 Tunnel 1" ^
Enable=Yes Profile=any Type=Static Mode=Tunnel ^
LocalTunnelEndpoint=[Windows_Server_Private_IP_address] ^
RemoteTunnelEndpoint=52.78.136.213 Endpoint1=[Your_Static_Route_IP_Prefix]
^
Endpoint2=[Your_VPC_CIDR_Block] Protocol=Any Action=RequireInClearOut ^
Auth1=ComputerPSK Auth1PSK=cIXoy1.8JsZDcY2fjeEJa0.2KTcKLDir ^
QMSecMethods=ESP:SHA1-AES128+60min+100000kb ^
ExemptIPsecProtectedConnections=No ApplyAuthz=No QMPFS=dhgroup2
! Script for Tunnel 2:
netsh advfirewall consec add rule Name="vgw-0b7c473ccd60fb1f8 Tunnel 2" ^
Enable=Yes Profile=any Type=Static Mode=Tunnel ^
LocalTunnelEndpoint=[Windows_Server_Private_IP_address] ^
RemoteTunnelEndpoint=52.79.109.191 Endpoint1=[Your_Static_Route_IP_Prefix]
^
Endpoint2=[Your_VPC_CIDR_Block] Protocol=Any Action=RequireInClearOut ^
Auth1=ComputerPSK Auth1PSK=tlyTtBk6PYg7CxaHcxYPmm8yE1REKPfI ^
QMSecMethods=ESP:SHA1-AES128+60min+100000kb ^
ExemptIPsecProtectedConnections=No ApplyAuthz=No QMPFS=dhgroup2
```

예제 11-1 Windows Server 2012 R2 VPN 구성 스크립트

⑦ 고객 게이트웨이 디바이스(Windows 인스턴스)와 **92.75.20.11** 인스턴스 상호간 ping 명령을 실행해 터널을 작동시킨다.

터널 작동이 완료되면 VPN 네트워킹이 가능해진다.

11.3.3. Direct Connect(DX) 연결 개요

온프레미스와 AWS를 연결하는 두 번째 서비스, Direct Connect[DX]를 소개한다. DX는 소위 말하는 **전용선**Leased Line을 뜻한다. 인터넷 기반이 아니므로 높은 보안성과 일관되고 안정된 대역폭이 주 장점이다. 단, 서비스 자체가 암호화를 제공하진 않는다. 그림 11-23은 DX를 중심으로 AWS와 온프레미스 간 연결을 표현하고 있다.

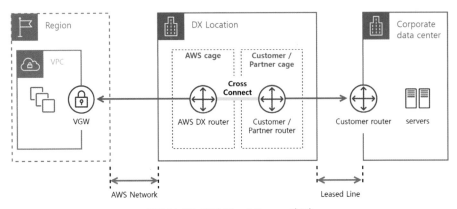

그림 11-23 AWS Direct Connect(DX)

DX Location은 AWS가 지정한 상면 공급 사업자의 데이터센터다. 서울 리전의 DX Location은 서울 가산(KINX)과 경기 평촌(LG U+)에 위치한다. AWS는 DX Location의 AWS 전용 Cage에 DX용 라우터를 설치하고 **AWS DX router**부터 리전의 모든 가용 영역까지 전용 회선으로 연결해 놓았다. 따라서 서울 리전에서 DX를 사용하려면 DX Location은 가산과 평촌 둘 중 하나여야 한다.

한편 Customer/Partner cage에는 AWS DX router와 온프레미스를 중계할 라우터 장비가 위치한다. 이 중계 역할은 AWS의 파트너 인증 사업자뿐만 아니라 국내 모든 회선 사업자도 가능하지만 파트너가 회선 대역폭 조정 측면에서 유연하다. 2023년 4월 현재 DX Location(가산, 평촌)의 파트너 인증 사업자는 드림라인, KINX, 세종 텔레콤, LG U+, SK Telecom 총 5개가 있다.

회선 사업자를 결정하면 Customer/Partner router와 온프레미스 사이를 전용 회선으로 잇는 작업을 선행한다. 여기까지가 물리적 DX 연결 작업이다.

특히 KINX는 가산을 비롯한 상암, 도곡, 분당에도 별도 센터를 두고 있어, 이 중 온프레미스와 좀 더 가까운 곳으로 회선 연결을 해도 가산 DX Location을 거점으로 활용할 수 있다. 센터가 온프레미스와 가까워질수록 회선 설치 비용과 트래픽 지연 시간을 줄일 수 있다.

이처럼 AWS 리전에서 DX Location, 그리고 온프레미스까지의 모든 연결 라인은 전용선으로 구성된 것을 알 수 있다. DX 이용 시 회선 사업자는 반드시 필요하며 특별한 변경이 필요하지 않는 이상 현 상태를 유지하므로, 앞으로 회선 사업자[Customer/Partner router] 아이콘을 생략해 그림 11-24 예시처럼 토폴로지를 간소화하겠다.

먼저 AWS DX router와 Customer router를 잇는 DX 연결[DX Connection]을 살펴보자.

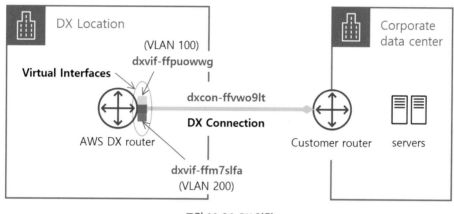

그림 11-24 DX 연결

물리적 DX 연결 작업이 완료되면, 이와 매칭되는 논리적 DX 연결을 AWS 콘솔에서 생성한다. 이를 **DX 연결**[DX Connection]이라 한다. `dxcon-ffvwo9lt`는 DX 연결의 식별자 예시다. 이 단일 연결을 AWS에서 가상으로 나눠 사용할 수 있다. 이것을 **가상 인터페이스**[Virtual Interface, VIF]라 한다. 다시 말해 물리적 DX 연결을 다수의 가상 DX 연결로 나눈 것이 VIF다. 그림 11-24는 3개 색상으로 구분된 3개 VIF를 표현한다. VIF의 특징은 다음과 같다.

11.3.4. 가상 인터페이스(VIF)의 특징과 유형

• VIF는 3가지 유형이 있다. 그림 11-25는 각 유형별 VIF 모습을 나타낸다. VIF는 AWS와 네트워킹할 인터페이스이므로 앞으로는 AWS DX router 후면에 표시(그림 11-24)하지 않고 그림 11-25처럼 연결선 각각에 표현하겠다.

• DX 연결은 리전별 지정된 DX Location에 기반하므로 리전 레벨의 리소스다. 즉, DX

연결의 패런트는 리전이다(표 3-1). 또 수명 주기 동안 다른 요소에 연결할 수 없다. 따라서 DX 연결을 이용하는 VIF도 리전에 생성된다. 정리하면 그림 11-25 노랑 영역에 표현한 것처럼 DX 연결부터 VIF까지 리전의 리소스로 봐야 한다.

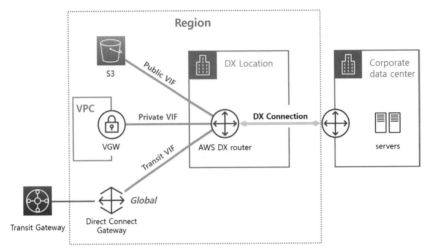

그림 11-25 DX 가상 인터페이스의 3가지 유형

- 각 유형의 쓰임은 다음과 같다.

① **프라이빗(Private) 유형** : DX 연결의 기본 형태다. VPC와 온프레미스를 연결한다.

② **퍼블릭(Public) 유형** : 리전의 모든 AWS 퍼블릭 서비스와 네트워킹이 가능하다. 그림 예시처럼 리전의 S3에 접근할 수 있다. 온프레미스에서 인터넷을 사용하지 않고 AWS 퍼블릭 서비스에 접속 시 사용한다.

③ **전송(Transit) 유형** : Transit Gateway(전송 게이트웨이, TGW) 연결용이다. 온프레미스를 TGW와 연결하려면 반드시 **Direct Connect Gateway(DXGW)**를 중간에 위치시켜야 한다. TGW는 11.4절에서 자세히 다루겠다.

- 하나의 물리적 연결을 가상으로 나눴기 때문에 실제 회선에 흐르는 트래픽도 VIF별로 격리해야 한다. 이때 사용하는 것이 VLAN이다. 따라서 3가지 유형 모두 VLAN을 설

정해야 한다. 그림 11-24는 VIF 2개(`dxvif-ffpuowwg` , `dxvif-ffm7slfa`)를 `VLAN 100` 과
`VLAN 200` 으로 구분해 각 트래픽을 격리하고 있다.

- VIF의 한쪽 끝이 온프레미스라면 다른 한 끝은 AWS 공간일 것이다. 이 끝단과 VIF를
  접합하는 리소스, 즉, 게이트웨이가 필요하다. 온프레미스의 끝에 붙이는 리소스는 DX
  연결이고 AWS 끝 리소스는 표 11-3처럼 VIF 유형별 차이가 있다. 그림 11-25와 표를
  함께 확인해보자.

표 11-3 가상 인터페이스 유형별 게이트웨이

VIF(가상 인터페이스) 유형	프라이빗 (Private)	전송 (Transit)	퍼블릭 (Public)
게이트웨이	VGW 또는 DXGW	DXGW	퍼블릭 IP

그림 11-26은 프라이빗 VIF 생성 예시 화면이다. 프라이빗 유형이므로 VGW나 DXGW
를 선택할 수 있다. 예시는 VGW를 선택했다. 다른 2개 유형도 동일한 방법으로 DX 연결
및 게이트웨이를 선택해야 한다.

그림 11-26 VIF 생성 - DX 연결 및 게이트웨이 선택

단, 퍼블릭 유형은 설정 방법이 다르므로 뒤에서 다루고 프라이빗 VIF와 전송 VIF를 먼저 살펴보자.

11.3.5. 글로벌 DX 게이트웨이(DXGW)

이 2가지 유형(프라이빗, 전송)의 VIF를 만들 때 지정 가능한 **Direct Connect 게이트웨이**^{DXGW}를 알아본다. 특히 **프라이빗 VIF**는 VGW와 DXGW 모두 연결할 수 있으므로 게이트웨이 종류에 따라 달라지는 토폴로지 모습도 함께 살펴보겠다.

정리하면 VIF가 연결한 게이트웨이 종류에 따라 그림 11-27처럼 3가지(프라이빗 + VGW, 프라이빗 + DXGW, 전송 + DXGW) 형태로 표현할 수 있다.

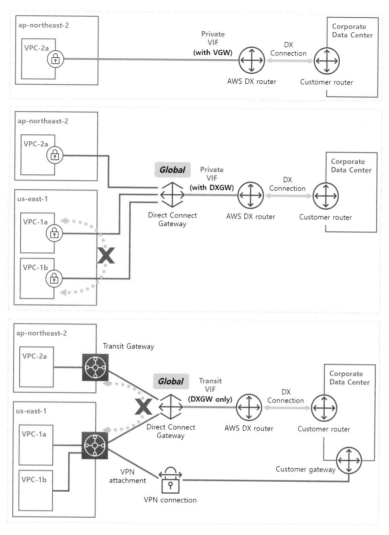

그림 11-27 프라이빗 VIF와 전송 VIF

앞서 언급했듯 모든 유형의 VIF는 리전에 생성된다.

첫 번째 토폴로지는 VGW에 연결된 **프라이빗 VIF**다. VGW의 패런트는 리전이고 VIF에 연결돼 있으므로 DX 연결의 리전을 벗어나지 않는다. 즉, VPC, VGW, VIF, 그리고 DX 연결까지 모두 같은 리전에 위치한다. 따라서 VIF나 DX 연결 아이콘에 리전 표시가 없어도 VPC의 리전 정보(ap-northeast-2)만으로 VIF와 DX 연결의 리전을 파악할 수 있다.

한편 VGW를 지정한 **프라이빗 VIF**는 리전(`ap-northeast-2`)의 단일 VPC만 연결할 수 있다. VGW는 VPC 단위 게이트웨이기 때문이다. 온프레미스는 VGW를 통해 VPC CIDR 접두사를 수신해 BGP 라우팅으로 VPC와 네트워킹한다.

DXGW 또한 DX 연결과 동일한 리전에 생성되지만 글로벌 수준의 서비스이므로 DXGW 너머(좌측)에는 모든 리전의 VGW나 TGW를 연결할 수 있다. DXGW에 VGW를 연결(두 번째 토폴로지)하면 **프라이빗 VIF**이고, TGW를 연결(세 번째 토폴로지)하면 **전송 VIF**다. 글로벌 서비스라는 점 때문에 그림(두 번째, 세 번째)만으로는 VIF와 DX 연결의 리전을 파악할 수 없다.

DXGW는 크게 2가지 역할을 한다. DXGW가 아닌 VGW와 TGW 입장에서 살펴보자. 두 번째, 세 번째 토폴로지 순서대로 다음 두 가지(①, ②) 역할을 한다.

① 모든 리전의 VPC가 온프레미스로 접속하는 채널을 제공한다. 즉, 글로벌 각 리전의 VPC(VGW)를 DXGW에 연결할 수 있다.

② TGW의 연결(Attachment)이 DX일 때, TGW와 DX 연결 사이를 중계한다. 다시 말해 TGW로 온프레미스와 네트워킹하려면 DXGW가 반드시 필요하다.

먼저 두 번째 토폴로지를 보자. DXGW는 글로벌 서비스이므로 그림처럼 서울 리전(`ap-northeast-2`)과 버지니아 북부 리전(`us-east-1`)의 VPC도 DXGW를 경유해 온프레미스와 네트워킹할 수 있다. 그러나 이름답게 DX 용도로만 활용하고 TGW 같은 중앙 라우터 역할은 못한다. 예컨대 `VPC-1a`와 `VPC-1b`는 서로 통신할 수 없다.

또 세 번째 토폴로지처럼 다수 TGW를 연결할 수 있다. TGW는 리전 수준의 중앙 라우터다. 하단의 TGW는 버지니아 북부 리전(`us-east-1`)의 모든 VPC와 DX, 그리고 VPN 사이의 모든 통신을 중계한다. 다시 말해 모든 VPC는 TGW와 DXGW(또는 CGW)를 거쳐 온프레미스까지 트래픽을 전달할 수 있다. 반대 방향도 마찬가지다. 한편 앞서 VGW가 그러했던 것처럼 TGW도 DXGW를 사이에 두고 상호 통신할 수 없다. TGW 간 통신은 TGW 피어링 연결을 사용하면 된다.

그럼 구현 불가한 토폴로지는 어떤 형태가 있을까? 그림 11-28에서 확인해보자.

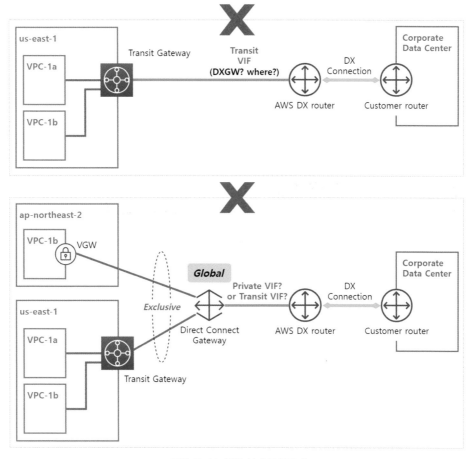

그림 11-28 구현 불가 토폴로지

그림 11-28의 상단은 TGW의 온프레미스 연결 예시다. TGW가 온프레미스에 연결하려면 DXGW가 반드시 필요하다.

그림 11-28의 하단은 DXGW의 TGW 연결 예시다. DXGW에는 VGW와 TGW가 공존할 수 없다. VIF 생성 단계에서 단 하나의 유형만 선택할 수 있기 때문이다(그림 11-27). 프라이빗 유형을 선택하면 VGW를, 전송 유형을 선택하면 TGW만 연결해야 한다. 또 그림 11-27처럼 같은 유형끼리면 다수 연결할 수 있다.

11.3.6. 다른 계정에게 VIF 만들어 주기

그림 11-26을 보면 VIF 생성 단계에서 **가상 인터페이스 소유자**를 선택하도록 돼 있다. VIF는 나의 계정뿐만 아니라 다른 계정도 사용할 수 있다. 내 계정으로써 물리적 DX 연결 계약을 맺으면 다른 계정은 별도 계약없이 온프레미스에 접속할 수도 있다는 뜻이다. 단일 온프레미스 공간을 여러 계정이 공유하는 상황에서 유용할 것이다.

그림 11-29는 671559022704 계정이 소유한 DX 연결을 860453071873 계정에서 사용 가능하도록 VIF를 생성해 준 예시다.

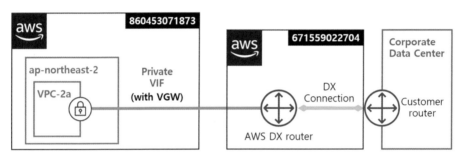

그림 11-29 다른 계정이 소유한 VIF

671559022704 계정에서 **다른 AWS 계정**을 선택(그림 11-26 참조)하고 VIF를 생성하면 그림 11-30과 같이 confirming(확인중) 상태로 대기한다.

	ID	▲	리전	▽	연결 ID	▽	유형	▽	상태	▽
	dxvif-ffwjga8c		ap-northeast-2		dxcon-fh6b77a8		private		ⓘ confirming	

그림 11-30 confirming 상태의 VIF

이번엔 860453071873 계정에서 가상 인터페이스를 확인하면 그림 11-31과 같다.

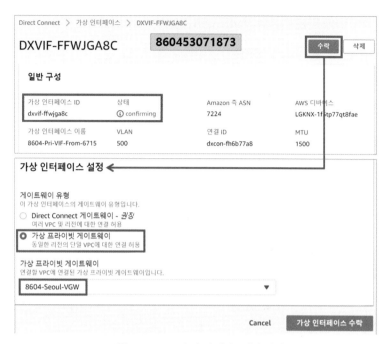

그림 11-31 VIF 수락 및 게이트웨이 선택

DX 연결을 소유한 계정이 생성해 준 VIF를 **수락**하면 어떤 유형의 게이트웨이를 연결할지 선택하는 화면이 나타난다.

그림 11-31처럼 VGW를 선택해보자. 671559022704 계정은 서울 리전 의 DX 연결을 소유 하므로 860453071873 계정이 소유할 VIF도 그림처럼 서울 리전 의 VGW만 지정할 수 있 다. 이와 다르게 DXGW를 선택하면 모든 리전의 VGW를 지정할 수 있다(그림 11-27 두 번 째 토폴로지).

연결이 완료되면 860453071873 계정의 VPC와 671559022704 계정의 온프레미스가 서 로 통신하게 된다. 만약 관리자 부주의로 종단간 접근 제어가 취약하면, 공간 사이 불필요 트래픽이 발생할 수 있다. 따라서 다른 계정에 만들어준 VIF의 활용 여부를 주기적으로 점 검하고 관리해야 한다.

11.3.7. DXGW에 다른 계정의 게이트웨이(VGW/TGW) 연결하기

DXGW에는 VGW나 TGW를 연결할 수 있었다. VGW를 연결하면 **프라이빗 VIF**, TGW를 연결하면 **전송 VIF**다. DXGW의 또 다른 특징은 그림 11-32처럼 다른 계정의 VGW나 TGW도 연결할 수 있다는 것이다.

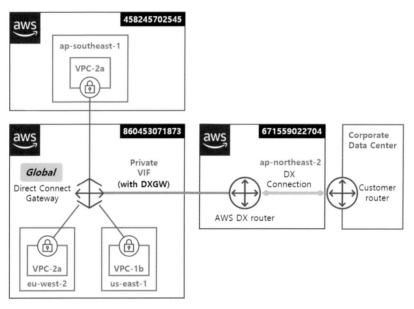

그림 11-32 다른 계정 게이트웨이 연결

671559022704 계정은 서울 리전(ap-northeast-2) DX 연결의 **프라이빗 VIF**(DXGW)를 860453071873 계정에게 생성해 줬다. 글로벌 DXGW는 DX 연결의 리전(ap-northeast-2)과 무관하게, 런던 리전(eu-west-2)과 버지니아 북부 리전(us-east-1)의 VPC(VGW)와 연결돼 있다.

또 DXGW는 458245702545 계정의 싱가포르 리전(ap-southeast-1) VPC와 연결할 수도 있다. 그림과는 다르게 **프라이빗 VIF** 대신 **전송 VIF**를 만들어 TGW를 연결할 수도 있다.

이처럼 DXGW는 리전을 가리지 않으며 타계정 공간과 얼마든지 연결할 수 있어 온프레미스가 쉽게 노출될 위험이 있다. 그러므로 연결 관리에 특히 유의해야 한다.

11.3.8. 퍼블릭 VIF를 활용한 VPN Over DX

온프레미스는 **퍼블릭 VIF**로써 DX 연결이 위치하는 리전의 모든 퍼블릭 IP에 액세스할 수 있다. 예컨대 S3 서비스나 탄력적 IP가 할당된 모든 서비스 그리고 AWS 관리 콘솔도 퍼블릭 VIF로 접속할 수 있다.

DX 연결은 트래픽 암호화를 제공하지 않는 단점이 있다. 그러나 퍼블릭 VIF를 활용하면 정적 퍼블릭 IP 설정이 필요한 사이트 간 VPN 연결 서비스를 추가 구축해 종단간 터널 암호화를 구현할 수 있다. 그림 11-33은 DX 연결상에 사이트 간 VPN 연결을 추가 구현한 예시다.

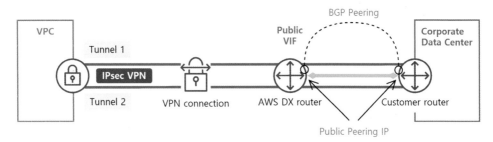

그림 11-33 DX 연결상의 사이트 간 VPN 연결

순서는 이렇다. AWS 공간과 온프레미스를 **퍼블릭 VIF**로 연결하고 그 위에 IPsec VPN을 별도 구성해 종단간 암호화를 구현한다. 즉, **퍼블릭 VIF**상의 AWS DX router와 Customer router 사이에 BGP 세션이 형성되고, IPsec VPN 터널 종단(VGW와 Customer router) 간에 도 별도의 BGP 세션(또는 Static)을 맺게 된다.

이처럼 DX 연결상에서 VPN을 구현하면 기존 인터넷과 달리 트래픽 지연이나 패킷 손실을 막을 수 있어 일관되고 안정된 네트워킹을 구현할 수 있다. 또 VPN의 종단간 암호화로 보다 신뢰된 데이터 전송을 할 수 있다.

11.3.9. DX 리소스 할당량

하이브리드 네트워킹을 구축하려면 아키텍처 기획 및 설계 단계에서 DX 할당량을 체크해야 한다. 그림 11-34는 AWS DX router를 중심으로한 DX 연결 할당량을 나타낸다.

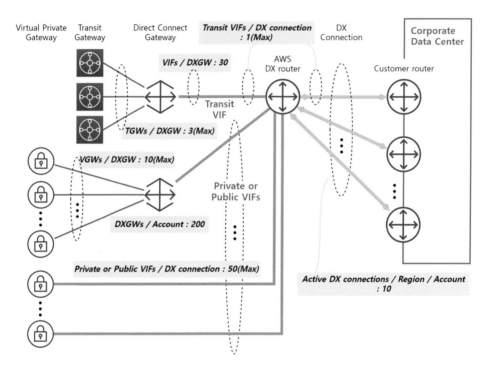

그림 11-34 DX 할당량

주요 할당량은 표 11-4와 같다. 조정이 필요하면 **VPC 네트워킹 리소스 할당량 조정**(6.1.5)을 참조한다.

표 11-4 DX 리소스 할당량

구성 요소	할당량	할당량 조정
계정별 리전당 활성 DX 연결	10	가능
DX 전용 연결당 전송 VIF	1	최대(조정 불가)
DXGW당 VIF	30	가능

구성 요소	할당량	할당량 조정
DXGW당 TGW	3	최대(조정 불가)
DXGW당 VGW	10	최대(조정 불가)
계정당 DXGW	200	가능
DX 전용 연결당 프라이빗 또는 퍼블릭 VIF	50	최대(조정 불가)

11.4. VPC와 온프레미스의 중앙 라우터 : TGW

지금까지 공간과 공간을 잇는 서비스들을 살펴봤다. PCX는 VPC 사이를 연결하고, VPN 및 DX는 VPC와 온프레미스 공간을 연결해 하이브리드 네트워킹을 구현한다.

PCX는 VPC 간 1:1 연결만 할 수 있고 VPN 또한 IPsec 터널 종단간(VPC와 온프레미스) 연결만 할 수 있다. DX는 DXGW로써 1:1 연결 한계를 어느 정도 극복할 수 있었지만 다수 VPC를 온프레미스와 잇는 게이트웨이 역할만 수행할 뿐 VPC 서로간 트래픽 송수신은 불가능했다(그림 11-27 참조).

AWS는 이 단점을 개선하고자 **전송 게이트웨이**^{Transit Gateway, TGW}를 출시했다(2018년 12월). TGW에 참여하는 각 연결 주체들은 다른 모든 연결을 대상으로 트래픽을 전송 또는 수신할 수 있다.

11.4.1. 전송 게이트웨이(TGW) 개요

TGW는 리전의 중앙 네트워크 허브(라우터)다. 상호간 트래픽 교환 목적으로 TGW에 참여하는 리전 내부의 각 주체를 **리소스**^{Resource}라 한다. 표 11-5의 5개 리소스 유형이 TGW에 연결하면 서로 통신할 수 있다. 이 중 타사 가상 어플라이언스가 필요한 D 유형은 설명 대상에서 제외한다. 기본 원리는 같다.

표 11-5 TGW의 리소스 유형

유형	리소스(Attachment type)	목적	연결(Attachment) 생성 메뉴
A	VPC	VPC 연결	VPC › Transit Gateway 연결 › Create Transit Gateway Attachment
B	VPN	VPN 연결	
C	피어링 연결 (Peering Connection)	TGW 간 피어링	
D	Connect	가상 어플라이언스 연결 (GRE 패킷)	
E	DXGW (Direct Connect Gateway)	DX 연결	Direct Connect › Direct Connect 게이트웨이 › 게이트웨이 연결 › TGW 선택

TGW에 연결할 땐 VGW를 사용하지 않는다. VPN과 DX 연결을 TGW의 리소스로 사용하면 VGW가 생략되고 TGW 자체가 VPC의 라우팅 타깃이 된다.

11.4.2. 연결(Attachment)과 연결(Association)

표 11-5 각 유형의 리소스가 TGW 참여 의사를 밝히는 행위를 '연결[Attachment]을 생성한다'라 하고 참여 의사를 표시한 각 리소스를 **연결**[Attachment]이라 한다. 각 연결[Attachment] 생성 메뉴는 표 11-5를 참조한다.

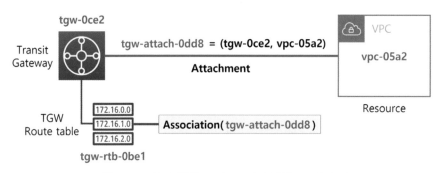

그림 11-35 리소스 연결(Attachment)과 연결(Association)

그림 11-35는 A유형인 **VPC 연결**^{Attachment}을 나타낸다. 연결^{Attachment}은 TGW와 리소스 (VPC) 한 쌍으로 구성되며 두 요소가 같다면 연결^{Attachment}은 유일하다. 그러나 두 요소 중 하나만 달라도 새로운 연결^{Attachment} 생성을 할 수 있다. 서로 다른 TGW에 같은 리소스를 참여시킬 수 있다는 뜻이다.

그림 11-36은 리소스 유형 4개(표 11-5, A~D)의 연결^{Attachment} 생성 화면이다.

그림 11-36 TGW 연결(Attachment) 생성 화면

표 11-5에 정리된 것처럼 DX 연결을 위한 **DXGW 연결**^{Attachment}(E 유형) 생성은 DXGW 메뉴를 활용한다. DXGW가 사전 생성돼 있어야 하며, DXGW 메뉴에서 TGW를 Association하면 연결^{Attachment}이 자동 생성된다.

그림 11-37은 VPC 유형의 연결(Attachment)을 보다 자세히 표현한 토폴로지다.

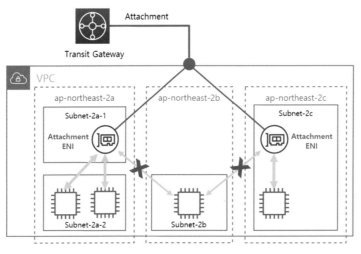

그림 11-37 VPC 연결(Attachment)의 가용 영역

VPC 연결^{Attachment} 생성 단계에서 최소 1개 가용 영역을 선택해야 한다. 또 가용 영역마다 1개 서브넷을 선택할 수 있다. 그림 11-37처럼 `2a-1`과 `2c` 서브넷을 선택하면 TGW 연결^{Attachment} 전용 ENI가 생성된다. 이 ENI들은 각 가용 영역에 포함된 모든 서브넷의 통신 거점이다. 그러나 선택하지 않은 `ap-northeast-2b` 가용 영역의 서비스로는 트래픽을 라우팅하지 않는다. 이 특징은 ELB 노드와 유사하다. 가용 영역별 서브넷 선택 화면은 그림 11-38을 참조한다.

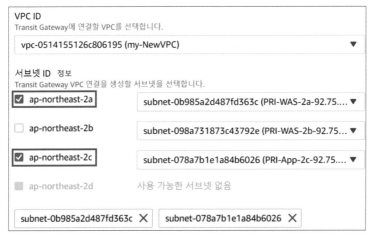

그림 11-38 VPC 연결(Attachment)의 가용 영역 선택

특정 VPC의 연결^{Attachment}을 생성한 뒤 다른 VPC로 변경은 불가능하지만 가용 영역이나 서브넷 변경을 할 수 있다.

한편 리소스가 특정 TGW에 참여 의사를 밝힌 것이 연결^{Attachment}이라면 이 연결^{Attachment}을 TGW의 실제 통신 주체로 참여시킨 것이 **연결**^{Association}이다. 쉽게 말해 연결^{Association}은 연결^{Attachment} 대상 리소스를 네트워킹 가능한 통신 주체로 승격한 것이다. 즉, Attachment를 생성하고 Associate하지 않으면 통신할 수 없으며 Associate하려면 Attachment 생성은 필수다.

라우팅 테이블의 연결 특징을 잘 나타낸 그림 9-73(9.2.13)을 다시 살펴보자. VPC에도 1개 이상의 라우팅 테이블을 생성할 수 있는 것처럼, 리전 수준의 TGW도 1개 이상의 라우팅 테이블을 생성할 수 있다. 또한 서브넷을 라우팅 테이블에 연결^{Associate}하듯, VPC도 TGW의 라우팅 테이블에 연결^{Associate}한다. 즉, VPC Association은 TGW에 참여할 VPC 연결^{Attachment}을 라우팅 테이블에 연결^{Association}하는 것이다.

그림 11-39는 이러한 연결^{Association} 특징을 잘 보여주고 있다. 리소스 4개 유형(A, B, C, E) 중 A(VPC)와 C(피어링 연결)를 예시로 표현했다. 연결^{Association}은 연결^{Attachment}을 전제함을 염두에 두고 그림 11-39를 살펴보자.

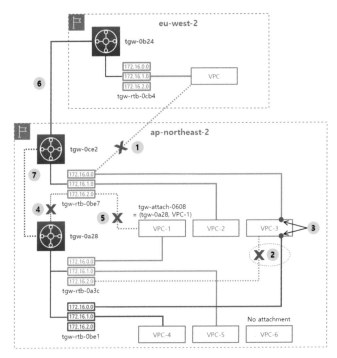

그림 11-39 TGW 라우팅 테이블에 연결(Association)된 VPC

런던 리전(`eu-west-2`)의 `tgw-0b24`와 서울 리전(`ap-northeast-2`)의 `tgw-0c2e`는 라우팅 테이블 1개를 소유하고, `tgw-0a28`은 2개 테이블을 소유한다. 다음은 TGW 라우팅 테이블의 특징이다. 그림에 표시된 번호와 일치한다.

① TGW의 패런트는 리전이다(표 3-1). 리전에 생성한 VPC만 TGW에 Attach하고 Associate할 수 있다. 따라서 애초부터 연결^{Attachment} 생성이 불가할 것이므로 연결 ^{Association} 또한 불가하다.

② TGW에 종속된 하나의 연결^{Attachment}은 단 하나의 라우팅 테이블에만 연결^{Association}할 수 있다.

③ `tgw-0c2e`와 `tgw-0a28` 각각은 `VPC-3`을 연결^{Attachment}로 소유한다. 다시 말해 `VPC-3` 은 두 TGW에 참여할 것을 선언^{Attachment}했으며 각 라우팅 테이블에 연결^{Association}한 상태다.

④ `tgw-rtb-0be7` 라우팅 테이블은 `tgw-0ce2` 전용이며 `tgw-0a28`과 공유 불가다.

⑤ `tgw-0a28`과 `VPC-1`로 생성한 연결(`tgw-attach-0608`)을 `tgw-0ce2`의 라우팅 테이블 (`tgw-rtb-0be7`)에 연결^Association할 수 없다.

⑥ AWS 계정이 달라도 TGW 간 피어링 연결을 할 수 있다. 피어링 연결도 하나의 연결 ^Attachment이다. `tgw-0ce2` 입장에서 피어링 대상 TGW(`tgw-0b24`)는 연결^Attachment 및 연결^Association 대상이다.

⑦ 동일 리전(`ap-northeast-2`)에 2개 이상의 TGW를 생성할 수 있다. 기존에는 리전 내부 의 서로 다른 TGW 간 피어링 연결을 할 수 없었지만 2021년 12월 이후부터 동일 리전의 TGW끼리도 피어링 연결을 할 수 있도록 기능이 개선됐다. 이번 예시에서는 리전 내 TGW 피어링 연결이 없다고 가정한다.

연결^Association은 연결^Attachment을 기반하고 연결^Attachment은 가용 영역 서브넷의 모음이므로 연결^Association은 VPC 서브넷을 TGW에 연결해 주는 것과 같다.

11.4.3. TGW 라우팅 테이블 작동 원리

그림 11-39에서 불필요 표식을 제거하고 정돈하면 그림 11-40이 된다. VPC 색상은 연결 ^Association된 라우팅 테이블 색상과 일치한다.

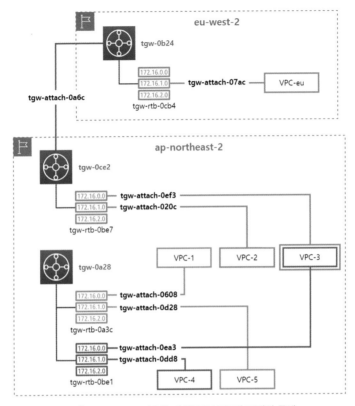

그림 11-40 TGW 라우팅 테이블로 VPC 간 트래픽 통제

`tgw-0a28`에는 4개의 VPC 연결Attachment이 있다. 이 VPC들은 서로 통신할 수 있을까? TGW를 기준으로 보면 `VPC-1, 3, 4, 5`가 연결돼 있지만 라우팅 테이블 기준으로 살펴보면 같은 색상 VPC끼리만 트래픽 교환이 가능하다는 것을 알 수 있다. 모든 트래픽은 오롯이 라우팅에 의해 작동하기 때문이다. 따라서 `tgw-0a28`에서 통신 가능한 쌍은 다음과 같다.

- VPC-1 ↔ VPC-5

- VPC-3 ↔ VPC-4

`VPC-1`과 `VPC-4`는 같은 TGW(`tgw-0a28`)의 연결Attachment임에도 불구하고, 연결Association된 라우팅 테이블이 상이하므로 통신할 수 없다. 서로 통신하려면 `VPC-1`과 `VPC-4` 둘 중 하나는 다른 라우팅 테이블로 연결Association해야 한다. 당연히 기존 연결Association

은 끊어야 할 것이다.

이 원리를 이용하면 VPC 망분리로 활용할 수 있다. VPC 간 불필요 트래픽을 원천 격리해 반드시 필요한 트래픽만 송수신하게 된다. 라우팅 테이블을 VPC 용도별로 구분지어 활용해도 좋다.

한편 `런던 리전`의 `tgw-0b24`는 1개 라우팅 테이블에 `tgw-attach-07ac`를 연결^{Association}한 상태다. 또한 `서울 리전`의 `tgw-0ce2`와 피어링 연결(`tgw-attach-0a6c`)을 맺었으므로 `VPC-2`와 `VPC-3`, 그리고 `VPC-eu`는 서로 통신할 수 있다.

그럼 라우팅 테이블에 연결^{Association}만 하면 트래픽 송수신이 가능할까? 가장 중요한 요소가 빠졌다. 바로 라우팅이다. 이로써 TGW 최소 통신 요건을 다음과 같이 정리한다.

TGW 통신 요건
- TGW에 참여하면 다른 참여 주체들과 통신할 수 있는 자격이 생긴다.
- TGW에 참여하려면 TGW와 리소스를 한 쌍으로 만든 연결(Attachment)을 TGW 라우팅 테이블에 연결 (Association)해야 한다.
- 또 각 연결(Association) 리소스의 CIDR을 라우팅 테이블에 등록해야 한다.

즉, 연결^{Association}과 라우팅이 가장 중요하다. 연결^{Attachment}만 생성하고 연결^{Association}하지 않거나 연결^{Association}만 하고 라우팅을 등록하지 않으면 트래픽 송수신을 할 수 없다.

그런데 이 과정들은 조금 번거롭다. 또 관리자 입장에서 연결^{Attachment}만 하고 연결^{Association}과 라우팅 등록 과정을 잊을 수도 있다.

TGW는 상기 일련의 작업들을 간소화하고자 다음 2가지 옵션을 제공한다.

① 기본 라우팅 테이블에 연결^{Association}

② 기본 라우팅 테이블에 전파^{Propagation}

TGW를 생성할 때 이 2가지 옵션을 각각 활성화 또는 비활성화할 수 있다. 하나라도 활성화하면 TGW의 **기본 라우팅 테이블**이 생성된다. 모두 비활성화하면 기본 라우팅 테이블이 생성되지 않으며 사용자가 별도 라우팅 테이블을 만들어야 한다. 그림 11-41은 TGW 생성 화면의 2가지 옵션을 보여주고 있다.

그림 11-41 TGW 생성 옵션 – 연결(Association)과 전파

그림 11-41의 빨강 박스 옵션 2개를 모두 활성화하면 TGW의 연결^{Attachment}을 생성하는 순간 **기본 라우팅 테이블**에 **자동 연결**^{Association}되고 리소스 공간의 CIDR을 **기본 라우팅 테이블로 자동 전파**^{Propagation}한다.

그러나 둘 다 비활성화하면 연결^{Association}과 전파할 리소스가 없다는 판단 하에 기본 라우팅 테이블을 생성하지 않는다. 단, TGW 피어링 연결은 상기 설정과 무관하게 자동 전파하지 않으므로 사용자가 라우팅을 직접 입력해야 한다.

연결^{Association}과 전파 옵션은 서로 독립적이다. 연결^{Association} 옵션만 활성화하면 라우팅 자동 전파는 안된다. 반대로 전파 옵션만 활성화하면 라우팅만 자동 등록되고 연결^{Association}이 되지 않는다. 즉, 둘 중 하나라도 비활성화하면 TGW 최소 통신 요건에 미달하므로 사용자가 직접 연결^{Association} 또는 전파를 생성해야 한다. 전파를 생성하지 않으려면 라우팅을 직접 입력해도 된다. 전파된 모든 라우팅은 어차피 라우팅 테이블에 저장되기 때문이다.

그림 11-42는 그림 11-40의 기본 라우팅 테이블(`tgw-rtb-0be7`) 설정 일부 예시다. 각 탭을 클릭했을 때 나오는 화면 번호와 탭 번호는 일치한다.

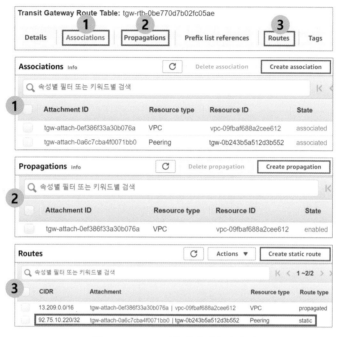

그림 11-42 TGW 라우팅 테이블 설정 탭

`tgw-0ce2` 생성 시 2개 옵션을 모두 활성화했다. 따라서 `tgw-attach-0ef3`(VPC)과 `tgw-attach-0a6c`(피어링 연결) 생성 즉시 라우팅 테이블에 연결[Association]된 것을 ①번 화면으로 알 수 있다. 또 `tgw-attach-0ef3`이 자동 전파(②번 화면)돼 라우팅 테이블(③번 화면)에 저장됐다. 앞서 설명했듯, 피어링 연결은 자동 전파되지 않으며 **Create propagation**도 불가하므로 라우팅을 수동 등록해야 한다. ③번 화면에서 피어링 연결의 라우팅 유형[Route type]에 표시된 'static'은 수동을 의미한다.

기본 라우팅 테이블 2개 옵션 중 하나가 비활성화라면 그림 각 번호에 표시된 **Create association**, **Create propagation**으로 연결과 전파를 생성할 수 있다. 전파(②번)는 필수가 아니다. 그러나 연결[Association]과 라우팅은 통신 필수 요건이므로 1과 3에는 연결[Attachment]

을 반드시 적용해야 한다.

전파를 활성화하면 운영이 편리하다. 그러나 VPC CIDR 전체(3번 화면의 `13.209.0.0/16`)가 자동 저장돼 통신 불필요 서브넷들도 네트워킹이 가능해진다. 또 자동 전파된 라우팅은 범위를 조정하거나 삭제할 수 없다. 이는 보안상 허점이 되므로 가급적 전파를 비활성화하거나 연결^{Attachment} 생성 단계부터 꼭 필요한 가용 영역(서브넷)만 선택해야 할 것이다. 이때도 가용 영역 내 모든 서브넷이 TGW 참여 주체가 되므로 서브넷 라우팅 테이블 관리에 유의한다.

표 11-6에는 TGW 생성 옵션별 기본 라우팅 생성과 삭제 내용을 담았다.

표 11-6 TGW 생성 옵션별 기본 라우팅 테이블 생성과 삭제

TGW 생성 옵션		기본 라우팅 테이블 자동 생성	기본 라우팅 테이블 임의 삭제	임의 생성한 라우팅 테이블 삭제
연결 (Association)	전파 (Propagation)			
O	O	O	불가	가능
O	X			
X	O			
X	X	X	-	

두 옵션 중 하나라도 활성화하면 TGW 생성 시 **기본 라우팅 테이블**도 함께 생성된다. 물론 그림 11-40의 `tgw-0a28` 처럼 기본 라우팅 테이블 외 추가 라우팅 테이블(`tgw-rtb-0be1`)을 두고 활용해도 된다. 단, 추가로 임의 생성한 라우팅 테이블은 두 옵션 모두 비활성화 상태로 고정되니 참고한다.

반면 두 옵션 모두 비활성화하면 기본 라우팅 테이블이 생성되지 않으므로 별도로 만들어야 한다.

또한 TGW를 삭제하면 종속된 모든 라우팅 테이블이 삭제된다. 그러나 그 전까진 기본 라우팅 테이블의 임의 삭제는 불가능하다.

연결^{Attachment}을 삭제하면 TGW 라우팅 테이블에 반영된 관련 연결^{Association}과 전파^{Propagation} 모두 삭제하고 라우팅 테이블에 적용된 자동 전파 라우팅도 연쇄적으로 삭제한다.

11.4.4. TGW 공유

AWS에는 단일 계정이 소유한 일부 유형의 서비스를 타계정으로 공유할 수 있는 기능이 있다. 이를 AWS Resource Access Manager라 한다. TGW도 공유 가능한 리소스 중 하나며 TGW 공유는 리전으로 제한된다.

TGW 공유 기능을 사용하면 타계정의 리소스(VPC 등)가 내 계정의 TGW에 연결할 수 있다. 이는 동일 리전의 TGW 간 피어링 연결이 안 되는 단점(그림 11-43에 표시된 X)을 극복하는 좋은 수단이었다. 그러나 2021년 12월부터는 리전 내 TGW 간 피어링 연결을 할 수 있게 됐으니 참고한다. 그림 11-43은 `671559022704` 계정이 소유한 `tgw-0ce2`를 `860453071873` 계정에게 공유한 예시다.

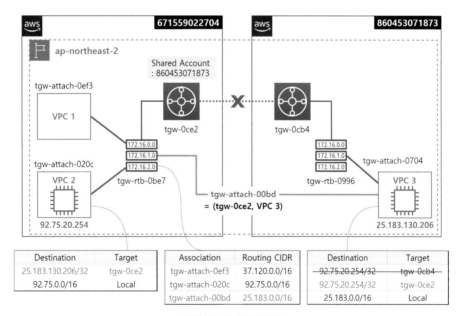

그림 11-43 TGW 공유

tgw-0ce2를 860453071873에게 공유하고 수락하면 860453071873 계정은 자신의 VPC 3을 tgw-0ce2의 연결Attachment로 만들 수 있다. 자동 연결Association과 자동 전파는 tgw-rtb-0be7의 활성화 설정에 따르며 서울 외 다른 리전에서는 연결Attachment 생성이 안된다.

한편 tgw-attach-00bd를 요청하고 수락하는 과정도 필요하다. TGW 생성 시 그림 11-44 옵션을 활성화하면 이 수락 과정이 생략된다.

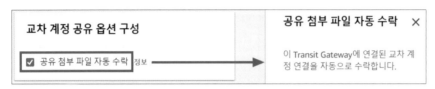

그림 11-44 공유 TGW의 연결(Attachment) 자동 수락 옵션

그러나 자동 수락 옵션을 사용하면 공유된 TGW에 언제라도 연결Attachment 생성을 할 수 있으므로 사전 승인 없는 경로까지 생성될 여지가 있다. 이는 TGW에 연결된 다른 리소스까지 취약하게 만든다. 따라서 자동 수락 옵션을 비활성화해 관리자가 필요 여부를 재확인한 후 수동으로 수락하는 것을 권장한다.

이는 과거 일정 기간에만 필요했던 TGW 공유가 관리자 실수로 여전히 공유되는 상황에서 이중 안전 장치가 될 수 있다.

또 TGW를 공유할 때도 반드시 사전 검토가 필요할 것이다. 타 계정과의 네트워크 연결은 언제나 신중해야 한다.

TGW를 공유받은 계정은 다음 4개 권한만 소유한다.

* ec2:DescribeTransitGateways

* ec2:CreateTransitGatewayVpcAttachment

* ec2:ModifyTransitGatewayVpcAttachment

* ec2:DeleteTransitGatewayVpcAttachment

즉, VPC 외 다른 리소스 유형은 공유 TGW의 연결^{Attachment}을 생성할 수 없다. 또 공유 주체 계정이나 수락 계정 모두 VPC 연결^{Attachment}을 삭제할 수 있다.

11.4.5. [실습] TGW 생성 과제

앞선 내용들을 종합하면 TGW 생성 순서를 짐작할 수 있다. 다음 순서에 따라 그림 11-43 토폴로지를 완성해보자.

① TGW를 생성하고 공유한다.

- 생성 메뉴 : **서비스 › VPC › Transit Gateway › Transit Gateway 생성**

- 리소스 공유(내계정) 메뉴 : **서비스 › Resource Access Manager › 내가 공유 › 리소스 공유 생성**

- 리소스 수락(타계정) 메뉴 : **서비스 › Resource Access Manager › 나와 공유 › 리소스 공유**에서 '내계정'이 공유한 리소스를 선택한 후 **리소스 공유 수락** 버튼 클릭

② TGW에 참여할 리소스의 연결^{Attachment} 생성

- 메뉴 : **서비스 › VPC › Transit Gateway 연결 › Transit Gateway Attachment 생성**

③ TGW 라우팅 테이블 옵션^{Association, Propagation}에 따라 자동 연결^{Association} 또는 라우팅 전파. 필요 시 수동^{static} 라우팅 등록.

- 메뉴 : **서비스 › VPC › Transit Gateway 라우팅 테이블**에서 TGW 라우팅 테이블을 선택한 후 **Association, Propagation, Routes** 탭에서 설정.

④ 트래픽 송수신 테스트용 EC2 인스턴스 2개(종단별 1개씩) 생성 및 접근 제어 설정

⑤ 서브넷 종단 라우팅 적용

11.4.6. TGW와 통합된 하이브리드 네트워킹

11.3절에서 학습한 하이브리드 네트워킹과 TGW를 통합해 그림 11-45로 표현했다.

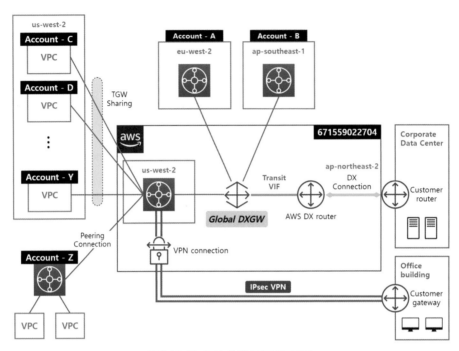

그림 11-45 AWS 하이브리드 네트워킹

- 671559022704 는 DX 연결과 VPN, 그리고 TGW 등의 인프라가 구축된 중앙 네트워크 허브 계정이다. 서울 리전(ap-northeast-2)에 DX 연결을 구성하고, DXGW를 뒤 계정과 리전에서 자유롭게 글로벌 TGW를 구성할 수 있다. 런던(eu-west-2)과 싱가포르(ap-southeast-1) 리전의 TGW는 DXGW를 경유해 데이터센터와 오피스 사무실과 연동된다. 단, 이 리전들은 오레곤 리전(us-west-2)으로 접속할 수는 없다.

- 지리적 특징 때문에 특정 리전에서 서비스를 주로 제공해야 하고 서로 다른 계정 간 데이터 송수신이 필요하면 TGW 공유 기능을 활용한다. 오레곤 리전(us-west-2)의 TGW를 C~Y 계정에 공유했으며 각 계정은 VPC 연결(Attachment)을 생성해 오레곤 리전(us-west-2)의 중앙 TGW를 통해 다른 VPC와 서로 네트워킹한다.

- 피어링 연결용 Attachment를 생성해 TGW 간 피어링(Z 계정)을 맺을 수도 있다.

11장 정리

11장에서는 공간 사이를 연결하는 서비스를 소개했다. 주요 내용은 다음과 같다.

- PCX는 VPC와 VPC 사이를 잇는다. CIDR이 겹치는 피어링이나 전이적 피어링은 불가능하다.

- 온프레미스와 AWS 클라우드 공간을 프라이빗한 하나의 영역으로 통합하는 것이 하이브리드 네트워킹이다. VPN 연결과 DX로 구현한다.

- TGW는 리전 수준의 네트워크 중앙 허브다. VPC, VPN 그리고 DX 연결 등을 리소스로 연결해 상호간 트래픽을 송수신한다.

- VPN 연결은 인터넷 기반이지만 종단간 터널링 암호화로 데이터를 보호한다. 인터넷 환경과 상황에 따라 지연이 발생할 수 있다.

- 글로벌 DXGW를 활용하면 모든 리전의 VPC와 TGW를 연결할 수 있다.

12

연결 서비스 Ⅱ
: 공간과 서비스 연결(단방향)

11장에서는 공간과 공간을 연결하는 서비스를 학습했다. 이 서비스는 공간 사이를 연결해서 트래픽을 전송해 주는 매개체였다.

12장은 연결 서비스의 두 번째 주제인 엔드포인트를 설명한다. 엔드포인트는 공간과 서비스를 연결해 준다. 즉, 공간 내 컴퓨팅 클라이언트가 다른 공간의 서비스로 접속토록 한다. 이때 11장의 연결 서비스를 사용하기도 한다.

12장 역시 IGW나 NAT 게이트웨이를 사용하지 않는 내부 네트워킹을 다룬다.

12.1. VPC 네트워킹의 꽃, VPC 엔드포인트

12장은 이 책의 마지막 장이다. 엔드포인트 개념을 명확히 이해하려면 앞선 모든 내용을 습득하고 있어야 한다. 엔드포인트를 마지막 장에 배치한 이유다. 엔드포인트 이해 수준은 VPC 네트워킹 역량을 측정하는 지표가 될 수 있다.

12.1.1. VPC 엔드포인트 개요 : 트래픽 순간이동

엔드포인트^{Endpoint}는 네트워크의 '끝점'이다. 이 끝점들은 자신이 연결된 네트워크로 트래픽을 발생해 원하는 데이터를 수신한다. 예컨대 인터넷이라는 네트워크에 정보를 요청하는 스마트폰, IoT기기, 태블릿, PC 등이 엔드포인트다.

그럼 AWS에서 말하는 **VPC 엔드포인트**는 무엇일까? 바로 VPC의 끝점이다. 즉, VPC상의 리소스는 이 끝점을 이용해 다른 공간의 데이터를 요청한다.

공간과 공간의 연결은 11장에서 학습했다. 예를 들어보자. PCX는 다른 공간으로 접속할 네트워크 인프라를 제공하지만 접속 대상 서비스를 제공하진 않는다. 그러나 VPC 엔드포인트는 네트워크 인프라뿐만 아니라 서비스까지 제공한다. 접속할 구체적인 서비스가 정해져 있다는 뜻이다.

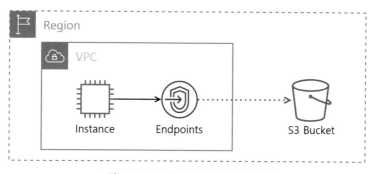

그림 12-1 VPC 엔드포인트는 VPC의 끝점

VPC 엔드포인트가 향하는 서비스는 VPC 엔드포인트가 속한 리전으로 한정된다. 그림 12-1 인스턴스는 VPC 엔드포인트가 속한 리전의 S3 Bucket에 접속하고 있다.

VPC 엔드포인트의 특징은 다음과 같다.

- 클라이언트가 엔드포인트만 액세스하면 서비스로 순간이동할 수 있다. 엔드포인트는 서비스 액세스 지점이다.

- 따라서 엔드포인트와 서비스 사이에 라우팅이 필요없다.

- 엔드포인트가 놓인 VPC의 모든 리소스는 엔드포인트에 액세스할 수 있다.

- 접속 대상(서비스)으로 향하는 트래픽 경로는 Amazon을 벗어나지 않는다.

- 단방향이다. 트래픽 요청은 VPC상의 리소스에서 서비스로만 가능하다.

- VPC의 끝점이다. VPC 트래픽이 그 점을 진입하는 순간, VPC에서 더 이상 찾아볼 수 없다.

- 패런트는 VPC다(표 3-1). 또 수명 주기 동안 다른 요소에 연결할 수 없다.

- 모든 클라이언트 액세스를 허용하는 **기본 정책**Policy이 연결돼 있다.

이처럼 VPC를 리전 내 다른 공간의 서비스와 연결해 주는 게 VPC 엔드포인트라면 VPC 내부 서비스에 접속할 때는 VPC 엔드포인트를 사용하면 안 될까? 요청자도 수신자(서비스)도 VPC 내부로 한정된다는 뜻이다. 그림 12-2의 붉은 화살표는 엔드포인트를 활용한 VPC 내부 서비스 접속 경로다.

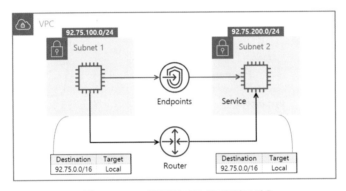

그림 12-2 VPC 내부에서 VPC 엔드포인트 사용

예시처럼 VPC 로컬 라우팅(92.75.0.0/16)만으로도 VPC 내부 서비스 접속은 충분히 가능하다. 따라서 VPC 엔드포인트를 사용해도 되지만 굳이 사용할 필요는 없다.

- VPC 네트워킹에서 사용하는 **엔드포인트**는 암묵적으로 **VPC 엔드포인트**를 뜻한다. 지금부터는 **엔드포인트**라는 용어를 쓰겠다.
- 서비스에 접속하는 클라이언트를 서비스 **소비자(Consumer)**로, 서비스(서버)를 제공하는 주체나 공간을 서비스 **공급자(Provider)**라 하자.
- 정책(Policy)이 기본 연결된 엔드포인트가 있다. 이들은 생성과 동시에 모든 액세스를 허용한다. 12장 내용은 그림 12-3처럼 '모든 액세스' 허용을 전제로 설명한다.

정책* ⦿ 모든 액세스 - AWS 계정부터 이 AWS 서비스의 모든 리소스까지 자격 증명을 사용하여 VPC 내에 있는 모든 사용자 또는 서비스의 액세스를 허용합니다. IAM 사용자 정책, VPC 엔드포인트 정책 및 AWS 서비스별 정책(예: Amazon S3 버킷 정책, 모든 S3 ACL 정책) 등 모든 정책은 성공적인 액세스를 위해 필요한 권한을 부여해야 합니다.

○ 사용자 지정

정책 생성 도구를 사용하여 정책을 생성한 다음 아래에 생성된 정책을 붙여 넣습니다.

```
{
    "Statement": [
        {
            "Action": "*",
            "Effect": "Allow",
            "Resource": "*",
            "Principal": "*"
        }
    ]
}
```

그림 12-3 엔드포인트에 연결된 정책(모든 액세스 허용)

12.1.2. AWS PrivateLink 기술과 엔드포인트 유형 분류

AWS PrivateLink 사용 유무에 따라 엔드포인트를 그림 12-4처럼 분류할 수 있다.

그림 12-4 엔드포인트 유형 분류

엔드포인트는 종류에 상관없이 공통 특징이 있다. 서비스 접속 트래픽이 Amazon 네트워크를 벗어나지 않는다는 것이다. 이는 IGW나 NAT 게이트웨이가 없는 Amazon 인트라넷 환경으로 해석할 수 있다. 즉, 엔드포인트를 사용하는 것만으로 보안 수준이 향상된다.

한편 AWS PrivateLink 사용 유무에 따라 접속 형태가 달라진다. AWS PrivateLink를 사용하는 2가지 엔드포인트는 ENI의 형태를 띤다. 예컨대 ELB 노드의 실제 형태가 ENI인 것과 유사하다. 엔드포인트의 ENI를 **엔드포인트 인터페이스**^{Endpoint Interface}라 한다. 이것을 앞으로 **엔드포인트 ENI**라 하겠다.

반면 **게이트웨이 엔드포인트**^{Gateway Endpoint}는 게이트웨이 형태를 띤다. 게이트웨이(9.2.5)는 트래픽이 다른 공간으로 이동할 때 여는 문과 같다. 이 문을 라우팅 타깃에 등록하면 서비스로 접속할 수 있게 된다.

그럼 AWS PrivateLink는 무엇일까? 쉽게 말하면 접속 대상 서비스가 프라이빗 IP인 것과 무관하게(퍼블릭일지라도) 프라이빗 IP로 접속하게 도와주는 기술이다. 이 프라이빗 IP가 바로 엔드포인트 ENI의 IP다. 즉, 엔드포인트 ENI에 접근할 수 있는 모든 소비자는 서비스 접속 기회가 생긴다. 엔드포인트 ENI는 서브넷에 생성될 것이므로, 라우팅을 통해 이 엔드포인트 ENI만 액세스한다면 서비스에 접속할 수 있다. 엔드포인트 ENI를 쓰는 2가지 엔드포인트는 AWS PrivateLink로써 서비스에 액세스한다.

그러나 **게이트웨이 엔드포인트**는 퍼블릭 IP로 접속한다. 트래픽을 IGW나 NAT 게이트웨이를 통해 인터넷으로 전달하지만 않을 뿐, 서비스의 퍼블릭 IP로 접근한다. 다시 말해 Amazon 네트워크를 벗어나지 않는 퍼블릭 액세스다.

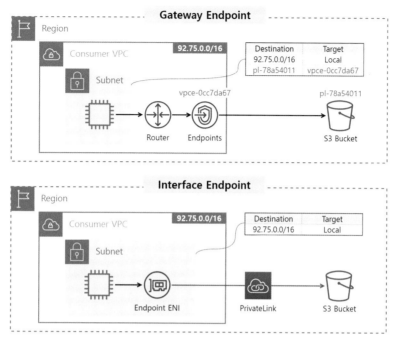

그림 12-5 VPC 엔드포인트 유형 비교

그림 12-5는 **게이트웨이 엔드포인트**와 AWS PrivateLink에 연결된 **인터페이스 엔드포인트**를 비교한 토폴로지다. AWS 서비스 중 유일하게 2가지 유형을 모두 제공하는 S3를 예시로 사용했다. 인스턴스는 S3를 사용하는 소비자다.

게이트웨이 엔드포인트는 소비자의 S3 요청을 라우팅 타깃으로 전달한다. 이 타깃이 엔드포인트면서 게이트웨이이다. 게이트웨이를 통과한 트래픽은 S3로 즉시 전달된다. 반면 AWS PrivateLink에 연결된 엔드포인트 ENI는 소비자의 요청을 S3로 즉시 전달한다.

유형별 특징을 표 12-1에 정리했다.

표 12-1 엔드포인트 유형별 특징 비교

특징 〳 유형	게이트웨이 엔드포인트	AWS PrivateLink 엔드포인트	
엔드포인트 형태	게이트웨이	ENI	
엔드포인트 진입 수단	엔드포인트 타깃 라우팅	VPC 로컬 라우팅	
접속 가능 서비스	S3, DynamoDB	인터페이스 엔드포인트	게이트웨이 로드밸런서 엔드포인트
		· AWS 서비스 138개 ('23년 4월 현재) · NLB 를 연결한 엔드포인트 서비스 · AWS Marketplace 서비스(SaaS) · PrivateLink Ready 파트너 서비스	· GWLB를 연결한 엔드포인트 서비스
접속 대상 서비스의 IP 유형	퍼블릭 IP (접두사 목록)	프라이빗 IP (엔드포인트 ENI)	

12.1.3. 서비스 범주별 엔드포인트 유형 매칭

AWS 콘솔에서 엔드포인트 메뉴(그림 12-6)를 보자. 엔드포인트 유형에 따라 **서비스 범주** 4 개 중 하나를 선택할 수 있다.

메뉴 : 서비스 › VPC › 엔드포인트 › 엔드포인트 생성

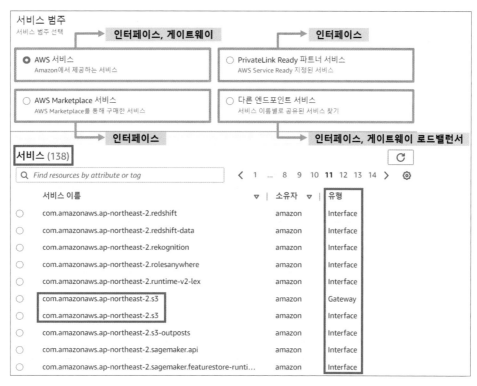

그림 12-6 엔드포인트 생성 메뉴

엔드포인트가 지원하는 **서비스 범주**는 4가지다. 이 내용은 매우 중요하다.

① AWS 서비스 : AWS의 모든 서비스가 엔드포인트를 지원하진 않는다. 그 중 엔드포인트를 지원하는 서비스가 이 곳에 표시된다. 이 서비스들은 **엔드포인트 생성** 첫 화면에 나타나며, 서비스 우측 괄호 안의 숫자로서 엔드포인트를 지원하는 서비스가 총 138개임을 알 수 있다. 이 중 2개(S3, DynamoDB)는 **게이트웨이 엔드포인트**용 서비스이고, 나머지 136개는 **인터페이스 엔드포인트**용 서비스다. 그림 12-5 예시로 사용한 S3도 보인다. AWS는 엔드포인트 지원 서비스를 계속 확장해 나가고 있다.

② 다른 엔드포인트 서비스 : **서비스 › VPC › 엔드포인트 서비스** 메뉴에서 생성한 **엔드포인트 서비스**를 여기서 검색한다. 그림에 표시한대로 **인터페이스 엔드포인트**와 **게이트웨이 로드밸런서 엔드포인트**용 메뉴다. 이 둘은 AWS PrivateLink를 사용한다. 그래서 **엔드포인트 서비스**를

AWS PrivateLink 엔드포인트 서비스라고도 한다.

'다른 엔드포인트 서비스'로 검색된 엔드포인트 서비스는 엔드포인트가 향하는 서비스 종착지가 된다. 엔드포인트 서비스 생성 시 **네트워크 유형**^{NLB}을 선택하면 **인터페이스 엔드 포인트**가 생성되고 **게이트웨이 유형**^{GWLB}을 선택하면 **게이트웨이 로드밸런서 엔드포인트**가 생성된다. 선택 화면은 12.3.2(실습 1)에서 확인한다.

이처럼 엔드포인트 서비스는 NLB나 GWLB를 기반으로 생성한다. 물론 GWLB는 어플라이언스 전용 ELB이며 GENEVE 프로토콜만 지원한다. 그러나 NLB는 VPC가 통신 가능한 모든 프라이빗 IP를 대상^{Target}으로 지정할 수 있다. 가령 피어링된 상대측 VPC 리소스나 Direct Connect로 연결된 온프레미스 시스템도 NLB 대상으로 지정할 수 있다. 또 ALB 도 대상 그룹으로 연결해 가변 노드의 한계를 극복한다.

따라서 엔드포인트 서비스에 연결하는 NLB를 로드밸런싱 측면으로만 봐서는 안된다. 유연하면서도 '로드밸런싱 또한 가능한' 고성능 트래픽 전달 매개체로 보는 편이 맞다. AWS 는, 소비자의 엔드포인트와 공급자의 서비스 간 연결에 가장 적합한 매개체를 찾던 중 로드밸런싱까지 제공하는 NLB를 채택한 것이고, 엔드포인트 성능 향상을 위해 NLB를 지속적으로 개선해 왔을 것이다.

ALB나 CLB를 엔드포인트 서비스 연결용으로 제공하지 않는데, 이 이유는 ALB와 CLB는 가변 노드를 사용하기 때문으로 추측한다. 그러나 NLB 대상 그룹에 ALB를 연결함으로써 ALB에 연결된 서비스도 엔드포인트로 액세스할 수 있다.

③ **AWS Marketplace 서비스** : Marketplace에서 제공하는 SaaS 서비스다. 인터페이스 엔 드포인트만 지원한다.

④ **PrivateLink Ready 파트너 서비스** : AWS 파트너가 제공하는 솔루션이다. Marketplace 와 마찬가지로 인터페이스 엔드포인트만 지원한다.

AWS PrivateLink와 통합되는 AWS 서비스

PDF | RSS

다음 서비스가 AWS PrivateLink와 통합됩니다. 인터페이스 엔드포인트를 생성하여 이러한 서비스에 연결할 수 있습니다.

서비스가 AWS PrivateLink와 통합되지만 VPC 엔드포인트 정책을 지원하지 않는 경우 [VPC 엔드포인트 정책(VPC endpoint policies)] 열에 '⊗ 아니요(No)'가 표시됩니다. VPC 종단점 정책을 지원하는 서비스에 대한 설명서를 보려면 "예" 링크를 선택합니다.

AWS 서비스	VPC 엔드포인트 정책	서비스 이름
AWS Account Management	⊘ 예	com.amazonaws.*region*.account
Amazon API Gateway	⊘ 예	com.amazonaws.*region*.execute-api
Amazon AppIntegrations	⊘ 예	com.amazonaws.*region*.app-integrations
AWS App Mesh	⊗ 아니요	com.amazonaws.*region*.appmesh-envoy-management
AWS App Runner	⊘ 예	com.amazonaws.*region*.apprunner
Application Auto Scaling	⊘ 예	com.amazonaws.*region*.application-autoscaling

그림 12-7 AWS PrivateLink와 통합되는 AWS 서비스[1]

서비스 범주 4개의 공통점은 **인터페이스 엔드포인트**라는 것이다. 게이트웨이 유형(S3, DynamoDB)을 제외한 모든 서비스는 AWS PrivateLink 기술을 사용한다. 이 중 **AWS 서비스**(①), **AWS Marketplace 서비스**(③), 그리고 **PrivateLink Ready 파트너 서비스**(④)는 AWS PrivateLink와 통합되는 서비스다(그림 12-7). 즉, AWS PrivateLink 엔드포인트 서비스(엔드포인트 서비스)를 따로 만들지 않아도 AWS PrivateLink를 자동으로 활성화하고 이를 사용한다.

게이트웨이 엔드포인트(①)와 AWS PrivateLink 통합 서비스(①, ③, ④)는 각각 그림 12-5 토폴로지의 위, 아래로 표현할 수 있다.

한편 그림 12-8은 AWS PrivateLink 엔드포인트 서비스를 사용하는 ②번 유형(다른 엔드포인트 서비스) 토폴로지다.

---

1 출처 : AWS 설명서

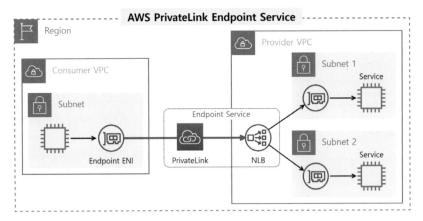

그림 12-8 엔드포인트 서비스를 사용하는 엔드포인트

NLB를 연결한 엔드포인트 서비스로 엔트포인트를 만들면 인터페이스 엔드포인트가 되고 GWLB를 연결한 엔드포인트 서비스로 엔드포인트를 만들면 게이트웨이 로드밸런서 엔드포인트가 된다. 특징은 조금씩 다르지만, 전체적으로는 모두 그림 12-8과 같은 모습을 띤다.

지금까지의 내용을 표 12-2로 정리한다. 앞으로 A~E 유형을 엔드포인트 지시자로 활용하겠다.

표 12-2 서비스 범주별 엔드포인트 유형 매칭

VPC 엔드포인트 유형			서비스 범주	AWS 서비스	다른 엔드포인트 서비스	AWS Marketplace 서비스, PrivateLink Ready 파트너 서비스
VPC 엔드포인트	AWS PrivateLink 엔드포인트	게이트웨이 엔드포인트 (그림 12-5, 위)		A유형 (S3, DynamoDB)	-	-
		인터페이스 엔드포인트	AWS PrivateLink 통합 서비스 (그림 12-5, 아래)	B유형		C유형
			AWS PrivateLink 엔드포인트 서비스 (그림 12-8)		D유형	
		게이트웨이 로드밸런서 엔드포인트		-	E유형	-

12.1.4. 기본 DNS 이름과 프라이빗 DNS 이름

AWS 서비스 중 DNS 이름이 기본 제공되는 서비스가 있다. 이렇게 제공된 DNS를 **기본 DNS 이름**default DNS name이라 한다. 기본 DNS 이름은 다음과 같은 특징이 있다.

NOTE 🔑

기본 DNS 이름의 특징

- 동일 리전의 모든 AWS 서비스는 서비스별 같은 기본 DNS 이름을 사용한다. 즉, 계정과 무관하다.

  (예) 서울 리전의 S3 기본 DNS 이름 : **s3.ap-northeast-2.amazonaws.com**

- 서비스 생성 여부와 무관하게 언제나 질의할 수 있다.

  (예) s3.ap-northeast-2.amazonaws.com 질의 결과 화면

```
Non-authoritative answer:
Name:    s3.ap-northeast-2.amazonaws.com
Address: 52.219.148.85
```

그림 12-9 S3의 기본 DNS 이름 질의 결과

이 결과로 기본 DNS 이름은 AWS 서비스의 퍼블릭 IP와 매핑됐다는 사실을 알 수 있다. 다시 말해 S3 소비자가 게이트웨이 엔드포인트를 만들어 `s3.ap-northeast-2.amazonaws.com`에 접속하는 것은 S3의 퍼블릭 IP로 접속하는 것이다.

AWS는 이 문제를 보완하고자 **프라이빗 DNS 이름**^{Private DNS name}을 도입했다. 즉, **기본 DNS 이름**을 그대로 사용하면서 프라이빗 IP로 접속할 수 있는 기술이다. 이는 AWS PrivateLink가 도입된 계기라 추측한다. 게이트웨이 엔드포인트의 기본 방향 - '기본 DNS 이름으로 서비스의 퍼블릭 IP로 접속' - 은 아직 그대로 유지하고 있기 때문이다. 이 기조를 유지한 채 AWS PrivateLink 엔드포인트를 도입해 프라이빗 DNS 이름을 제공하고 있다. 다음 예시를 살펴보면 이해가 쉽다.

그림 12-10은 AWS Glue 엔드포인트의 DNS 정보다. AWS Glue는 표 12-2(분류표)의 B 유형에 해당한다. 이 절에서는 그림에 표현한 네 종류 DNS 중 **기본 DNS 이름**과 **프라이빗 DNS 이름**을 상세히 소개한다. 나머지는 **리전 DNS 이름과 가용 영역 DNS 이름**(12.3.5)에서 다시 설명하겠다.

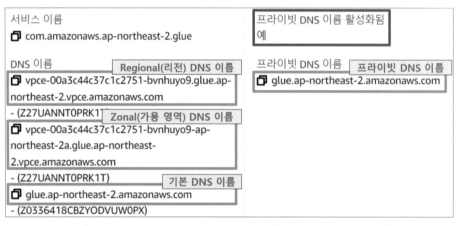

그림 12-10 AWS Glue 엔드포인트의 DNS 이름(프라이빗 DNS 설정 활성화)

- 최상단에 **서비스 이름**이 보인다. 이것을 뒤집으면 **기본 DNS 이름**이 된다.

- **Regional DNS 이름**을 질의하면 엔드포인트가 생성된 리전 내 모든 가용 영역(서브넷)의

엔드포인트 ENI가 번갈아가며 호출된다.

- 반면 **Zonal DNS 이름**을 질의하면 DNS 이름 안에 표현된 가용 영역(서브넷)의 엔드포인트 ENI만 호출된다. DNS 이름을 자세히 보면 `ap-northeast-2a`가 포함돼 있다. `ap-northeast-2b`에도 엔드포인트를 생성했다면 Zonal DNS 이름이 하나 더 보였을 것이다.

- 우측에 **프라이빗 DNS 이름**이 표시된 것은 엔드포인트 생성 시 **프라이빗 DNS 이름** 설정을 활성화했기 때문이다. 따라서 기본 DNS 이름 질의(nslookup) 결과도 프라이빗 IP일 것이다.

- 이 상태에서 **프라이빗 DNS 이름** 설정을 해제하면 소비자 입장의 기본 DNS 이름 질의 결과는 퍼블릭 IP로 바뀐다. AWS Glue는 B유형이므로 프라이빗 IP로만 접근할 수 있다. 따라서 기본 DNS 이름(퍼블릭 IP)도 더 이상 쓸모 없게 되며 그림 12-11처럼 둘 다 표시하지 않는다.

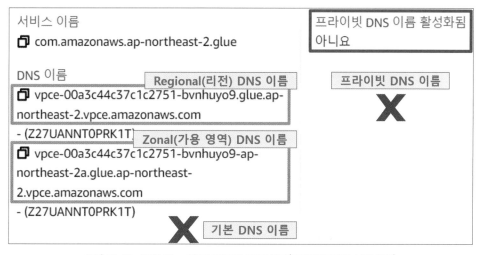

그림 12-11 AWS Glue 엔드포인트의 DNS 이름(프라이빗 DNS 설정 해제)

프라이빗 DNS 이름 설정 활성화 환경은 그림 12-12와 같다. 소비자는 네임 서버 질의 결과에 따라 엔드포인트 ENI(`92.75.10.249`)로 접속한다.

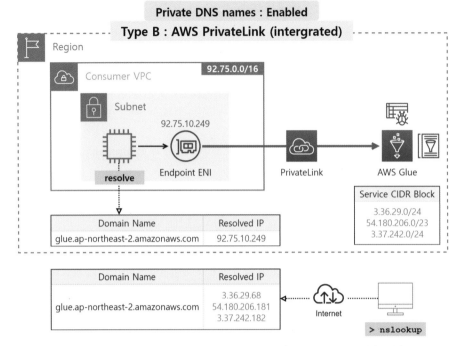

그림 12-12 AWS PrivateLink 엔드포인트 접속 환경(프라이빗 DNS 설정 활성화)

그림 12-12 하단처럼 외부 사용자 입장의 기본 DNS 이름은 여전히 퍼블릭 IP로 인식한다. 여기서 말하는 '외부'의 범위는 엔드포인트가 위치한 VPC를 제외한 모든 영역이다. AWS 공간이라도 이 VPC를 벗어나면 퍼블릭 IP로 리졸브된다. AWS Glue 서비스의 CIDR 블록 3개는 예시용이므로 참고한다.

그러나 프라이빗 DNS 설정을 해제하면 기본 DNS 이름을 사용할 수 없다. 이땐 그림 12-13처럼 Regional DNS 이름이나 Zonal DNS 이름을 사용해서 접속해야 한다.

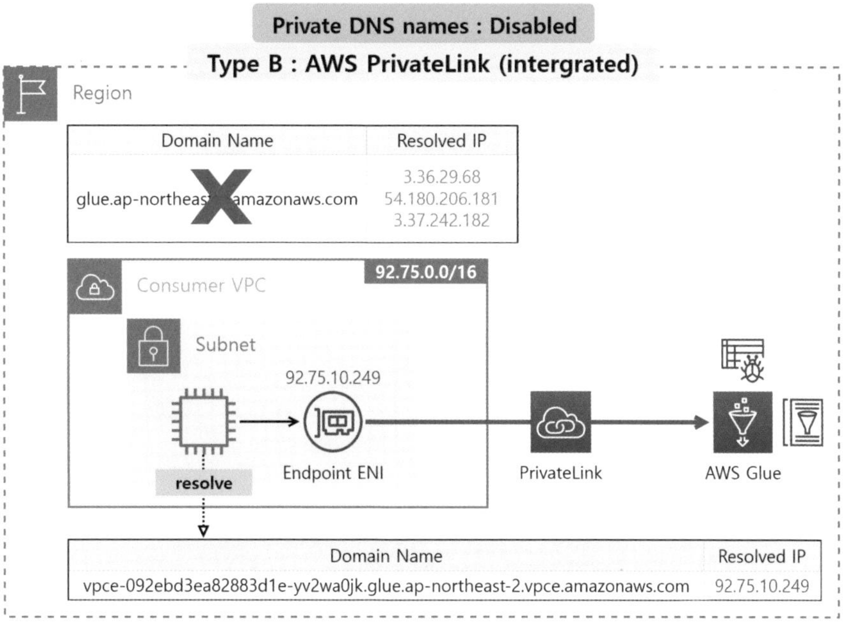

그림 12-13 AWS PrivateLink 엔드포인트 접속 환경(프라이빗 DNS 설정 해제)

기본 DNS 이름을 질의하면 서비스의 퍼블릭 IP가 호출되므로 프라이빗 엔드포인트로는 서비스에 접속할 수 없게 된다. 프라이빗 DNS 이름과 관련한 엔드포인트 유형별 특징을 표 12-3에서 확인해보자.

표 12-3 엔드포인트 유형별 DNS 이름 지원

VPC 엔드포인트 유형			DNS 이름 종류		Regional DNS	Zonal DNS	프라이빗 DNS	기본DNS
VPC 엔드포인트		게이트웨이 엔드포인트 (그림 12-5, 위)		A		X		O
	AWS PrivateLink 엔드포인트	인터페이스 엔드포인트	AWS PrivateLink 통합 서비스 (그림 12-5, 아래)	B	O (단, S3는 프라이빗 DNS 지원 불가)			
				C		O		
			AWS PrivateLink 엔드포인트 서비스 (그림 12-8)	D		O		X
		게이트웨이 로드밸런서 엔드포인트		E		X		

- **게이트웨이 엔드포인트**(A유형)로 접속하는 서비스는 S3와 DynamoDB다. 소비자는 **기본 DNS 이름**을 질의해 S3와 DynamoDB의 퍼블릭 IP로 접속한다. 따라서 프라이빗 DNS 이름을 지원하지 않는다.

- 프라이빗 DNS 이름을 지원하는 유형(B, C, D)은 Regional DNS 이름과 Zonal DNS 이름을 지원한다.

- AWS PrivateLink 통합 서비스(B, C유형)는 프라이빗 DNS 이름을 지원한다. 그림 12-12와 함께 설명한 내용이다. 단, 인터페이스 유형의 S3는 프라이빗 DNS를 지원하지 않는다. 특정 서브넷의 소비자가 2가지 S3 유형을 모두 사용하는 상황에서 기본 DNS 이름을 질의하면 게이트웨이 엔드포인트의 기조에 따라 퍼블릭 IP를 받아와야 하기 때문이다. 상호 경합 예방 차원이다.

- D유형의 엔드포인트 서비스는 AWS의 기본 서비스가 아니라, 공급자(사용자)가 NLB를 연결해서 만드는 서비스이므로 기본 DNS 이름이란 게 없다. 대신 소비자와 공급자가 별도 약속한 둘만의 프라이빗 DNS 이름을 만들어 사용할 수 있다. 단, 사용할 DNS 도

메인의 소유권 확인 과정이 필요하다.

- E유형의 엔드포인트 서비스(게이트웨이 로드밸런서 엔드포인트 서비스)는 프라이빗 DNS가 지원되지 않는다. 소비자 트래픽의 최종 목적지는 엔드포인트 서비스에 연결된 어플라이언스(GWLB의 대상)가 아니므로 DNS 또한 불필요하다. 이 특징은 D와 E유형의 가장 큰 차이점이다.

12.1절에서는 엔드포인트의 기본 개념과 유형 분류, 그리고 유형별 지원하는 DNS 이름 종류를 알아봤다. 이제 유형별 사용 방법과 특징을 살펴보자. 학습 순서는 다음과 같다.

- 12.2절 : 게이트웨이 엔드포인트
- 12.3절 : AWS PrivateLink 엔드포인트

12.2. 게이트웨이 엔드포인트 : 퍼블릭 액세스

게이트웨이 엔드포인트는 AWS PrivateLink를 사용하지 않는다. AWS 서비스가 소유한 퍼블릭 IP에 액세스한다.

12.2.1. 엔드포인트 라우팅 = 접두사 목록 + 엔드포인트(GW)

게이트웨이 엔드포인트는 게이트웨이 형태를 띠는 엔드포인트다. 게이트웨이는 트래픽이 다음 구간으로 이동할 때 여는 문이다. 이 문을 여는 순간 서비스로 접속된다. 그림 12-14 는 S3가 연결된 게이트웨이 엔드포인트 예시다.

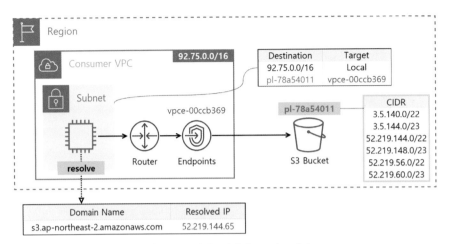

그림 12-14 게이트웨이 엔드포인트 예시

소비자는 S3의 기본 DNS 이름으로 접속한다. 서브넷 라우팅의 타깃은 엔드포인트(vpce-00ccb369)이고 대상은 pl-78a54011 이다. 이 라우팅을 해석하면 다음과 같다.

- pl-78a54011 에 접속할 트래픽은 vpce-00ccb369 로 이동하시오.

pl은 **Prefix List**의 약어로 **접두사 목록**을 뜻한다. 라우팅 대상에 적용할 CIDR 블록이 여럿일 때 접두사 목록을 사용하면 편리하다.

AWS가 제공하는 접두사 목록은 두 가지다. **고객 관리형 접두사 목록**과 **AWS 관리형 접두사 목록**이다. 전자는 사용자가 직접 만들어 관리하고 후자는 AWS가 기본 제공하며 사용자가 수정, 추가 또는 삭제할 수 없다. 그림 12-15는 서울 리전의 관리형 접두사 목록 화면이다.

그림 12-15 관리형 접두사 목록

메뉴 경로는 **서비스 › VPC › 관리형 접두사 목록**이다. 기본 저장된 4개 목록 중 **게이트웨이 엔드포인트**를 제공하는 2개 서비스(S3, DynamoDB)가 보인다. 이처럼 AWS는 엔드포인트 사용 편의를 위해 관리형 접두사 목록을 제공한다. 그 근거는 다음과 같다.

- 서비스마다 리전별 고유 ID를 사용한다. 가령 그 어떤 AWS 계정이라도 서울 리전의 DynamoDB 접두사 목록은 **pl-48a54021** 로 동일하다.

- S3와 DynamoDB가 사용하는 CIDR 블록은 그 범위가 넓고 변동 가능성이 있다. CIDR 내용이 변동되면 AWS는 접두사 목록을 자동 갱신한다.

엔드포인트가 향하는 서비스는 엔드포인트가 속한 리전으로 한정된다(12.1.1). 예컨대 서울 리전에서 S3 엔드포인트를 생성한다는 것은 서울 리전의 S3에 접속할 것을 내포한다. 따라서 어떤 접두사 목록을 사용할 것인지 사용자에게 물을 필요가 없다. 결국 S3 엔드포인트 생성 과정(그림 12-16)에서 라우팅 테이블만 선택하면 된다. 선택한 라우팅 테이블에는 S3

용 엔드포인트와 접두사 목록이 자동 적용된다. 이로써 라우팅 테이블과 연결된 모든 서브넷은 S3로 접속할 수 있다.

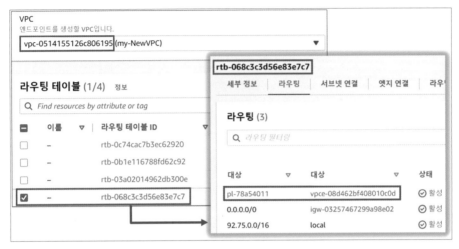

그림 12-16 엔드포인트용 라우팅 자동 추가

이렇듯 관리형 접두사 목록을 사용하면 S3나 DynamoDB의 CIDR 블록을 기억할 필요도 없고 CIDR이 변경된 사실을 몰라도 된다. 또 그림 12-16에서 보는 것처럼 서브넷에 라우팅을 자동 등록하기 때문에 접두사 목록 ID조차 기억할 필요가 없다. 생성한 엔드포인트가 라우팅 테이블에 잘 적용됐는지만 확인하면 된다.

라우팅 적용 결과는 그림 12-17과 같다. 이는 라우팅 테이블 편집 화면이다.

대상	대상	상태	전파됨	
pl-78a54011	vpce-08d462bf408010c0d	활성	아니요	
92.75.0.0/16	local	활성	아니요	
0.0.0.0/0	igw-03257467299a98e02	활성	아니요	제거

그림 12-17 엔드포인트 라우팅 임의 변경 불가

엔드포인트 라우팅(빨강 박스)은 IGW 라우팅(최하단 라우팅)과 달리 **제거** 버튼이 비활성화돼 있다. 이처럼 라우팅 테이블에서는 사용자 임의 삭제가 불가능하며, 오직 엔드포인트 메뉴로만 라우팅 적용 서브넷(라우팅 테이블)을 선택 또는 해제할 수 있다.

12.2.2. 접두사 목록 접근 제어

접두사 목록이 간편한 또 다른 이유는 접근 제어의 소스나 대상으로도 활용할 수 있기 때문이다. 그러나 2가지 접근 제어(SG, NACL) 중 SG만 할 수 있다. 정리하면 VPC 통제 3요소 중 NACL을 제외한 SG와 라우팅 테이블에서만 접두사 목록을 사용할 수 있다.

앞서 설명한대로 S3의 CIDR은 변동될 수 있으며 변동된 CIDR은 S3의 관리형 접두사 목록에 자동 반영된다. 소비자가 S3의 **기본 DNS 이름**을 질의하면 S3의 최신 접두사 목록 범위 내 IP 하나가 리졸브될 것이다(그림 12-19 참조). 갱신 전후 CIDR은 신경 쓸 필요가 없으니 편리하다. 이처럼 변동 가능한 서비스를 이용할 경우 고객 관리형 접두사 목록을 활용해보는 것도 좋다.

엔드포인트는 단방향 연결 서비스이므로 그림 12-18처럼 SG의 아웃바운드 규칙에만 반영하면 된다. NACL은 접두사 목록을 지원하지 않으므로 리전의 접두사 목록 내 CIDR 블록을 모두 허용해야 한다. CIDR이 변동될 가능성을 고려한다면 NACL은 모든 IP를 허용하는 편이 좋다.

Type	▽	Protocol	▽	Port range	▽	Destination
HTTPS		TCP		443		pl-78a54011 (com.amazonaws.ap-northeast-2.s3)

그림 12-18 S3 소비자의 SG 아웃바운드 규칙

12.2.3. 인터넷 vs. 엔드포인트 접속 비교 : 비용과 보안 측면

게이트웨이 엔드포인트는 프라이빗 DNS 이름을 지원하지 않으므로 기본 DNS 이름으로 서비스 호출 시 퍼블릭 IP로 접속한다. 따라서 엔드포인트가 없어도 IGW로 서비스 액세스를 할 수 있다.

문제는 비용이다. 엔드포인트를 통과한 데이터는 리전 내 머물러 있으므로 EC2 소비자와 S3 또는 DynamoDB 사이 데이터 전송은 무료다.

그러나 IGW를 활용해 인터넷으로 S3에 접속하면 EC2와 S3 각각의 인터넷 데이터 송신 요금은 GB 단위로 부과된다. NAT 게이트웨이를 사용하면 시간당 비용까지 추가된다.

그림 12-19는 엔드포인트와 인터넷을 사용하는 각 체계를 비교한 토폴로지다.

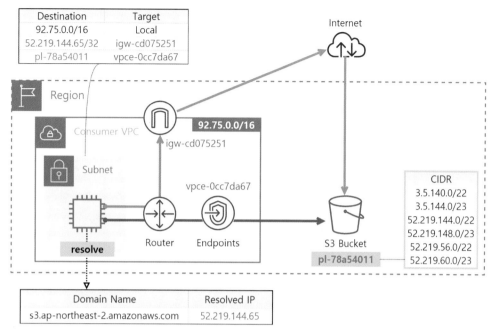

그림 12-19 인터넷 접속과 엔드포인트 접속 비교

S3 접속 경로를 인터넷(하늘색)과 엔드포인트(자주색)로 구분했다. 기본 DNS 이름 질의 결과(52.219.144.65)에 따라 S3 접속용 인터넷 라우팅도 임시 추가했다. 이 라우팅을 추가하기 바로 전 시점에 엔드포인트를 통한 52.219.144.65 의 기존 세션이 있었다면 **Longest Prefix Match** 기법에 따라 기존 연결은 끊어지고 IGW를 통과하는 새로운 세션이 생길 것이다. S3 접속 체계를 바꿔야 한다면 이 같은 일시 중단 시간은 감내해야 한다. 인터넷 체계에서 엔드포인트 체계로 바꿀 때도 마찬가지다.

비용과 더불어 보안도 추가 고려 사항이다. 소비자가 놓인 서브넷은 IGW 라우팅 때문에 퍼블릭 서브넷이 됐다. 물론 그림 12-19 예시같은 호스트 단위 라우팅은 문제될 게 없다. 다만 S3 기본 DNS 이름 질의 결과는 비주기적으로 변하므로 예시 라우팅은 비현실적이다. 기존 S3 CIDR 블록도 유지된다는 보장이 없다. 결국 IGW 라우팅 대상에는 모든 트래픽(0.0.0.0/0)을 등록하게 된다.

이로써 서브넷상의 모든 인스턴스는 인터넷 접속 기회가 생긴다. 상태 비저장 방식인

NACL도 운영 편리 명목으로 과도하게 허용돼 있을 것이다. 믿을 건 SG뿐이다. 또 SG 제어에 힘을 기울인다.

접근 제어는 가급적 사용하지 말아야 한다. 다시 말해 처음부터 필요한 길만 만들고 그 길에 흐르는 트래픽만 제어하는 게 가장 좋다. 이는 망분리와 연관이 깊다. 접근 제어를 망분리로 착각하고 네트워크를 설계하는 사례도 더러 있다.

모든 길은 라우팅과 게이트웨이로 형성된다. IGW나 NAT 게이트웨이, 피어링 연결 등으로 불필요한 길을 중구난방 생성해 놓고, 접근 제어에 힘을 쏟는 것이 과연 현명한 방법일까? 이는 리소스(시간, 인력, 자원)만 낭비할 뿐이다. 현관문을 열어놓고 온종일 감시하다, 모르는 사람을 막아 서는 것과 같은 이치다.

실제 온프레미스의 각 현장 운영자들은 접근 제어에 할애하는 시간과 그 피로도가 매우 높은 편이다. 클라우드라고 예외는 아니다.

12.2.4. [실습] 게이트웨이 엔드포인트 생성 예제

실습 목표
- S3용 게이트웨이 엔드포인트를 만들고 라우팅 테이블에 연결한다.
- S3에 접속해 버킷을 만들고 목록을 나열해본다.

사전 준비 환경

- Luna 사용자가 S3 버킷을 만들고 나열할 수 있는 정책을 만들고 연결한다.

  메뉴 : IAM ﹥ 사용자 ﹥ Luna 클릭 ﹥ 권한 탭 ﹥ 권한 추가

- Luna 사용자의 액세스 키를 만든다.

  메뉴 : IAM ﹥ 사용자 ﹥ Luna 클릭 ﹥ 보안 자격 증명 ﹥ 액세스 키 만들기

- 새로운 라우팅 테이블을 생성하고 2개 서브넷(`92.75.10.0/24` , `92.75.20.0/24`)에 연결한다(9.2.14 실습 1 참조).

- `92.75.10.0/24` 서브넷에 S3 접속용 인스턴스를 만든다.

- S3에 접속할 인스턴스의 SG와 NACL 규칙을 입력한다(12.2.2 참조).

- AWS CLI를 다운로드해서 인스턴스에 설치한다.

- AWS CLI 환경 설정을 한다(액세스 키 정보 입력).

실습 시작

---

① **서비스 ﹥ VPC ﹥ 엔드포인트** 메뉴에서 **엔드포인트 생성** 버튼을 클릭한다.

② **Find resources by attribute or tag** 창에 'S3'를 입력한 후 엔터를 눌러 검색한다. 그림처럼 Gateway 유형의 S3 서비스를 선택한다.

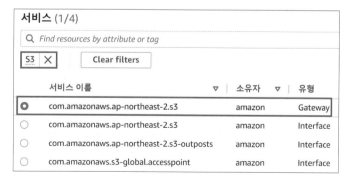

그림 12-20 엔드포인트 생성 - S3 검색 화면

③ VPC를 선택한다. 또 2개 서브넷에 미리 연결한 라우팅 테이블을 선택하고 하단 **엔드포인트 생성** 버튼을 클릭한다.

그림 12-21 엔드포인트 생성 - VPC와 라우팅 테이블 선택

④ 인스턴스에 접속해 AWS CLI 명령어로 버킷을 생성하고 확인한다.

```
C:\Users\Luna>aws s3 mb s3://luna-bucket
make_bucket: luna-bucket

C:\Users\Luna>aws s3 ls
2021-08-07 11:42:27 eu-buc
2021-08-19 09:10:08 luna-bucket
```

그림 12-22 AWS CLI 명령어로 S3 버킷 생성

12.3. AWS PrivateLink 엔드포인트 : 프라이빗 액세스

게이트웨이 엔드포인트를 제외한 모든 엔드포인트는 AWS PrivateLink를 사용한다.

12.3.1. AWS PrivateLink 엔드포인트의 4가지 유형

AWS PrivateLink 엔드포인트는 **인터페이스 엔드포인트**와 **게이트웨이 로드밸런서 엔드포인트**로 나뉜다. 인터페이스 엔드포인트로써 접속 가능한 서비스는 2가지다. AWS PrivateLink 통합 서비스와 엔드포인트 서비스다. 게이트웨이 로드밸런서 엔드포인트도 엔드포인트 서비스에 액세스한다. 정리하면 그림 12-23과 같다. 5개 유형 중 표현되지 않은 A유형은 게이트

웨이 엔드포인트다.

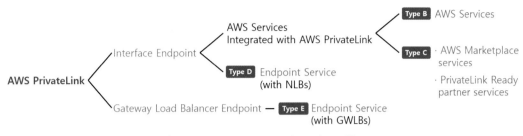

그림 12-23 AWS PrivateLink 엔드포인트 유형 분류

B나 C유형의 엔드포인트를 만들면 AWS 서비스(예: com.amazonaws.ap-northeast-2.s3)가 AWS PrivateLink와 자동 통합되므로 사용자는 엔드포인트만 만들면 된다.

반면 D와 E유형은 공급자가 엔드포인트 서비스를 만들어 둬야 한다. 소비자가 엔드포인트를 만들 때 공급자가 만든 엔드포인트 서비스를 지정하면 소비자는 서비스에 접근할 수 있게 된다. 엔드포인트 서비스 생성 시 선택하는 ELB 유형(NLB, GWLB)에 따라 엔드포인트 서비스의 유형이 결정된다(그림 12-27 참조).

VPC 엔드포인트 ID ▼	서비스 이름 ▽	엔드포인트 유형
vpce-0a128fc8cab2415e3	com.amazonaws.ap-northeast-2.s3	Interface
vpce-033d00488f4b73d86	com.amazonaws.vpce.ap-northeast-2.vpce-svc-0b5bdf448bf9bc800	Interface

그림 12-24 엔드포인트 유형별(B, D) 액세스 대상 서비스 이름

4개 유형(B~E)의 형태나 서비스 접속 원리는 같다. B, C유형은 AWS PrivateLink와 통합되는 서비스이므로 엔드포인트 서비스 생성이 불필요하다. 한편 엔드포인트 서비스가 필요한 D와 E유형은 생성 방식과 원리가 유사하므로 D유형을 대표로 설명하겠다. 4개 유형은 그림 12-25에서 비교할 수 있다.

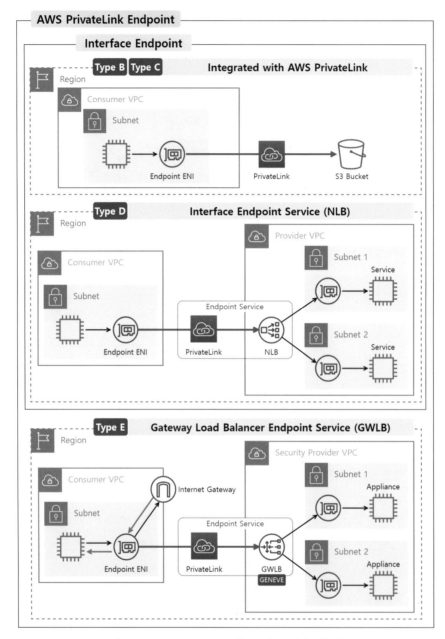

그림 12-25 AWS PrivateLink 엔드포인트 4가지 유형 비교

12.3.2. [실습 1] 엔드포인트 서비스 생성 예제

먼저 엔드포인트 서비스를 생성해본다. 이 실습을 마치면 그림 12-26과 같은 토폴로지가 완성된다.

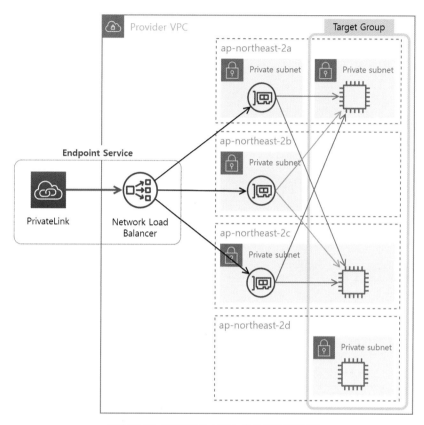

그림 12-26 엔드포인트 서비스 생성 결과 토폴로지

서비스 환경은 다음과 같다고 가정한다.

- 서비스 공급자 계정 ID는 `671559022704` 다. Luna 사용자가 속한 계정이다.

- 서비스 소비자 계정 ID도 `671559022704` 다.

- 서비스 공급자는 서울 리전(`ap-northeast-2`)의 VPC(`92.75.0.0/16`)에 존재한다.

- 서비스 인스턴스 3개는 3개 가용 영역(`2a`, `2c`, `2d`)에 각각 놓여 있다.

- 서비스 인스턴스 3개를 대상으로 하는 **내부 체계**^{internal}용 NLB가 있다.

  - 리스너(`TCP 80`)가 대상 그룹 1개로 라우팅한다.

  - 대상 그룹에 속한 대상은 서비스 인스턴스 3개이며 모두 `8888` 포트를 사용한다.

  - NLB 노드는 `2a`, `2b`, `2c` 가용 영역에 있고 **교차 영역 로드밸런싱**을 사용한다.

- 소비자 인스턴스 3개는 3개 가용 영역(`2a`, `2b`, `2d`)에 각각 놓여 있다.

실습 시작

① **서비스 › VPC › 엔드포인트 서비스** 메뉴에서 **엔드포인트 서비스 생성** 버튼을 클릭한다.

② **이름**을 입력한다. **로드밸런서 유형**은 **네트워크 유형**을 선택하고 **사용 가능한 로드밸런서**는 앞서 만든 NLB를 선택한다. 이 NLB는 교차 영역 로드밸런싱 설정을 활성화했지만 `ap-northeast-2d`에는 노드가 없으므로 그 어떤 노드도 2d 대상으로 로드밸런싱하지 않는다.

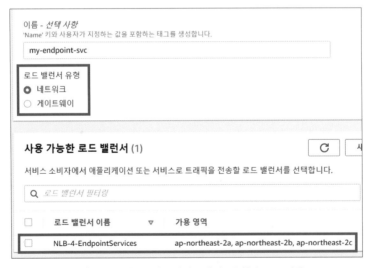

그림 12-27 엔드포인트 서비스 생성 - 유형과 NLB 선택

③ NLB 노드가 존재하는 가용 영역(**2a**, **2b**, **2c**)이 나타난다.

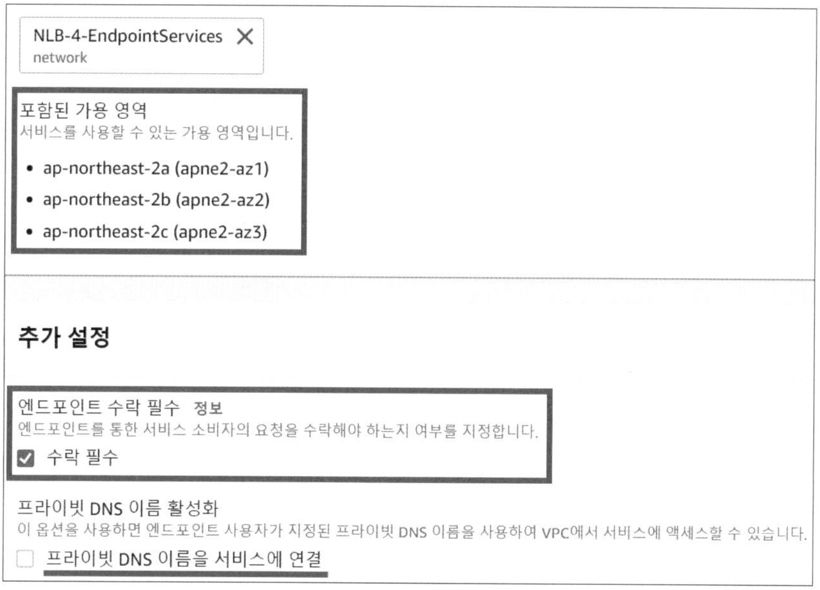

그림 12-28 엔드포인트 서비스 생성 – 수락 필수 선택

- **엔드포인트 수락 필수**를 체크한다. 이는 엔드포인트를 사용할 소비자를 인증하는 절차다. 그림 12-28처럼 활성화하면 엔드포인트 서비스에 액세스하려는 소비자 엔드포인트를 하나씩 체크(수락 또는 거부)해야 한다. **실습 2**에서 확인한다.

- **프라이빗 DNS 이름 활성화** 설정은 해제한다.

④ 하단 **생성** 버튼을 클릭해 엔드포인트 서비스 생성을 완성한다.

12.3.3. [실습 2] 엔드포인트 생성 예제

실습을 계속 이어 나간다. 이 실습으로 그림 12-29 토폴로지가 완성된다.

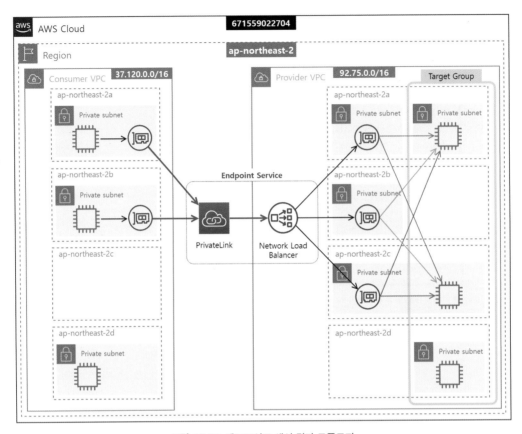

그림 12-29 엔드포인트 생성 결과 토폴로지

① 소비자는 서울 리전의 VPC(37.120.0.0/16)에서 서비스를 이용한다. VPC를 생성하고
3개 서브넷을 만든다.

- 서브넷 : 37.120.4.0/24 (2a), 37.120.8.0/24 (2b), 37.120.14.0/24 (2d)

② 실습 1에서 생성한 엔드포인트 서비스를 선택하고 **세부 정보** 탭을 클릭한다. 유형과 서비
스 이름 등을 확인할 수 있다. **서비스 이름** 좌측 네모 버튼을 클릭해 복사한다.

그림 12-30 엔드포인트 서비스 - 세부 정보

③ **서비스 › VPC › 엔드포인트** 메뉴에서 **엔드포인트 생성** 버튼을 클릭한다.

④ **다른 엔드포인트 서비스**를 선택한다. ②에서 복사한 서비스 이름을 붙여 넣고 **서비스 확인** 버튼을 클릭한다.

그림 12-31 엔드포인트 생성 - 다른 엔드포인트 서비스

⑤ 엔드포인트를 사용할 VPC와 서브넷을 선택한다. 그림 12-32처럼 2a 및 2b 가용 영역을 선택하면 선택한 각 서브넷에 엔드포인트 ENI가 생성된다.

그림 12-32 엔드포인트 생성 - VPC와 서브넷 선택

- 37.120.0.0/16 VPC의 ap-northeast-2c 가용 영역에는 서브넷이 없다. 따라서 '사용 가능한 서브넷 없음' 메시지가 나타난다.

- ap-northeast-2d 가용 영역에는 서비스 대상이 존재하지만 NLB 노드가 없다. 따라서 엔드포인트가 이 가용 영역에서 지원되지 않으며 화면에 표시되지 않는다. 가용 영역에 NLB 노드가 없으면 소비자 또한 해당 가용 영역에 엔드포인트 ENI를 생성할 수 없다.

- 참고로 **게이트웨이 로드밸런서 엔드포인트**는 단 하나의 서브넷만 선택할 수 있다. 즉, 1개의 엔드포인트 ENI를 사용한다. 2개 이상 선택 시 그림 12-33과 같은 오류가 발생한다.

> ❗ VPC 엔드포인트 생성 중 오류 발생
> Only one subnet can be specified for GatewayLoadBalancer type VPC Endpoint.

그림 12-33 GWLBe 서브넷 2개 이상 선택 오류

⑥ 기존 SG를 선택한다. 선택한 SG는 엔드포인트의 모든 ENI에 연결된다.

그림 12-34 엔드포인트 생성 - SG 선택

⑦ 생성이 완료되면 수락 '대기 중' 상태를 확인할 수 있다.

그림 12-35 엔드포인트 생성 완료 - 수락 대기 중

⑧ 실습 1에서 생성한 엔드포인트 서비스를 확인한다. **서비스 ▶ VPC ▶ 엔드포인트 서비스** 메뉴
에서 해당 서비스를 선택하고 **엔드포인트 연결 탭**을 클릭한다.

그림 12-36 엔드포인트 연결 요청 수락

작업 메뉴에서 '엔드포인트 연결 요청 수락'을 선택하면 상태가 'Pending accepta
nce'에서 'Pending' 상태를 거쳐 'Available'로 변경된다. 엔드포인트 또한 '대기 중'
에서 '사용 가능'으로 변경된다.

이로써 소비자는 피어링 연결 없이도 공급자 VPC 서비스에 액세스할 수 있다. 실습 1과 실
습 2에서 다음 특징을 확인할 수 있었다.

- 엔드포인트 서비스 생성 시 **수락 필수**를 선택하면 엔드포인트 서비스에 연결하려는 모든 소비자(엔드포인트)의 수락 여부를 결정해야 한다.

- **다른 엔드포인트 서비스**에서 엔드포인트 서비스를 찾지 못하면 엔드포인트 생성에 실패한다. 엔드포인트는 엔드포인트 서비스와 같은 리전에서만 생성할 수 있다. 그러나 같은 리전이라고 해서 반드시 성공하는 것은 아니다. 이 내용은 12.3.9 실습 3에서 더 자세히 설명하겠다.

- 소비자 VPC 서브넷(가용 영역)에 엔드포인트 ENI가 생성되려면 다음 두 가지를 만족해야 한다.

  첫째. 해당 가용 영역에 소비자 서브넷이 생성돼 있어야 한다.

  둘째. 접속 대상 서비스(엔드포인트 서비스)의 가용 영역이어야 한다. 다시 말해 공급자 엔드포인트 서비스가 사용하는 NLB 노드의 가용 영역이어야 한다.

12.3.4. 엔드포인트 ENI와 NLB 노드의 관계(feat. 교차 영역 로드밸런싱)

그림 12-29 토폴로지의 ap-northeast-2d 가용 영역은 NLB 노드가 없으므로 더 이상 논하지 않는다. 더 간단하게 표현하면 그림 12-37과 같다.

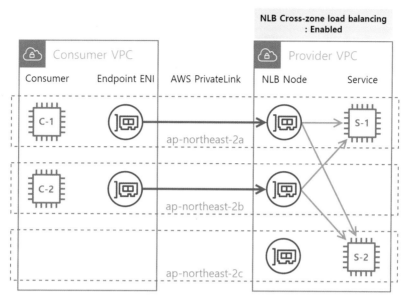

그림 12-37 인터페이스 엔드포인트 토폴로지(실습 결과)

소비자를 C-1, C-2라 하고 공급자 서비스를 S-1, S-2라 하자. NLB는 **교차 영역 로드밸런싱**을 활성화했으므로 2a와 2b 노드는 S-1과 S-2 서비스로 교차 로드밸런싱한다.

소비자 VPC에 생성한 엔드포인트 ENI를 보자. 각 가용 영역의 엔드포인트 ENI는 자신이 속한 가용 영역 NLB 노드로만 서비스를 호출한다. 다시 말해 2a의 엔드포인트 ENI가 2b 노드로 트래픽을 전송하진 않는다는 것이다. 그래서 각 가용 영역의 화살표도 해당 가용 영역의 NLB 노드를 가리키고 있다.

어떤 노드로 접속하든 교차 영역 로드밸런싱 설정 덕분에 S-1 및 S-2 모두에게 접속할 수 있게 된다. 이제 그림 12-38처럼 교차 영역 로드밸런싱을 해제하자.

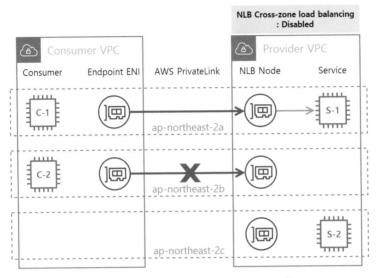

그림 12-38 NLB 교차 영역 로드밸런싱 비활성화

교차 영역 로드밸런싱 설정을 비활성화하면 각 가용 영역으로만 로드밸런싱하므로 2b 노
드는 그 어느 서비스로도 트래픽 분산이 불가능하다. 따라서 소비자가 2b의 엔드포인트
ENI로 접속하면 오류가 발생할 것이다.

실습을 하고 있다면 교차 영역 로드밸런싱 설정은 다시 활성화한다.

12.3.5. 리전 DNS 이름과 가용 영역 DNS 이름

표 12-3에서 엔드포인트 유형별 DNS 이름 지원 범위를 검토했다. 현재 학습 중인 D 유형
은 AWS 기본 서비스가 아니므로 기본 DNS 이름은 없고 프라이빗 DNS 이름은 지원한다.
따라서 **Regional DNS 이름**과 **Zonal DNS 이름**은 반드시 사용할 수 있다.

그림 12-39는 실습 2로 생성한 엔드포인트의 DNS 이름이다. 그러나 실습 1에서 활성화
하지 않은 프라이빗 DNS 이름은 보이지 않는다.

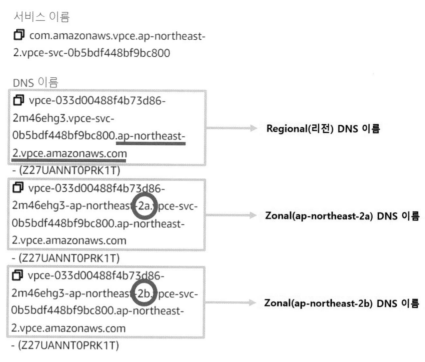

서비스 이름

□ com.amazonaws.vpce.ap-northeast-2.vpce-svc-0b5bdf448bf9bc800

DNS 이름

□ vpce-033d00488f4b73d86-2m46ehg3.vpce-svc-0b5bdf448bf9bc800.ap-northeast-2.vpce.amazonaws.com → **Regional(리전) DNS 이름**
- (Z27UANNT0PRK1T)

□ vpce-033d00488f4b73d86-2m46ehg3-ap-northeast-2a.vpce-svc-0b5bdf448bf9bc800.ap-northeast-2.vpce.amazonaws.com → **Zonal(ap-northeast-2a) DNS 이름**
- (Z27UANNT0PRK1T)

□ vpce-033d00488f4b73d86-2m46ehg3-ap-northeast-2b.vpce-svc-0b5bdf448bf9bc800.ap-northeast-2.vpce.amazonaws.com → **Zonal(ap-northeast-2b) DNS 이름**
- (Z27UANNT0PRK1T)

그림 12-39 인터페이스 엔드포인트(D유형)의 DNS 이름

두 가지 DNS 이름을 볼 수 있다.

- **Regional(리전) DNS 이름** : 리전에 생성된 모든 가용 영역의 엔드포인트 ENI를 가리키는 DNS 이름이다. DNS 이름을 질의하면 가용 영역(서브넷)별 엔드포인트 ENI IP가 번갈아가며 리졸브된다.

- **Zonal(가용 영역) DNS 이름** : 각 가용 영역의 엔드포인트 ENI를 가리키는 DNS 이름이다. 예컨대 2a의 DNS 이름을 질의하면 2a의 엔드포인트 ENI IP가 리졸브된다.

예시의 엔드포인트 ENI 2개는 서로 다른 가용 영역에 놓여 있지만, 같은 VPC 내에 있으므로 로컬 라우팅만으로 교차 접근을 할 수 있다. 가령 `C-1`은 2b 엔드포인트 ENI에 접속할 수 있고, `C-2`는 2a 엔드포인트 ENI로 접속할 수 있다. 따라서 각 소비자는 3개 DNS 이름(Regional DNS 이름 1개, Zonal DNS 이름 2개)과 각 엔드포인트 ENI IP로 얼마든지 액세스할 수 있다. 그림 12-40은 이를 표현한다.

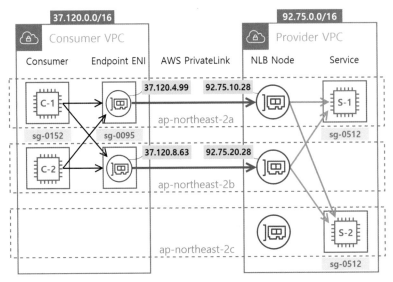

그림 12-40 엔드포인트 ENI 접속 경로와 접근 제어

Regional DNS 이름은 `37.120.4.99` 또는 `37.120.8.63` 중 하나를 가리킨다. 또 `ap-northeast-2a`의 Zonal DNS 이름은 `37.120.4.99`를 가리키고, `ap-northeast-2b`의 Zonal DNS 이름은 `37.120.8.63`을 가리킨다. 각 엔드포인트 IP로써 접근해도 무방하다.

VPC 통제 3요소도 그림 12-40에서 확인해보자.

소비자 인스턴스가 공급자 서비스로 향하는 경로상의 모든 SG를 표현했다. 그 중 라우팅 노드가 장착된 NLB만 유일하게 SG가 없다. 인터페이스 엔드포인트에 접근할 소비자는 `sg-0095`로 제어한다. NACL은 모두 허용돼 있다고 가정한다.

VPC 내부 통신은 로컬 라우팅만으로 충분하므로 소비자와 공급자 VPC 모두 특별한 라우팅이 필요없다.

12.3.6. 공급자 서비스 접근 제어

그림 12-40의 공급자 서비스를 보자. `S-1`과 `S-2` 모두 같은 SG(`sg-0512`)를 사용한다. 이 SG로써 소비자를 제어할 것이라 생각할 수 있다. 그러나 SG가 제어할 IP는 NLB 노드의

프라이빗 IP다. 즉, `92.75.10.28`과 `92.75.20.28`을 허용해야 한다. SG 인바운드 규칙은 그림 12-41과 같다.

sg-0512		
INBOUND		
Source	Protocol	Port Range
92.75.10.28	HTTP	8888
92.75.20.28	HTTP	8888

그림 12-41 공급자 서비스의 SG 인바운드 규칙

NLB 대상 그룹의 **클라이언트 IP 보존** 설정을 활성화하면 어떻게 될까? 클라이언트 IP를 유지한 트래픽이 NLB 노드를 통과하므로 `37.120.0.0/16` VPC의 소비자 인스턴스(`sg-0152`)나 엔드포인트 ENI(`sg-0095`)를 허용해야 할까? 피어링 연결을 맺지 않은 VPC는 SG 허용이 불가능하다. 물론 그림 12-41처럼 소스에 IP를 넣을 순 있다.

결론은 이렇다. AWS PrivateLink는 자신과 연결된 NLB의 **클라이언트 IP 보존** 설정을 무력화한다. 즉, NLB가 엔드포인트 서비스에 연결되면 공급자 서비스로 유입되는 트래픽의 소스 IP는 NLB 노드의 프라이빗 IP 주소(`92.75.10.28`, `92.75.20.28`)가 된다. NLB는 고정 노드를 쓰므로 노드(가용 영역)를 추가하기 전까지 규칙을 변경할 일은 없을 것이다.

정리하면 공급자 서비스의 SG는 소비자 접근 제어가 아닌 NLB 노드를 제어한다. 소비자(엔드포인트)의 접근은 **엔드포인트 수락 필수** 옵션으로 제어한다.

12.3.7. 엔드포인트 ENI 접근 제어 : 아웃바운드 프리패스

인터페이스 엔드포인트는 SG로 접근을 제어한다. 이로써 공급자 서비스로 접속할 소비자를 가려낸다. 그림 12-40은 다음 내용을 표현하고 있다.

- 소비자 인스턴스(`sg-0152`)의 아웃바운드 규칙에 `sg-0095`를 허용한다.
- 엔드포인트 ENI(`sg-0095`)의 인바운드 규칙에 `sg-0152`를 허용한다.

sg-0152				sg-0095		
OUTBOUND				**INBOUND**		
Destination	Protocol	Port Range		Source	Protocol	Port Range
sg-0095	HTTP	80		sg-0152	HTTP	80

그림 12-42 소비자와 엔드포인트 ENI간 접근 제어

2개 규칙으로 소비자의 워크로드가 엔드포인트 ENI에 도달할 수 있다. 그림 12-43 하늘색 화살표는 이를 표현한다. 그럼 이 트래픽이 공급자 서비스에 진입하려면 엔드포인트 ENI의 아웃바운드에 어떤 규칙을 입력해야 할까?

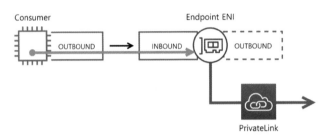

그림 12-43 엔드포인트 ENI를 통과하는 트래픽

12.1절 개요에서 엔드포인트에 진입한 트래픽은 순간이동한다고 말한 바 있다. 즉, 워크로드가 엔드포인트 ENI에 도달하는 순간 AWS PrivateLink로 즉시 전달된다. 이것이 바로 엔드포인트의 역할이다. 따라서 엔드포인트 ENI의 SG 아웃바운드 규칙은 필요치 않으며 NACL 또한 마찬가지다. 엔드포인트 ENI로 유입되는 트래픽의 인바운드 규칙(SG, NACL)만 알맞게 입력하면 된다.

엔드포인트 정상 접속을 위한 모든 SG는 그림 12-44와 같이 표현할 수 있다.

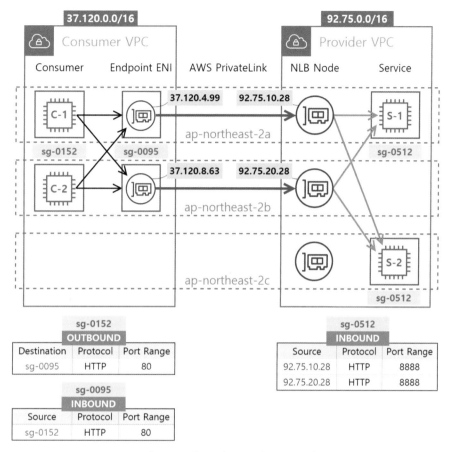

그림 12-44 엔드포인트 SG 접근 제어 예시

12.3.8. 엔드포인트 – 엔드포인트 서비스 – NLB의 관계

그림 12-45는 엔드포인트, 엔드포인트 서비스 그리고 NLB의 상호 관계를 나타낸다.

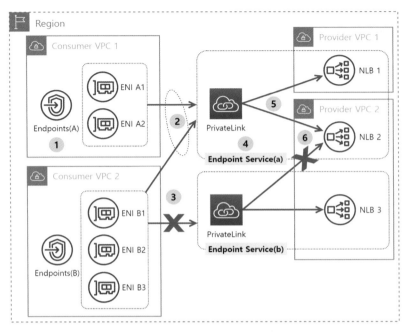

그림 12-45 엔드포인트 – 엔드포인트 서비스 – NLB의 관계

이 토폴로지를 참조해 다음 특징과 상호 관계를 살펴보자. 특징 번호는 그림에 표시한 숫자와 같다. 표 3-1도 함께 참조한다.

NOTE 🔑

① 엔드포인트의 패런트는 VPC다. 수명 주기 동안 VPC를 변경할 수 없다.

② 서로 다른 엔드포인트는 동일 엔드포인트 서비스를 이용할 수 있다. 엔드포인트 생성 위치(VPC) 또한 무관하다. 이로써 엔드포인트 서비스와 엔드포인트는 1:N 관계가 성립한다(표 3-1).

③ 엔드포인트 1개는 특정 엔드포인트 서비스만 가리킬 수 있다.

④ 엔드포인트 서비스의 패런트는 리전이다. 수명 주기 동안 리전을 변경할 수 없다.

⑤ 서로 다른 NLB를 동일 엔드포인트 서비스에 연결할 수 있다. 연결 대상 NLB의 VPC 위치도 무관하다. 엔드포인트 서비스의 패런트는 리전이기 때문이다. 이로써 NLB와 엔드포인트 서비스는 N:1 관계가 성립한다(표 3-1).

⑥ 엔드포인트 서비스 a 에 연결된 NLB 2 를 엔드포인트 서비스 b 에 연결할 수 없다.

12.3.9. [실습 3] 타계정 엔드포인트 허용

지금까지는 공급자와 소비자(엔드포인트)가 같은 계정(671559022704)에 있다는 전제로 내용을 전개했다. 그러나 실제 공급자는 소비자와 다른 계정에서 서비스를 제공할 가능성이 높다. 서비스 환경을 다음처럼 재구성한다.

- 서비스 공급자 계정 ID는 기존과 동일한 671559022704다. 이 계정의 서울 리전에 엔드포인트 서비스를 구축했다.

- 서비스 소비자 계정 ID는 860453071873이다.

엔드포인트는 엔드포인트 서비스와 같은 리전에서만 생성할 수 있다. 실습 1에서 생성한 엔드포인트 서비스(671559022704 계정의 서울 리전)를 활용해 860453071873 계정의 서울 리전에서 엔드포인트를 생성해보자.

① **소비자 계정 로그인 ＞ 서비스 ＞ VPC ＞ 엔드포인트** 메뉴에서 **엔드포인트 생성** 버튼을 클릭한다. 실습 1에서 생성한 엔드포인트 서비스의 이름을 복사해서 검색한다.

그림 12-46 엔드포인트 생성 - 서비스 이름 검색 오류

오류가 발생한다. 엔드포인트 서비스와 리전만 같다고 해서 엔드포인트를 생성할 순 없다. 즉, 공급자(엔드포인트 서비스)가 사전에 소비자 계정을 허용해야 한다.

② **공급자 계정 로그인 ＞ 서비스 ＞ VPC ＞ 엔드포인트 서비스** 메뉴에서 소비자에게 제공할 엔드포인트 서비스를 선택한다.

③ **보안 주체 허용** 탭을 선택한 후 **보안 주체 허용** 버튼을 클릭한다.

④ ARN 박스에는 IAM 사용자나 IAM 역할, 또는 AWS 계정의 ARN을 입력한다. 실습은 그림 12-47처럼 AWS 계정의 ARN을 입력해 소비자 계정의 모든 보안 주체를 허용한다.

그림 12-47 엔드포인트 생성 - 보안 주체 허용

⑤ 소비자 계정으로 돌아가서 ①을 다시 시도한다.

그림 12-48 엔드포인트 생성 - 서비스 이름 검색 성공

이 다음 단계부터 실습 2(⑤번 부터)를 참고해 엔드포인트를 완성한다.

12.3.10. 공급자와 소비자의 CIDR 일치

공교롭게도 공급자와 소비자의 CIDR이 일치하면 어떤 현상이 발생할까? 예컨대 그림 12-49처럼, 소비자 인스턴스의 프라이빗 IP와 공급자 NLB 노드 IP가 같을 수도 있다.

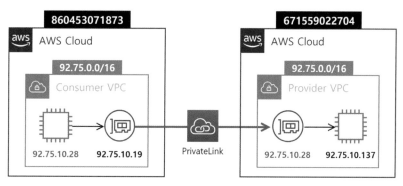

그림 12-49 소비자와 공급자의 VPC CIDR 일치

AWS PrivateLink는 이마저도 가능케 한다. CIDR이 중첩될 때 피어링 연결이 불가 (11.2.2)했던 것과는 대조된다.

이 내용과 실습 3으로써 그림 12-50 토폴로지를 완성할 수 있다. 계정은 다르고 리전은 같으며 CIDR은 일치한다.

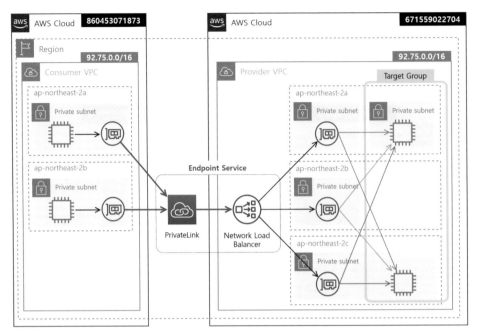

그림 12-50 보안 주체(소비자 계정)를 허용한 엔드포인트 예시

12.3.11. 엔드포인트 서비스 보호

지금까지 학습한 엔드포인트의 공간 개념을 정리해보자.

- 엔드포인트 서비스의 패런트는 리전이다. `서울 리전` 에 엔드포인트 서비스(`Endpoint-` `SVC-in-SEOUL`)를 생성했다고 가정한다.

- `서울 리전` 의 모든 VPC에 `Endpoint-SVC-in-SEOUL` 로 액세스할 엔드포인트를 만들 수 있다.

- `서울 리전` 의 모든 NLB를 `Endpoint-SVC-in-SEOUL` 에 연결할 수 있다.

- 소비자와 공급자 계정이 서로 달라도, 공급자의 `Endpoint-SVC-in-SEOUL` 에서 소비자 계정을 허용하면 소비자는 `Endpoint-SVC-in-SEOUL` 에 액세스하는 엔드포인트를 만들 수 있다. 단, 서울 리전만 된다.

따라서 소비자와 공급자 간 AWS 계정 일치 여부와 무관하게(비록 계정 ID가 토폴로지에 표현돼 있지 않더라도) 엔드포인트와 그가 액세스하는 AWS PrivateLink가 나타난 토폴로지를 점검한다면 이 둘은 같은 리전에 위치한다는 사실을 인지해야 한다.

또한 엔드포인트 서비스는 타계정 엔드포인트의 액세스도 허용할 수 있으므로 소비자와 공급자 계정이 다를 수도 있다는 점도 염두에 둬야 한다.

실습 1의 ③단계에서 **수락 필수** 옵션을 해제하고, 실습 3에서처럼 엔드포인트 서비스에 타계정을 허용하면 허용된 계정은 언제라도 엔드포인트를 만들어 공급자 서비스에 접근할 수 있다. **공급자 서비스 접근 제어**(12.3.6)에서 언급했던 것처럼 공급자는 NLB 노드 허용 외엔 소비자를 별도로 제어하지 않는다. 또 엔드포인트는 특별한 라우팅도 필요 없어 서비스가 더욱 쉽게 노출된다.

따라서 엔드포인트 서비스 생성 시 **수락 필수** 옵션은 반드시 체크하고 허용된 보안 주체가 반드시 필요한지 주기적으로 검사해야 한다.

12.3.12. 리전 외부 공간에서 엔드포인트 액세스

엔드포인트 서비스와 엔드포인트가 같은 리전에 위치하면 서비스를 얼마든지 활용할 수 있다. 그렇다고 엔드포인트에 접속할 소비자마저 같은 리전일 필요는 없다. 그림 12-51은 엔드포인트에 액세스하는 다양한 소스를 나타낸다.

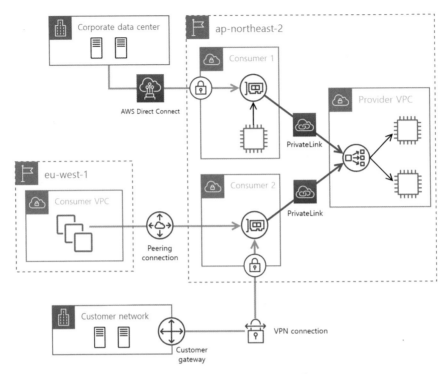

그림 12-51 엔드포인트의 다양한 소비자들

지금까지는 엔드포인트와 클라이언트 모두 같은 리전에 있어 그들을 아울러 소비자로 표현했다. 이제부터 클라이언트만 소비자로 칭한다.

그림 예시의 엔드포인트 서비스는 서울 리전 에 위치한다. 소비자가 서울 리전 이외의 공간에 위치할 때 이 엔드포인트 서비스에 액세스하는 방법은 무엇일까? 어떤 이유로든 엔드포인트는 서울 리전에 있어야 한다.

서울 리전 외부 공간은 다시 AWS 공간과 AWS 이외의 공간으로 분류된다. AWS 공간은 버지니아, 런던, 시드니 등 31개 가량의 리전을 일컫는다. 한편 AWS 이외의 공간은 온프레미스 공간이다.

엔드포인트에서 엔드포인트 서비스 그리고 NLB를 거쳐 공급자 서비스로 향하는 네트워크 경로는 Amazon 네트워크를 벗어나지 않는 프라이빗 IP 접속 환경이다. 다시 말해 소비자가 엔드포인트로만 액세스하면 순간이동해 공급자가 제공하는 서비스를 이용하게 된다.

엔드포인트는 프라이빗 IP를 보유한 ENI다. 즉, 엔드포인트는 VPC CIDR 범위에 위치한다. 다시 말해 엔드포인트가 위치한 VPC에만 액세스하면 된다는 결론에 이른다.

소스나 대상 공간 중 하나가 VPC일 때 두 공간을 연결하는 서비스를 11장에서 학습했다. 이 서비스를 활용하면 리전 일치 여부와 무관하게 VPC에 위치한 엔드포인트에 액세스할 수 있다.

- AWS 공간 → 리전의 엔드포인트 : PCX, TGW
- 온프레미스 → 리전의 엔드포인트 : DX, VPN, TGW

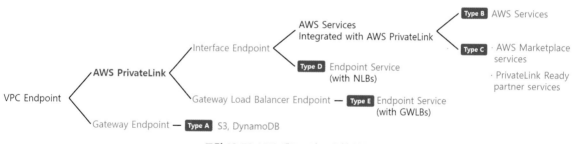

그림 12-52 VPC 엔드포인트 유형 분류

12장에서는 연결 서비스의 두 번째 주제인 VPC 엔드포인트를 소개했다. 주요 내용은 다음과 같다.

- 엔드포인트로 전달되는 모든 트래픽은 Amazon 네트워크를 벗어나지 않아 보안을 향상시킨다.
- 엔드포인트는 AWS PrivateLink 사용 여부로 분류한다. 이를 사용하면 서비스의 프라이빗 IP로 액세스하고, 그렇지 않으면 퍼블릭 IP로 액세스한다.

- 퍼블릭 IP로 액세스하는 게이트웨이 엔드포인트는 관리형 접두사 목록을 사용한다.

- 엔드포인트 ENI의 SG는 아웃바운드 규칙이 없어도 된다.

- 엔드포인트와 엔드포인트 서비스는 무조건 같은 리전에 있어야 한다.

- 연결 서비스(PCX, DX, VPN, TGW)로써 엔드포인트에 액세스할 수 있다면 그 어떤 리소스도 소비자가 될 수 있다.

| 찾아보기 |

AWS 토폴로지로 이해하는
Amazon VPC 네트워킹 원리와 보안

발   행 | 2022년 1월 28일
2쇄 발행 | 2023년 6월 8일

지은이 | 차 정 도

펴낸이 | 권 성 준
편집장 | 황 영 주
편 집 | 김 진 아
           임 지 원
디자인 | 윤 서 빈

에이콘출판주식회사
서울특별시 양천구 국회대로 287 (목동)
전화 02-2653-7600, 팩스 02-2653-0433
www.acornpub.co.kr / editor@acornpub.co.kr

책값은 뒤표지에 있습니다.